旅游小镇开发运营指南

Guidebook of Tourist Town'S Development and Operation

林 峰 ◎ 著

中国旅游出版社

策划编辑：段向民
责任编辑：李志忠

图书在版编目（CIP）数据

旅游小镇开发运营指南 / 林峰著. -- 北京：中国旅游出版社，2017.9

ISBN 978-7-5032-5886-2

Ⅰ.①旅… Ⅱ.①林… Ⅲ.①小城镇-旅游业发展-中国-指南 Ⅳ.① F592.3-62

中国版本图书馆 CIP 数据核字 (2017) 第 213930 号

书　　名：	旅游小镇开发运营指南
作　　者：	林　峰 著
出版发行：	中国旅游出版社
	（北京建国门内大街甲 9 号　邮编：100005）
	http://www.cttp.net.cn　E-mail: cttp@cnta.gov.cn
排　　版：	北京绿维文旅控股集团
经　　销：	全国各地新华书店
印　　刷：	北京博海升彩色印刷有限公司
版　　次：	2017 年 9 月第 1 版　2017 年 9 月第 1 次印刷
开　　本：	720 毫米 ×970 毫米　1/16
印　　张：	23
字　　数：	400 千
定　　价：	68.00 元
	ISBN 978-7-5032-5886-2

版权所有　　翻印必究

Writer
撰 稿 人

林 峰	柴晓戈
罗晓楠	夏颖颖
许培利	黄 坚
张 静	郭海芳
孟园园	李璐芸
李海霞	张 鹏
徐艳会	薛志强

（特别感谢特色旅游分院、旅游创新规划设计研究院、城镇规划设计分院提供的项目资料。另外，绿维文旅研究课题组及相关案例的项目组人员均对本书有所贡献）

All Draft Editorial Staff
通稿编辑人员

罗晓楠	夏颖颖
张 静	郭海芳
孟园园	李璐芸

旅游小镇的开发运营模式及规划逻辑

游线，引导动线　　*观光*，带动商业　　*休闲*，支撑度假　　*人气*，引爆地产

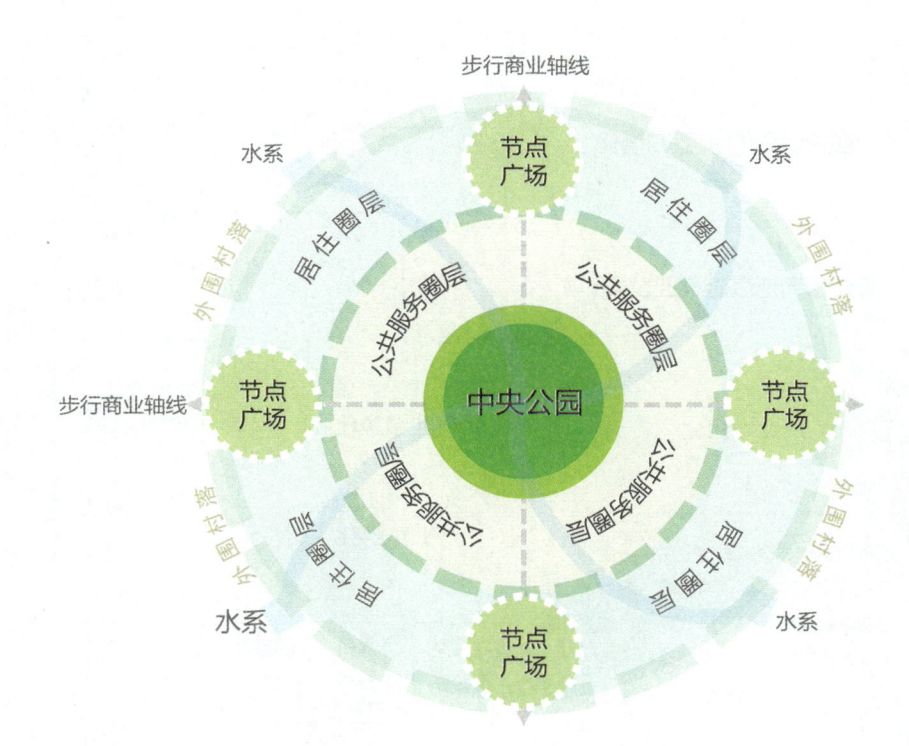

十二个景点+十条主题街区+中央公园+十大广场+客栈民宿集群+分散式社区+分散式学校医院城市商业+智慧化城市管理

旅游引导的新型城镇化模式

以泛旅游产业融合带动产业集群化发展，推进就地城镇化

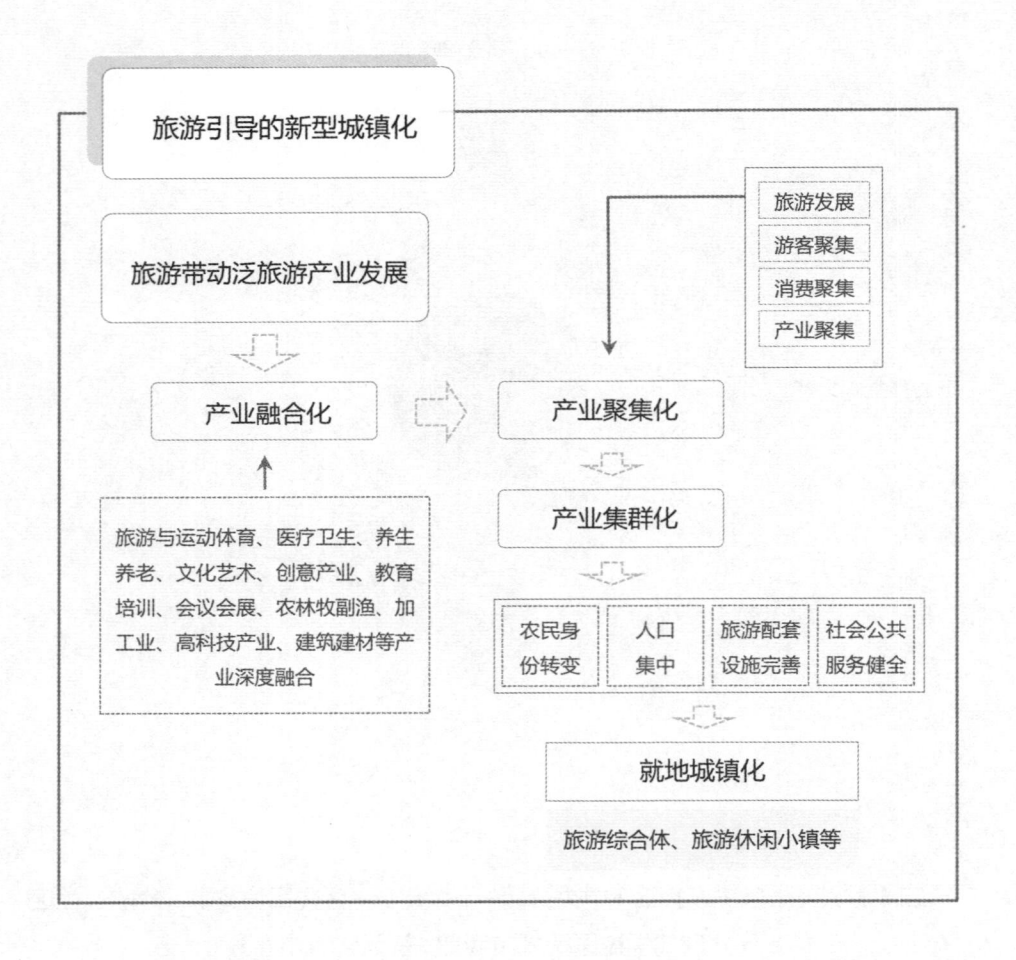

```
旅游引导的新型城镇化
    │
    ▼
旅游带动泛旅游产业发展
    │
    ▼
产业融合化  ⇒  产业聚集化  ←  旅游发展
    ↑              │            游客聚集
                   ▼            消费聚集
旅游与运动体育、    产业集群化    产业聚集
医疗卫生、养生        │
养老、文化艺术、      ▼
创意产业、教育   ┌─────┬─────┬─────┬─────┐
培训、会议会展、 │农民身│人口 │旅游配套│社会公共│
农林牧副渔、加   │份转变│集中 │设施完善│服务健全│
工业、高科技产   └─────┴─────┴─────┴─────┘
业、建筑建材等产     │
业深度融合           ▼
                 就地城镇化
              
              旅游综合体、旅游休闲小镇等
```

外来消费聚集引领小镇发展

构建外来消费聚集，创新乡镇发展模式

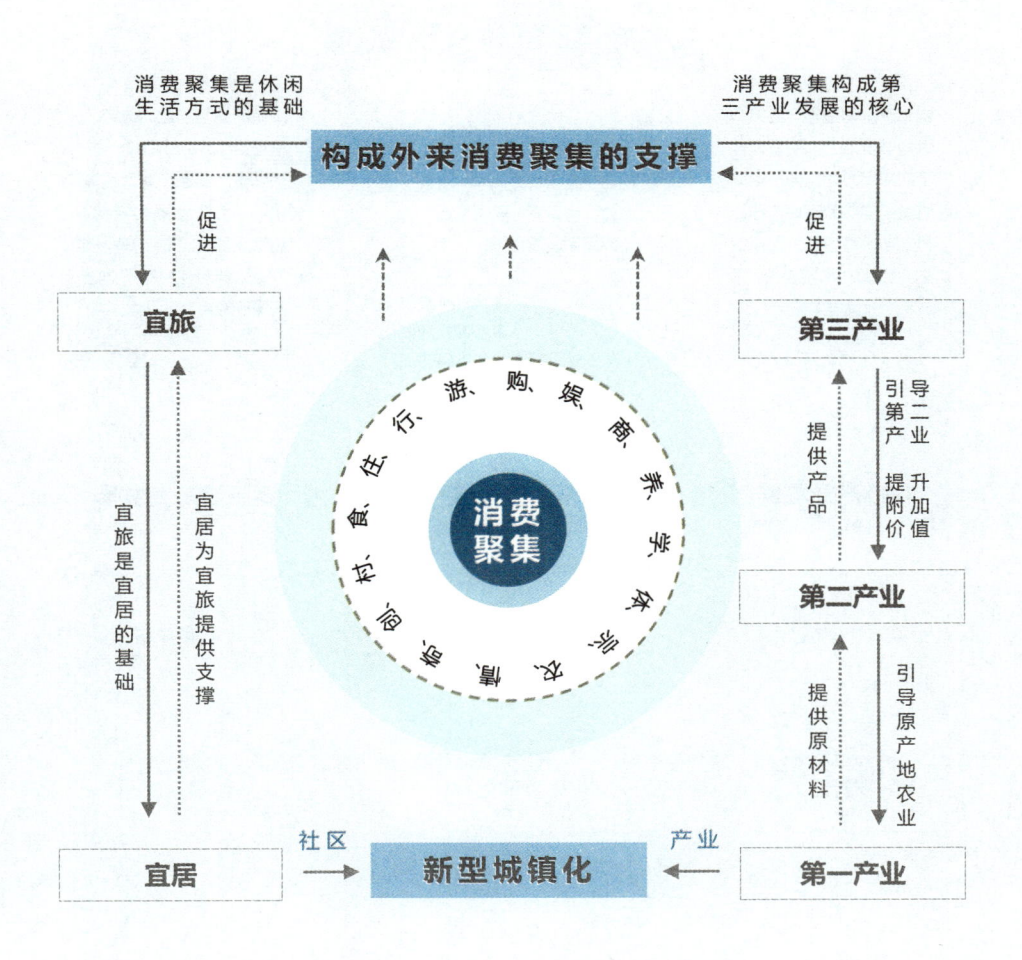

"特色产业+旅游产业"的双引擎发展架构

双产业融合互促，推动产业体系和城镇配套体系

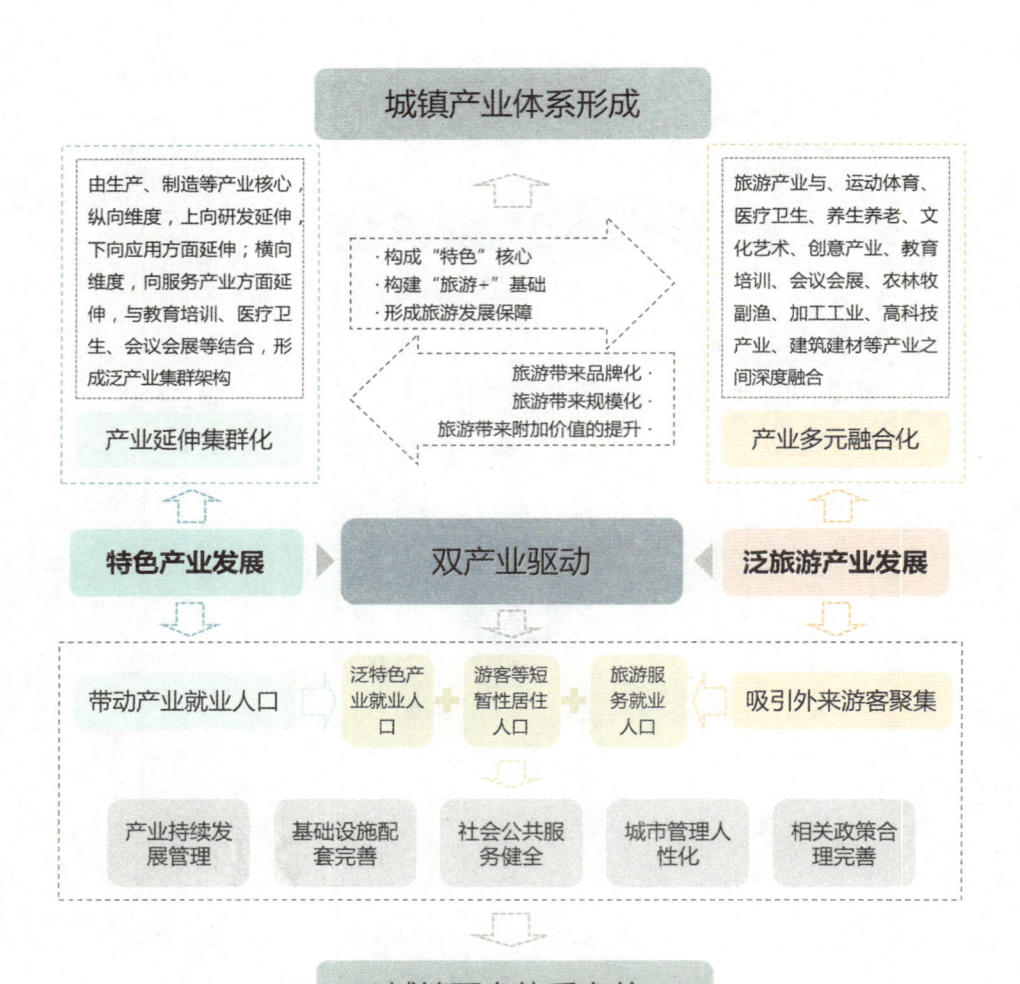

城镇产业体系形成

产业延伸集群化		产业多元融合化
由生产、制造等产业核心，纵向维度，上向研发延伸，下向应用方面延伸；横向维度，向服务产业方面延伸，与教育培训、医疗卫生、会议会展等结合，形成泛产业集群架构	·构成"特色"核心 ·构建"旅游+"基础 ·形成旅游发展保障 ·旅游带来品牌化 ·旅游带来规模化 ·旅游带来附加价值的提升	旅游产业与、运动体育、医疗卫生、养生养老、文化艺术、创意产业、教育培训、会议会展、农林牧副渔、加工工业、高科技产业、建筑建材等产业之间深度融合

特色产业发展 → **双产业驱动** ← **泛旅游产业发展**

带动产业就业人口	泛特色产业就业人口 ＋ 游客等短暂性居住人口 ＋ 旅游服务就业人口	吸引外来游客聚集

| 产业持续发展管理 | 基础设施配套完善 | 社会公共服务健全 | 城市管理人性化 | 相关政策合理完善 |

城镇配套体系完善

旅游小镇分类与评价标准研究体系

八大基本评价指标 + **两大**加分项指标 + **两大**满意度指标

基础评价指标

城镇发展基础
区位条件、交通条件、空间结构、城镇风貌、基础设施、公共服务设施

旅游业的综合贡献
旅游业对GDP的贡献、旅游业对农民就业的贡献、旅游对农民增收的贡献、旅游对财政税收的贡献、旅游业对脱贫的贡献

旅游产品的聚集程度及吸引力
核心吸引物、旅游产品的聚集、旅游产品的市场吸引力、旅游业态发展、旅游品牌宣传与知名度、适游情况

旅游基础设施与公共服务体系
旅游内部交通、旅游厕所、旅游集散与咨询、旅游标识系统、停车场

社区参与程度与社区带动效应
社区参与程度、社区带动效应

管理与保障
综合管理、旅游安全与救护、规划管理、保障体系

环境与保护
资源保护与可持续开发、环境整治

创新技术运用
智慧城市、智慧旅游、节能新技术、Wi-Fi覆盖区域、其他新技术

加分项评分指标

国家级帮扶与重点发展区域（分为国家级、省级、市级）

特殊贡献（区域经济贡献、环境治理与环境保护等）

满意度评分指标

旅游小镇游客意见调查表

旅游小镇社区居民意见调查表

PREFACE
序言

旅游小镇：就地城镇化新引擎！
外来消费聚集构建引擎·乡镇发展模式突破创新

新常态需要创新发展引擎

经济新常态已经成为中国未来经济社会发展的基本前提，寻找新引擎，突破发展瓶颈，成为区域经济发展的第一要务。

2017年上半年，杭州服务业实现增加值增长11.2%，对经济增长的贡献率提升到81.5%，拉动地区生产总值增长6.6个百分点，有媒体评价称"高端服务业主导转型作用进一步增强"。

城市之间经济发展的"PK"，比的是战略眼光和耐心。旅游产业、科教文卫体养等高端服务业、新兴产业等的整合、促进与培育，周期长，但带来的贡献值也是巨大的。

比如杭州信息经济，自"一号工程"实施以来，"云上杭州"成为发展目标，杭州历届市委市政府矢志不渝，最终成为拉动杭州经济增长的

"火车头"。2017年上半年，杭州信息经济实现增加值1409亿元，增长22.5%，占地区生产总值24.8%。

但对于大多数大城市周边休闲郊野区域或远离大城市的旅游目的地区域，高科技等新兴产业、大型工业产业的聚集要素缺乏，难以寻找到新的引擎。

旅游小镇的引擎效应

旅游小镇，就是这样的创新引擎！以游客、休闲客的大规模聚集为基础，以外来的而非本地的消费持续性聚集为核心，创新性地带动了区域消费，带动消费产业依照三二一产业顺序，拉动相关加工原材料及农业等产业链下游，并进一步带动就业与乡村，最后带动就地城镇化的发展，成为一种突破区域劣势限制，依靠引导外来消费聚集，促进消费产业链延伸与三产融合发展，成为大城市周边郊野卫星镇、小县城中心镇、具有文旅资源特色的偏远乡镇就地城镇化的创新突破模式。在能源、资源、环境制约影响的经济新常态之下，第三产业、消费需求将逐步成为经济发展的主体，以消费聚集为引擎的城镇化发展模式正在成为代表未来的创新发展模式。谁掌握了消费引擎带动区域发展的规律，谁便能在未来占据高点和创新点。谁顺应了自主旅游时代下碎片化、体验化、圈子化发的展趋势，孵化了更多的创业就业创客，谁便能在供给侧改革中形成强有力的突破。

旅游小镇作为景区、消费产业聚集区和新型城镇化区三区合一的一体化发展结构，符合新型城镇化产业发展、经济带动、改善民生的现实发展需要，势必成为社会经济转型升级过程中新的增长动力，也是旅游行业面对新局面、新形势富有划时代意义的发展模式。这是一个快速变革、呼唤创意的时代，各地已逐渐认识到旅游小镇的强大带动作用，纷纷制定相关发展战略推动旅游小镇的建设，旅游小镇正进入发展的高潮期，一大批旅游小镇正在如火如荼的建设中。

旅游小镇的4.0版

纵观旅游小镇的发展历程，既经历了中国旅游产业本身的阶段层级，又深度契合了中国新城镇化建设的步伐。我们可以区分出观光旅游的1.0

序言

版、休闲旅游的 2.0 版、现代度假旅游的 3.0 版、特色小镇推进后的 4.0 版。

最早期的旅游需求是观光需求，观光需求带动下，以江南六大古镇（周庄、同里、甪直、西塘、乌镇、南浔）、丽江古城、平遥古、四川阆中古城、安徽歙县古城为代表的古城古镇因为建筑风貌和环境氛围的独特性，进行了开发，并且取得了良好的经济效益和社会效益，也成了后期旅游小镇发展的标杆，这一阶段是旅游小镇发展的 1.0 阶段。

伴随着中产阶级规模的扩大、可自由支配收入的增加，特别是城市化的快速发展，大众休闲的需求日益强烈。旅游小镇不断发展，旅游带动餐饮、住宿、交通、游览、购物等旅游基础业态聚集，完成了由观光旅游向休闲旅游的升级。微度假的需求促进城市周边旅游小镇的发展，形成了卫星镇的发展趋势，周庄、同里旅游小镇面向上海，黄龙溪小镇面向成都，长寿古镇面向重庆……诸多城市周边型旅游小镇满足了旅游人群休闲化的需求。这一阶段，新兴小镇层出不穷，而传统的古镇也完成休闲聚集，实现了升级发展，逐步进入休闲旅游小镇 2.0 阶段。

国民休闲纲要、带薪休假制度的出台和实施，民众观光旅游全面普及，周末休闲、自驾游进入常态化，旅游进入大众旅游时代。大众旅游时代，追求健康和精神享受，追求多元化、个性化的旅游体验与服务，逐渐成为人们休闲旅游的主要需求，"三避五养+微度假"成为新的特征，也加速了旅游小镇的创新发展。温泉旅游小镇的出现，体现出休闲吸引力和养疗吸引力，满足休闲养疗的需求，汤口镇、安宁温泉、腾冲热海等陆续建设；运动休闲小镇则拥有运动支撑和国际运动者的支撑，满足运动休闲的需求，足球小镇、马拉松小镇、赛车小镇、滑雪小镇等百花齐放；养生小镇因为养生业态的聚集形成养生生态圈，满足了养生疗养等需求；吉林松江河镇、浙江古堰画乡、怒江的丙中洛等避暑小镇，海南云南等地的避寒小镇不仅满足了大众避暑避寒的需求还带动了区域旅游小镇的振兴发展。大规模的休闲度假出现，推动旅游小镇多层次发展，进入面向度假需求、面向度假人群的发展结构，进入了度假旅游小镇的 3.0 阶段。

新常态下，新型城镇化建设成为中国未来综合发展的顶层设计的核心主题，面对中国城镇化化发展的战略机遇，特色小镇成为中国重大发展战略，是中国未来社会发展中的一个重要思维和引擎带动结构。"特色小镇"

作为一种产城乡一体化的创新发展模式、就地城镇化的成功架构，以浙江为引领的特色小镇一经提出，就在全国全面铺展开来，也给予已经发展多年的旅游小镇一剂强心针。各种类型的产业旅游小镇应运而生，竹林小镇、桃花小镇、山泉小镇等不仅丰富了旅游小镇类型，不同的特色也助力旅游小镇多业态、多样化、多形态的发展，同时也带动旅游小镇基于特色产业、助力城镇化的新发展模式。

旅游小镇依托景区、度假区、城市、小镇、产业区、经济带等基础载体，形成吸引核体系，基于吸引核业态的壮大与膨胀，辐射带动相关依附型业态的延伸发展，形成主次分明、底蕴夯实、业态丰富、规模较大的产业体系，进入了特色小镇引领下的旅游小镇新阶段4.0阶段。

绿维文旅基于多年的实践，提出特色小镇构建以特色产业与旅游为双引擎的泛产业聚集结构。双产业引擎助力旅游小镇形成核心吸引力后，实现旅游服务人口、度假人口、常住人口与旅游休闲消费的规模化聚集，使休闲产业成为旅游小镇的产业发展基础模式，休闲聚集下引领泛旅游产业整合和延伸发展，在此基础上完成了城市化的配套，从而形成了旅游小镇的全新架构。在这一全新构架下也形成了以古北水镇为代表的封闭式小镇的发展结构和以彝人古镇为代表的开放式小镇发展结构。

封闭景区模式——古北水镇

乌镇和古北水镇是完整的封闭式综合体，是做到极致的景区结构的典范，是一种"旅游景区+旅游消费"一体化的开发模式，是一种具有垄断性的旅游项目。它形成了消费收益的全覆盖，把所有的旅游收益装在一个封闭系统内，在垄断收益加全覆盖收益构成的旅游收益结构模式下，形成高溢价能力。乌镇与古北水镇的发展模式，核心有三点：

第一，封闭性景区特征，通过加大景区的核心吸引力，聚集最大规模的游客流量；

第二，形成了区域内的消费多样化，把吃住行游购娱等要素用足，形成消费的完整覆盖；

第三，垄断商业收入，自营所有的店铺，形成垄断价格，保证高额利润水平。

序言

古北水镇和乌镇都是封闭性旅游景区，是具有全业态的垄断消费的结构、收益能力良好的景区。

古北水镇和乌镇不是城镇化意义上的特色小镇，完全不是住建部推进的特色小镇！

开放型古镇模式——彝人古镇

彝人古镇是开放式发展结构，以旅游产业为主引擎、文化产业为次引擎，构建休闲产业链，形成休闲消费聚集结构，促进产业集聚，推动多产业融合发展，从而形成地域价值的升值，带来地产升值形成反哺的发展循环模式。在这种模式下，门票可以点式收取，景区节点与房地产开发共同形成多业态消费聚集，构成商街结构的房地产价值，形成中心广场、商业、游览休闲功能的结构体系。对于地方政府和房地产而言，开放式旅游小镇形成的流量结构以及消费规模，远远大于封闭式的旅游小镇。所以，对于旅游小镇开发而言，房地产开发下的开放式旅游小镇经营模式是主体。

旅游小镇既是景区又是消费产业聚集区，又是新型城镇化区，这三个架构对于旅游小镇的发展也提出了独特的要求——一定要形成吸引核。

第一，风貌吸引核。整个小镇通过风貌打造，形成风貌吸引力。旅游小镇一定要做风貌、做风情、做风尚，形成独特风格，整个风貌展现当地的深厚文化。一个旅游小镇至少要有一系列文化节点，文化节点不仅是建筑风貌的问题，还涉及街区风格、环境因素，最后整体构成小镇风情。风情是旅游小镇第一吸引核打造的关键。

第二，广场吸引核。通过打造篝火晚会、激光水秀等夜间活动，打造强有力的吸引核结构。以西安曲江大雁塔北广场为例，每天晚上可以聚集5~20万人，构成人气聚集中心。夜间聚集使其周边形成商业街区，由此带动地价升值，房产升值，以及区域价值升值，这就是曲江模式里面最重要的结构。由夜间消费形成了餐饮消费和酒吧夜生活，以及由此带来的住宿消费。客栈地产和公寓地产所形成的住宿型商业地产加上商务、商街、餐饮街、游乐街、演艺街、酒吧街、购物街、古董街等，带动商业顶层大规模人气的聚集，形成了商业业态，构成消费能力、供给能力，实现商业价值。

旅游小镇的规划逻辑

旅游小镇、特色小镇应该用什么样的方式去规划？其业态应该怎么摆？空间应该怎么布？旅游小镇的规划，不能基于传统规划的功能板块化，也不是基于一般的"产业＋社区＋配套"新城类规划框架，而必须基于旅游与休闲消费的游客逻辑、市场消费逻辑、宜旅宜居融合逻辑、产业社区配套互动互融逻辑。基于旅游逻辑，绿维文旅形成了旅游产业培育、旅游产业手法、旅游产业打造方式、旅游产业落地设计能力等一系列方法论，同时也构建了特色小镇双引擎的孵化器模式。

特色小镇与旅游小镇

在我看来，特色小镇，都应该打造旅游引导的外来消费聚集功能与效应，实现外来消费带动的三二一产业链结构，形成旅游消费带来的品牌与附加价值效益，由宜旅提升宜居，实现文明生活的高水准！因此，特色小镇，都应该成为旅游小镇！

在特色小镇双引擎结构的带动下，旅游带来不同领域、不同层次、不同阶段的业态聚集、产业聚集与产业融合，从而，以旅游业为核心，通过泛旅游产业的整合，形成综合型、立体网络的发展结构。旅游引导的消费聚集小镇，具有消费聚集、休闲产业聚集、泛旅游产业聚集效应，解决了人口就业、生态优化、幸福价值提升等作用，形成了对当地房地产的带动及城镇化的带动，实现政府、企业、居民多方需求。

旅游小镇建设是中国城市化进程中非常重要的部分，是推进城镇化进程、完善城镇体系、带动农村经济和社会发展的重要战略措施。旅游小镇的成长和发展是新型城镇化的重要成长结构之一。旅游小镇的发展将成为新型城镇化的一种重要发展模式，成为产城一体化发展的创新模式。旅游小镇将在中国城镇化发展以及中国旅游休闲度假升级的过程中拥有特殊的意义，在旅游的开发建设中将发挥不可替代的作用。

基于市场逻辑的"旅游小镇评价标准研究"

厘清旅游小镇发展的市场化逻辑，把握住旅游小镇的综合发展架构，

序言

对于旅游小镇的开发和持续经营，对于未来旅游小镇在中国区域旅游发展中发挥有效的战略价值和作用，是极其重要的。作为业界领先的旅游引导的新型城镇化全程服务商，绿维文旅把握旅游小镇和新型城镇化建设的天然耦合性，深耕细作，服务了上百个旅游小镇项目，出版发行了《旅游引导的新型城镇化》一书，主持参与了"北京旅游小镇评定标准"的研究及编制，与中国房地产业协会共同完成"旅游小镇评价标准研究"，归纳总结了旅游小镇的成长模式及发展架构、规划方法、景区化设计手法、运营模式等。

本书正是基于这样的理念，在研究旅游小镇市场化规律基础上，认真梳理了旅游小镇发展的方方面面，结合绿维文旅十年来在100多个旅游小镇规划设计及深度开发运营的实践探索和研究基础上，编写了这样一本著作。

本书深入探讨旅游引导下的新型城镇化多层次结构以及旅游小镇的发展架构和规划方法等，旨在指导旅游小镇综合开发，指导规划设计与投资运营，实现产业、地产、城镇化的结合效应。

本书是一本对于旅游小镇从开发到运营全程全产业链发展具有指导意义的一本专著。相信旅游人士的每一次探索都将为旅游小镇的未来带来更多的可能，期望在共同努力下，旅游小镇不断创新发展和可持续发展，积极地适应新常态，推动新型城镇化的进阶发展，推动旅游经济结构的全方位优化提升！

旅游小镇开发运营平台

绿维文旅，由北京绿维创景规划设计院转型而来，是"中国旅游与特色小镇开发运营平台"的运营商。北京绿维创景规划设计院有限公司，成立于2005年1月，拥有甲级旅游规划、甲级城市规划、乙级建筑设计、乙级景观设计等多项资质。2015年以来，绿维启动转型之路，全力建设"中国旅游与特色小镇开发运营平台"，2017年7月，北京绿维创景规划设计院有限公司，正式更名为北京绿维文旅科技发展有限公司。

北京绿维文旅科技发展有限公司，是一个互联网思维下的旅游生态系统的运营企业，以"创意经典·落地运营"为理念，基于智库优势，在原有规划设计院基础上，以顶层设计为指引，整合投资、开发、建造、运营、人才培训、智慧旅游等产业链板块，通过合资、合伙、战略合作的深度参与及团队整合，推动全产业链全过程的联合孵化服务。

  基于这个平台，我们谨以此书，作为奉献给读者的指南，我们愿联合平台上的数千家企业一起，按照"旅游小镇开发运营全链全程联合孵化服务"的模式，从顶层设计到落地运营，为旅游小镇的开发运营，提供系统解决方案和持续的价值服务。

2017 年 8 月

· CONTENTS · 目录

第一章　旅游小镇的发展背景及趋势 // 1
　第一节　旅游小镇发展背景解读 // 3
　第二节　旅游小镇政策解析 // 8
　第三节　国内外旅游小镇发展进程及启示研究 // 14
　第四节　旅游小镇的发展问题及未来发展趋势 // 19
　第五节　绿维文旅的旅游小镇研究历程 // 24

第二章　旅游引导的新型城镇化下的旅游小镇多层次结构 // 27
　第一节　特色小镇与旅游小镇 // 29
　第二节　旅游综合体与旅游小镇 // 34
　第三节　田园综合体与旅游小镇 // 37

第三章　旅游小镇的概念及发展架构 // 41
　第一节　旅游小镇概念解析 // 43
　第二节　旅游小镇界定要素分析 // 47
　第三节　旅游小镇分类 // 51
　第四节　旅游小镇成长模式和发展架构 // 66

第四章　旅游小镇的评价标准 // 71

第一节　旅游小镇评价标准的研究思路 // 73
第二节　旅游小镇评价体系 // 77

第五章　旅游小镇的业态创新 // 99

第一节　旅游小镇业态创新的理念基础 // 101
第二节　旅游小镇 16 大业态分析 105
第三节　旅游小镇业态规划 // 141

第六章　旅游小镇的规划方法 // 153

第一节　基础规划方法理论依据 // 155
第二节　旅游小镇规划思路 // 164
第三节　小镇功能分区与布局 // 170

第七章　旅游小镇的地产开发 // 185

第一节　旅游地产的再认识 // 187
第二节　旅游小镇地产开发思路与策略 // 191
第三节　旅游小镇地产开发形式 //198

第八章　旅游小镇的景区化设计 // 205

第一节　旅游小镇景区化设计 // 207
第二节　旅游小镇建筑的创新手法 // 222

第九章　旅游小镇的运营模式 // 233

第一节　旅游小镇运营管理创新 // 235
第二节　旅游小镇品牌打造 // 248

第十章　绿维文旅经典案例 // 263

案例 1　重塑生态空间、延续农耕文脉
——新疆葡萄沟景区带动下的新型城镇化之路 // 265

案例 2　以商业模式聚集，打造温泉度假小镇
——辽宁思拉堡温泉小镇 // 271

案例 3　嘉陵江上的码头古镇
——周子古镇 // 277

案例 4　生态产业推动生态先行实践区
——贵阳·朱昌生态文明新镇 // 280

案例 5　新旅游时代下的古镇新颜
——上海朱家角古镇规划及 5A 级提升 // 285

案例 6　新建古镇的创新空间规划
——江苏长山古镇 // 290

案例 7　矿坑里诞生的休闲运动度假小镇
——长春·双山特色旅游度假小镇 // 295

案例 8　用文化为旅游小镇注入灵魂
——北洋风情小镇 // 303

案例 9　以世界风尚休闲，助力野三坡旅游升级
——河北涞水世界风尚小镇 // 310

案例 10　感悟"一五"年华，重温燃烧岁月
——井陉文化休闲小镇 // 316

案例 11　以旅游为主导，构建辽金文化与现代体育融合发展的新型城镇
——康平·辽金文体特色小镇 // 325

附录　各地旅游小镇建设规划 // 333

第 **1** 章
旅游小镇的发展背景及趋势

第一节
旅游小镇发展背景解读

自18世纪40年代以来,随着资本主义工业革命进程的加快,发达国家的经济得到了迅猛发展。这刺激了以定居为目的的城镇化进程和以旅居为目的的旅游业的发展。19世纪,发达国家城镇化达到较高水平,人们开始关注城镇的休闲、娱乐和旅游功能。20世纪末到21世纪初,城镇化和旅游业的发展刺激了全球城镇旅游的崛起,城镇旅游越来越显示出其强劲的生命力和发展势头。

在我国,旅游小镇作为推动中国旅游业二次创业以及推动城市化进程的重要途径,在国家政策层面得到了大力支持,在实践中也得到了快速推广。2005年9月27日,云南省发布《关于加快旅游小镇开发建设的指导意见》,旅游小镇概念第一次被提及。2010年6月,《海南国际旅游岛建设发展规划纲要(2010—2020)》发布,确定规划建设22个特色旅游小镇。2014年中共中央、国务院正式发布《国家新型城镇化规划(2014—2020年)》,旅游小镇作为促进产业提升、加速产业融合、实现扶贫扶农、推动新型城镇化发展的重要途径之一,成为新的发展趋势。在2015年浙江省提出特色小镇概念之前,各地也一直在推动小城镇的建设,每次都不乏旅游小镇、休闲小镇的身影,但其发展并没有受到足够重视。2016年国家层面借鉴浙江经验,紧锣密鼓的出台了一系列政策，推动特色小（城）镇的建设，旅游小镇作为其中最具人气聚集作用的一种发展形式受到各地的高度关注。

目前，国内旅游小镇的发展势头迅猛，各类旅游小镇不断涌现，如旅游各要素齐全的旅游综合体、依托于著名景区的大型服务综合体、具有统一品牌的特色乡村集合体、旅游发展到一定水平的建制镇等。这些不同主题、不同规模、不同模式的旅游小镇，通过旅游产品的高品质、特色化开发，能满足多样化的旅游需求，成为旅游发展的新主体、新市场。其蓬勃发展得益于我国经济快速增长带来的两大有利条件：一是中国城镇化水平的快速提升及未来巨大的发展空间；二是基础庞大的国内旅游市场及持续增长的态势。这两条经济线索，再结合强有力的国家政策的支持，正在推动"旅游＋城镇化"建设走上快车道。

可以预见，新型城镇化与旅游业的发展将成为中国未来几十年乃至上百年普遍受关注的领域。旅游作为绿色低碳的生态产业、朝阳产业，城镇作为全面建设小康社会的重要载体和撬动内需的最大潜力，城镇旅游与旅游城镇的融合发展必将迎来新一轮发展的春天！对中国旅游业来说，处于社会空间结构两级的城市与乡村旅游是过去40年来旅游经济的增长点，而未来中国旅游业新的增长点和支撑点将是中等空间范围的城镇旅游。

一、城镇化发展背景——小城镇将成为新型城镇化的破题良方

在以工业化为主导的城镇化阶段，我国的城镇发展迅速，城镇化率也有了显著提升，2016年我国城镇人口占总人口比重达到了57.35%。但随着经济社会发展的不断推进，随着我国经济转入中高速增长的新常态阶段，以及拉动经济增长的三驾马车的转变，这一阶段的城镇化逐渐呈现出一些弊端：第一，以工业为基础推动的城镇化通过工业的聚集，吸引农民工进城，是一种异地城镇化模式。随着城镇化率的不断提升，这一模式引发了福利保障、留守儿童、城乡二元结构等各种社会问题。农民并不能真正转变为市民，也不能完全享受城市居民的待遇。第二，小城镇及农村并未被有效地纳入城镇体系中，其发展问题仍然无法解决。多年来城镇化的推进，形成了以城市群为聚集、以大中城市为核心、以卫星城镇为支撑的同城化、群落化结构，小城镇的发展已经成为我国重要的政治问题、经济问题和社会问题。第三，工业与行政聚集两条城镇发展主线亟须突破。经过改革开

第一章　旅游小镇的发展背景及趋势

放后将近40年的发展，有产业资源及行政优势的区域，已经得到了应有的发展，而那些既无产业基础又欠缺行政资源的区域，是以后推动城镇化的重要区域，也是难点突破区域。

据此，我们认为在未来城镇化进程中，小城镇必将成为主战场，也将成为新型城镇化建设的破题良方，面临着极好的发展机遇。

二、旅游业发展背景——旅游业成为"稳增长、调结构、惠民生"的重要力量

旅游产业的经济本质，是以"游客搬运"为前提，产生游客在异地（或异地住宅生活区域）进行终端消费的经济效果。这一搬运，把"市场"搬运到了目的地。游客在目的地，不仅要进行旅游观光等消费，还涉及交通、饮食、娱乐、游乐、运动、购物等消费，进一步还将涉及医疗、保健、美容、养生、养老、会议、展览、祈福、培训、劳动等的非旅游休闲的延伸性消费。因此，旅游产业的价值要远远超出一般消费产业的拉动价值。旅游带动的不仅仅是目的地消费、GDP及农民与居民收入提升等经济方面的增长，还可以带来就业扶贫、文化品牌价值提升、环境生态改善、和谐社会建设等一系列良性社会效应。认识到旅游业对扩大消费、调整结构、促进就业、增加收入、改善生态的巨大综合效益，2009年国务院在《关于加快发展旅游业的意见》中将旅游业定位为国民经济的"战略性支柱产业"。

如今，中国正处于"大众旅游"时代，旅游业作为综合性产业在经济社会发展中的作用和影响更加广泛。"515战略"实施以来，中国初步形成观光旅游和休闲度假旅游并重、旅游传统业态和新业态齐升、基础设施建设和旅游公共服务共进的新格局。旅游业已融入经济社会发展全局，成为国民经济战略性支柱产业，也是最具发展潜力的朝阳产业。2016年，中国国内旅游44.4亿人次，比上年同期增长11.0%；全年实现旅游总收入4.69万亿元，增长13.6%；旅游直接就业人口总数约为2820万，直接和间接旅游就业人口总和约为7974万人，对全国就业的综合贡献率为10.25%。

旅游不仅带动消费经济的发展也带动投资的风向，2016年旅游直接投资达到12997亿元，同比增长29.05%，预计高出全国固定资产投资增速20个百分点。尤其突出的是，民营旅游投资积极性高涨，占旅游投资总额的59%，继续超过半壁江山。据联合国世界旅游组织测算，2016年

5

中国旅游业对国民经济综合贡献达11%，中国旅游业对社会就业综合贡献超过10.26%，与世界平均水平持平。中国现阶段，旅游市场基础更加厚实，产业投资和创新更加活跃，旅游业成为"稳增长、调结构、惠民生"的重要力量，经济社会效应更加凸显。

三、国家地方政策背景——强有力的国家及地方政策支持

自2005年云南省首提旅游小镇概念后，旅游小镇成了旅游产业升级的重要抓手，十余年来国家及地方，都针对旅游小镇出台了一些政策。国家将旅游风情小镇和特色景观名镇的建设纳入了《"十三五"旅游业发展规划》，提出实施"旅游+城镇化"战略，国务院副总理汪洋、国家旅游局局长李金早也均在公开讲话中提到加快旅游小城镇建设。另外，国务院、国家旅游局出台的一些重要政策，比如《国务院办公厅关于进一步促进旅游投资和消费的若干意见》《关于进一步扩大旅游文化体育健康养老教育培训等领域消费的意见》，均可见"旅游风情小镇"字眼。地方在推进旅游小镇建设方面也是不遗余力，各地方出台的《旅游十三五规划》《全域旅游发展规划》，都将旅游小镇作为当地旅游发展的一个重要带动架构。其中，浙江、安徽、江苏三省，针对旅游小镇出台了具体的创建工作实施方案。

2016年7月份以后，关于"特色小镇"的概念及相关配套政策出台后，旅游小镇又迎来了新一轮的发展高潮。以浙江为代表的特色小镇，要求非旅游类小镇按照3A级景区建设、旅游类小镇按照5A级景区建设。发改委在《关于加快美丽特色小（城）镇建设的指导意见》中，鼓励有条件的小城镇按照不低于3A级景区的标准规划建设特色旅游景区。从2016年10月4日公布的第一批127个特色小镇中来看，文旅产业主导型的特色小镇（旅游小镇）超过了一半。详见图1-1。

虽然第二批特色小镇在申报之初，就对以旅游产业为主导的特色小镇的数量进行了限制，但据2017年7月27日住建部公布的276个名单来看，纯旅游发展型特色小镇占比24%，加上占比18%的历史文化型小镇，文旅型特色小镇的比例达到了42%，仍然为特色小镇发展的主导类型。

第一章 旅游小镇的发展背景及趋势

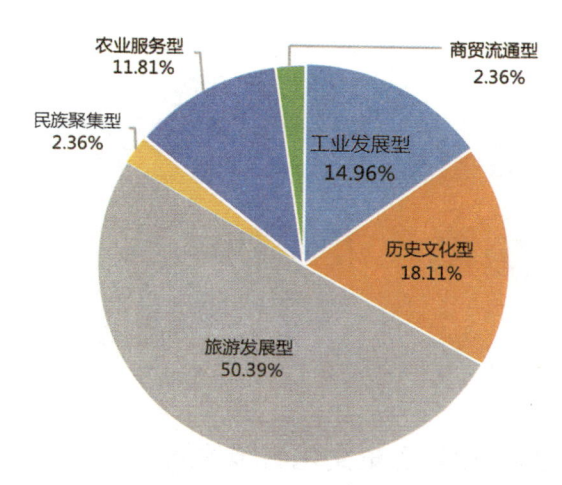

图 1-1 首批 127 个特色小镇中各类型占比

四、市场发展背景——休闲度假推动下的需求旺盛

  2015 年中国人均 GDP 已超过 8000 美元，旅游需求呈现爆发式增长，消费升级趋势显现。旅游消费升级下，人们的需求呈现多元化趋势：健康旅游、体育旅游、邮轮旅游、养老旅游、游学旅游、私人订制游、购物游、房车旅游等多元形式兴起，休闲度假和文化旅游成为人们旅游的首要目的。旅游现在已经成为消费者的刚需，消费者旅游需求旺盛，旅游市场规模持续扩大，但现实情况下，日益增长的个性化休闲度假、文化体验需求与旅游产品供给结构升级缓慢、创新能力不足等形成了矛盾，严重影响了旅游者的出游意愿和出行体验，降低了旅游者的满意度。

  旅游小镇的开发是供给侧改革下旅游升级的重要形态。旅游小镇以文化为灵魂，以休闲度假为吸引核，既满足了周边消费者的休闲需求，又满足了人们文化体验的需求。旅游小镇休闲业态的打造将带动旅游从"景点"旅游到"全业态"旅游的转变，从单一观光旅游向休闲、度假、养生等综合型旅游形式的转变。

7

第二节
旅游小镇政策解析

一、旅游小镇与历史文化名城的渊源

中国旅游小镇的发展，可以说起源于历史上遗留下来的古城古镇。由于乡村的聚集、城市的延伸、交通的节点、商贸的汇聚，经过上百、上千年历史的积淀，一些历史文化悠久、风貌景观独特、风俗习惯与众不同的小镇，成为独特的文化旅游资源，吸引了国内外旅游爱好者前往观光、游览。这批小镇在发展之初，并没有旅游的概念，当游客被独特的风貌及文化底蕴吸引来后，带动了当地餐饮业、住宿业、休闲娱乐业及商贸业的聚集发展，实现了发展升级，构成了我国最早一批也是最重要的一批旅游小镇。因此，要进行旅游小镇政策的研究，可追溯到1982年"历史文化名城"的推出。

国家历史文化名城是1982年根据北京大学侯仁之、建设部郑孝燮和故宫博物院单士元三位先生的提议而建立的一种文物保护机制。由中华人民共和国国务院确定并公布的国家历史文化名城均为保存文物特别丰富、具有重大历史价值或者纪念意义且正在延续使用的城市。党和国家历来高度重视历史文化名城、名镇、名村的保护工作，《文物保护法》《城乡规划法》确立了历史文化名城、名镇、名村保护制度，并明确规定由国务院制定保护办法。

2005年10月1日，《历史文化名城保护规划规范》正式施行，确定了保护原则、措施、内容和重点。2008年7月1日，《历

第一章　旅游小镇的发展背景及趋势

史文化名城名镇名村保护条例》正式施行，规范了历史文化名城、名镇、名村的申报与批准。如果国家历史文化名城的布局、环境、历史风貌等遭到严重破坏的，由国务院撤销其历史文化名城称号。

国务院于1982年、1986年和1994年先后公布了三批国家历史文化名城，共99座。从2001年起开始单独批复增补，至2016年12月永州列入为止，先后增补了33个，总数达到132个。其中2007年增补的海口市与第三批中的海口市琼山区有时合并算为一个，所以也可以说总计131个。

其中，平遥古城与云南丽江古城、四川阆中古城、安徽歙县古城被列入1982年2月8日公布的第二批中国历史文化名城名录之中。丽江古城和平遥古城被联合国教科文组织列为世界文化遗产，而四川阆中古城旅游区、安徽歙县古城旅游区也被批准为国家5A级旅游景区。这四座古城因为其保存完好性，进行了旅游的开发，并且取得了良好的社会效益和经济效益，也成为后来旅游小镇发展的标杆。

二、旅游小镇政策推进进程

旅游小镇政策的推进可以分为两个层面：

（一）国家层面鼓励旅游小镇建设

2010年，住房城乡建设部和国家旅游局下发《关于开展全国特色景观旅游名镇（村）示范工作的通知》（建村〔2009〕3号），并先后于2010年、2011年、2015年公布三批示范名单，共计553个村镇。

2013年5月，在国务院贯彻落实《中华人民共和国旅游法》电视电话会议上，国务院副总理汪洋在讲话中指出，地方政府要深入挖掘和培育地方文化特色，完善道路、景区停车场、游客服务中心等旅游休闲基础设施，加快旅游小镇建设，提升旅游目的地发展水平。

2015年8月，国务院办公厅发布《进一步促进旅游投资和消费的若干意见》，指出大力发展特色旅游城镇。推动新型城镇化建设与现代旅游产业发展有机结合。到2020年建设一批集观光、休闲、度假、养生、购物等功能于一体的全国特色旅游城镇和特色景观旅游名镇。

2016年4月，国家旅游局启动120亿旅游基建基金申报，重点支持休闲度假旅游、乡村旅游、文化旅游、研学旅行、旅游小城镇和新产品、

9

新业态项目。

2016年7月，住建部、发改委和财政部三大部委联合发布了《关于开展特色小镇培育工作的通知》，指出到2020年，我国将培育1000个左右各具特色、富有活力的休闲旅游、商贸物流、现代制造、教育科技、传统文化、美丽宜居等特色小镇。

2016年12月，国务院印发《"十三五"旅游业发展规划的通知》，通知指出实施"旅游+"战略，要推动"旅游+城镇化"发展，建设一批旅游风情小镇和特色景观名镇。

2016年12月，国家发展改革委和国家旅游局共同发布了《关于实施旅游休闲重大工程的通知》，通知指出推荐新兴旅游业态培育工程：引导建设自驾车房车旅游、邮轮游艇旅游、温泉旅游、滑雪旅游、体育旅游、森林旅游、海洋旅游、研学旅行、健康旅游、旅游小城镇、城镇特色旅游街区、旅游演艺、国际特色旅游目的地、环城游憩带等休闲度假产品配套设施建设项目。

2017年3月，交通运输部、国家旅游局、国家铁路局、中国民航局、中国铁路总公司、国家开发银行六部门联合印发了《关于促进交通运输与旅游融合发展的若干意见》，推动通用机场建设，建设低空旅游产业园、通航旅游小镇与飞行营地。

2017年5月，国家旅游局印发《全域旅游示范区创建工作导则》旅发〔2017〕79号，提出要发展"旅游+城镇化"，建设美丽乡村、旅游小镇、风情县城、文化街区、宜游名城等。

其后，国家旅游局局长李金早在2017年"中国旅游日"活动上的讲话指出：未来，旅游投资政策红利将持续释放、旅游投资空间与领域不断扩张。我们要大力推动"旅游+"项目落地生根，建成一批旅游风情小镇和特色景观名镇、国家现代农业庄园、工业旅游基地、通航旅游试点项目、自驾车房车营地、全国研学旅游示范基地、旅游科技基地、中医药健康旅游示范区、医疗健康旅游示范区、体育旅游示范基地、地学旅游示范区等。

（二）各地纷纷出台创建指导性政策

2005年云南省首次发布使用"旅游小镇"概念的政府性文件——《关于加快旅游小镇开发建设的指导意见》。随后，在2010—2013年，海南、

第一章 旅游小镇的发展背景及趋势

北京、贵州、南昌等地，均提出并鼓励旅游小镇的发展。其中，除北京成立了 100 亿元的小城镇发展基金外，其他各地鲜见有更多的落地方面的政策指导。2016 年特色小镇的概念提出后，国家重视特色小镇的建设，出台一系列政策，在这股浪潮下，部分省市针对旅游小镇制定了创建方面的指导意见，逐步规范旅游小镇的建设。详见表 1-1。

表 1-1 部分省市建设规划情况

省份	旅游小镇数量	总计	年份及事件
浙江	10 个	110 个	2015 年，浙江评选出十大旅游风情小镇。
	100 个		2016 年，浙江省政府办公厅发布《浙江省旅游风情小镇创建工作实施办法》，计划 5 年左右在全省验收命名约 100 个民俗民风淳厚、生态环境优美、旅游业态丰富的省级旅游风情小镇。随后制定《浙江省旅游风情小镇认定办法》。
湖南	12 个	128 个	2015 年，湖南省开展"湖湘风情文化旅游小镇"的创建工作，公布了第一批 12 个小镇名单。
	16 个		2016 年，公布了第二批湖湘风情文化旅游小镇名单。
	100 个		2016 年，湖南十三五旅游规划提出建设 100 个旅游小镇。
江西	10 个	20 个	2015 年，江西省评选出十大休闲旅游小镇。
	10 个		2016 年，江西省公示十大旅游风情小镇名单。
安徽	20 个	120 个	2017 年，安徽省旅游局公布首批 20 个省级旅游小镇创建示范单位。
	100 个		安徽省《关于开展安徽旅游小镇创建工作的指导意见》指出"十三五"末，安徽省将创建 100 个功能齐备、设施完善、环境优美、特色鲜明、宜游宜居、社会和谐的省级旅游小镇。
河北	35 个	35 个	2017 年，河北省旅游投融资大会期间，公布 35 个旅游特色小镇对外招商。
江苏	13 个	13 个	2017 年，江苏省公布了首批 13 家旅游风情小镇创建单位。
	50~100 个	50~100 个	江苏省办公厅印发《江苏省旅游风情小镇创建实施方案》，明确到 2020 年，培育建设 50~100 个旅游风情小镇。
海南	56 个	56 个	2017 年，《海南省全域旅游建设发展规划（2016—2020）》提出重点推进 56 个特色旅游风情小镇建设。

三、旅游小镇创建规定

目前，国家层面对于旅游小镇没有出台专门的政策文件，各地在创建过程中更多的参照特色小镇申报创建的要求来执行。其中，浙江省《关于旅游风情小镇创建工作的指导意见》、安徽省《关于开展安徽旅游小镇创建工作的指导意见》、江苏省《旅游风情小镇创建实施方案》三个文件中明确的提出了旅游小镇或旅游风情小镇创建目标、创建要求和创建程序，详见表1-2。

表1-2 三省旅游小镇创建要求

政策时间	地区	规划建设规模	行政区划	创建要求	创建程序
2016.10	安徽省	全省创建100个省级旅游小镇	既可以是建制镇、集镇或其相对独立的部分区块，也可以是旅游综合体、乡村旅游发展聚集区、历史文化村落和特色旅游街区等	规划先行，旅游主导，设施完善，内涵丰富，环境优美，市场运作，机制健全	严格标准、择优培育，制定创建工作方案和实施计划，有力有序推进
2016.12	浙江省	"十三五"期间"力争5年打造100个旅游风情小镇"	乡、镇、街道	风情要素；服务要素；环境要素	自愿申报；创建审核；动态考核；验收命名
2017.03	江苏省	到2020年，培育建设50~100个旅游风情小镇	非镇非区	坚持规划先行；优化产品供给；完善服务功能；创新运行机制；提升综合效益	组织申报；批准创建,监测评价；验收命名

总结三地的政策文件，可以发现各地对于旅游小镇的创建程序与特色小镇基本一致，行政区划方面大多强调非镇非区。其中安徽省规定旅游小镇应具有明确的空间边界和连续的地域范围，核心建设面积不低于1平方千米。

（1）对规划的要求：安徽省和江苏省都强调旅游小镇规划先行。以规划统筹各种要素，优化资源配置，注重发挥优势和突出特色，处理好特色产业、旅游、生活、休闲、交通等要素关系，明确主题定位、功能布局，倡导小镇建设实现旅游发展规划、土地利用规划和建设规划等多规合一。

（2）对旅游的要求：浙江省要求旅游要素齐备，配备能满足不同旅

第一章 旅游小镇的发展背景及趋势

游者和主客共享的住宿设施、旅游休闲体验场所、丰富多彩的旅游活动和特色鲜明的旅游商品等旅游业态。安徽省提出旅游主导的要求，依托地方资源优势，推动旅游与相关产业融合发展，培育休闲度假、文化创意、非遗展示、民宿客栈、健康养生、娱乐购物、艺术表演等旅游新产品新业态，形成规模效应和旅游产业链条，实现一定规模的游客接待量。

（3）对服务功能的要求：浙江省要求服务要素齐备，具有游客咨询服务、公共交通服务、智慧旅游服务、旅游慢行系统、公共休憩区域等旅游公共服务设施。江苏省强调完善服务功能，优化基础设施和公共服务，将产业发展和社区功能有机融合起来，实现居民与游客共建共享。配套设施建设要兼顾小镇居民和旅游者的需求，功能上按照5A级景区服务标准建设。

（4）对运营管理的要求：安徽省强调要坚持"政府引导、企业主体、市场化运作"，明确建设主体，集聚和形成一批旅游项目和投资，具有统一的旅游管理机构和专兼职管理人员，有较完善的旅游咨询投诉和安全保障机制。江苏省指出要创新运行机制，坚持政府引导、市场化运作，发挥企业市场主体作用，加大招商引资引智力度，提高要素配置效率，推动旅游风情小镇健康发展。

（5）其他要求：除此之外还有对生态环境的要求，保证历史人文环境保存完整，自然环境保护有序；对于文化的要求，具备体现当地独特文化与自然、民俗与文物资源，独特的地方风土人情和民俗风貌资源，独特的淳厚民俗文化资源；对于市场的要求，坚持"政府引导、企业主体、市场化运作"，明确建设主体，集聚和形成一批旅游项目和投资。

第三节
国内外旅游小镇发展进程及启示研究

一、国内旅游小镇发展进程研究

我国旅游业相较于其他国家发展较晚,但是改革开放以来,随着经济持续快速发展和居民收入水平较快提高,我国旅游人数和旅游收入都以年均两位数以上的增速持续发展,中国已成为世界第一大出境旅游消费国及世界第四大入境旅游接待国,并拥有世界最大的国内旅游市场。

当前,我国经济社会快速全面发展,城乡居民收入增长,居民闲暇时间增多,消费观念转变,都为我国旅游业快速发展提供了有利条件。旅游小镇是中国旅游业发展的一个重要组成部分,伴随国家政治经济迈入新的发展阶段,旅游小镇的发展也被纳入了各地的发展计划,进入了快速发展、规模发展、品质发展的阶段。

(一)发展空白阶段(1949年新中国成立—20世纪90年代)

20世纪90年初期以前,国内旅游业处在起步发展期,改革开放之后,中国旅游业发展模式走的是一条超常规的发展道路,即采取"积极发展入境游,适度兼顾发展国内游"方针,在这个阶段,各地对旅游业重视程度大大提高,为后期旅游业的良性发展打下了良好的基础。这一阶段,旅游业的发展主要以观光旅游为主,全国旅游小镇处在尚未开发的原始状态。小镇知名度不高,并没有代表性的旅游小镇出现。

第一章 旅游小镇的发展背景及趋势

（二）自由发展阶段（20世纪90年代—2008年）

20世纪90年代以后，随着江南古镇周庄被旅美画家陈逸飞"发现"和"推销"，旅游小镇吹响了开发号角，随后旅游小镇就像雨后春笋般出现。这个时期的发展可以说是由资源带动、需求带动的自由发展阶段。

20世纪90年代，中国旅游业快速发展，国内旅游业开始被放到重要位置，在总体旅游发展中的作用不断增加，旅游人数、旅游收入持续稳定增长。江南六大古镇——周庄、同里、角直、西塘、乌镇（东栅）、南浔开发旅游较早，其中，周庄的旅游开发最早，在周庄的示范效应下，江浙一带的古镇相继走上"旅游兴镇"之路。

建设部、国家文物局于2003年和2005年，相继公布了两批共44个历史文化名镇。在这股古镇旅游热潮的带动下，我国各地开始大规模的发展古镇旅游，四川、重庆、安徽、江西等都在打造各自的品牌，目前较为出名的有江西婺源古镇、湖南凤凰古镇等。

2000年之后，乌镇西栅、丽江大研古镇、四川洛带古镇、宏村古镇等为代表的古镇在上一代古镇的影响下，在休闲度假大潮带动下，选择了将文化与商业主动结合，古镇引入休闲商业属性的餐饮、住宿、娱乐等业态，结合古镇古村环境来营造独特的文化休闲消费氛围，逐渐发展成为区域重要的休闲度假目的地。

（三）规模发展阶段（2008年至今）

以2008年国内人均GDP突破3000美元为标志，中国旅游进入从观光向休闲转换的阶段。在这一阶段，随着国内经济的增加以及闲暇时间的增加，人们对旅游产品的满足不仅仅停留在观光阶段，更多地向体验性、休闲性等高品质的旅游产品转化。这一背景下，小镇旅游也开始了转型，并具有如下特征：

（1）新建旅游小镇不断增加。随着古镇开发速度加快，有文化内涵且保存完整的小镇被大量开发；其后，随着古镇保护要求的不断提高，保护费用不断增加，依托不同文化资源的旅游小镇被逐步开发，小镇的开发类型从传统文化型开始向多种文化并存型转化。

（2）开发主体由政府向开发商转变。在开发初期，旅游小镇以古镇等文物保护为主，一般由政府主导。随着旅游地产的发展，开发商也逐步介入旅游行业推动了旅游小镇的发展，比如彝人古镇、滦平古城等都是由开发商参与开发的旅游产品。

（3）开发主体对规划的重视程度不断提高。周庄、丽江旅游小镇的无序开发，让开发主体认识到一个合理的旅游小镇跟城市其他小镇一样，需要整体规划和开发。

（4）体验性、休闲性项目不断增加。

二、国外旅游小镇发展启示

国外拥有众多旅游小镇，这些旅游小镇有的历史悠久，有的文化独特，有的风景如画，各个国家在城镇化的道路上各有特点。

（一）日本城镇化启示

日本城市人口从1898年的533万增加到2015年的1.27亿，1935—1970年期间，城镇化比例迅速从30%升至70%。作为当今亚洲地区城镇化程度最高的国家之一，日本的城镇化已经走过了百余年的发展之路，其间既积累了许多成功经验，也经历过不少挫折坎坷。日本由于地域面积狭长，走的是大城市为核心发展的战略，即集中型城镇化发展道路。日本的快速城镇化是以强大的工业为依托和支撑发展起来的，第二次世界大战后，日本工业迅速发展，GDP跃居世界第二位，一些大城市群也开始在强大的工业化过程中不断形成，同时村落迅速减少，在这一过程中，政府的积极引导起到了非常关键的作用。

按照日本学者的观点，自20世纪70年代城镇化水平超过70%以来，日本一直处于城镇化进程的成熟期。这一阶段的显著特点是城镇化的速度明显放缓，转而注重提高城镇化以后的居民生活质量，致力于克服城镇化过程中带来的种种弊端。而在今后一个时期，随着国家后工业化进程的不断发展，如何改变此前以工业为主的城镇发展模式，将一座座"钢铁城市""化工城市"和"汽车城市"逐步改造为"清洁城市""智能城市"和"宜居城市"，已经成为日本城镇化未来关注的重点。

日本的旅游小镇也各有特色，有童话村落白川乡、在丘陵上长成的田园牧歌式小镇北海道美瑛町、森林温泉小镇石川、《龙猫》的灵感发源地

第一章　旅游小镇的发展背景及趋势

汤布院、江户风情的古老小镇郡上八幡、静谧幽然的参禅境地岚山等。

（二）美国城镇化启示

自1840年美国城市开始发展，城市人口超过10%，至1970年，美国城市的郊区人口超过城区人口，这一时期城市化率达到了73.6%，基本完成城市化进程。美国城镇化进程虽然相对于西欧国家起步较晚，但发展速度很快。尤其是其良好的市场竞争机制，进一步加速了经济发展的进程。在西部开发和工业化飞速发展的过程中，美国城镇化水平迅速提高。到1920年，美国的城镇化水平由1890年的35%发展到51%，第二次世界大战后，由于美国在战争中损伤较小，城镇化得以加速发展，2010年城镇化水平达到77%左右。

美国城镇化发展初、中期，奉行自由经济理论，主张由市场自发地调节经济关系，市场机制在美国城镇化发展过程中起主导作用。在小城镇建设中，突出以人为本，把以人为本的理念贯穿于城镇化可持续发展的全过程，几乎每个小城镇都依据实际情况，确立小城镇发展方向，不同区位呈现不同的特色和定位。政府主要功能就是规划管理和社会公共服务。在美国城镇化发展的过程中，每个城市都有自己的详细发展规划，规划必须通过专家的论证和市民的审议，一经通过确定，规划就具有法律效力，不得随意更改。同时，在城镇化进程中，美国联邦和地方政府以及立法机构出台了许多"为乡村提供发展机会"，有效解决了城乡二元结构的法案。在城镇化进程中，美国打破行政区域界限，整体统筹区域资源利用、环境保护、产业布局和重大项目建设，着力打造大"都市圈"和"城市带"，依托发挥中心城市的辐射带动作用，构建集聚度高、开放式、多层次的城镇体系。

目前，美国形成了多样化的旅游小镇，有风光秀美的加利福尼亚州岬站小镇，还有因历史遗址闻名的纽约卡茨基尔小镇、黄石公园周边的利文斯顿小镇、北卡罗来纳州海边小镇奥克雷科克等。

（三）欧洲国家城镇化启示

欧洲国家的城镇化发展受政治、经济、文化等因素影响，各国差异很大。从根本上讲，城镇化是工业化的发展，但是政治和历史因素也不可低估。从欧洲历史经验看，城镇化可以成为国家经济发展过程中重要的经济增长点。

  英国的城镇化进程开始于18世纪中叶，同一时期其工业化也在不断发展。英国能够率先完成城镇化进程，既得益于工业革命的大力拉动，也与政府引导、市场拉动和民众参与"三位一体"的城镇化推进模式有关。

  法国近年来在城镇化建设可持续发展方面逐步形成了一套章法和优势，成功打造出一些样板社区，无论是设计理念还是生产、建设方式都日趋成熟，为法国城镇化生态建设与改造提供了标准，也为法国对外开展经济合作和推广法国环保生活理念打造了新的品牌。

  德国城镇化建设注重发挥规划的指导和协调作用，其城镇规划不仅强调功能完整、布局合理，而且在交通、通信、排污等公共设施建设方面坚持长远性原则。由于拥有十分发达的公路交通网络和便捷的城乡公交系统，许多人在小城镇居住、生活，却在其他地方工作。德国因此形成了"分散化的集中型"城市布局，大大减少了人口大量转移和高度集聚对中心城市形成的压力。

  欧洲精致的小镇数不胜数，以其悠久的的历史、美丽的风景和独特的人文著称，有意大利古里亚马纳罗拉小镇（Manarola）、英国格洛斯特郡的拜伯里（Bibury）、奥地利的哈尔施塔特镇、法国东北部阿尔萨斯的科尔马小镇等。

第四节
旅游小镇的发展问题及未来发展趋势

一、旅游小镇存在的问题

目前国内旅游小镇虽然发展迅速，但也存在着各种各样的问题。

（一）法规标准不完善

虽然我国目前已经有小城镇规划建设的相关法规，但并未针对旅游小镇制定实施细则。由于旅游小镇在诸多方面的特殊性，目前已有的城乡规划标准难以指导旅游小镇的规划建设，突出表现为以下几方面：一是用地指标，小城镇用地指标是以常住人口进行统计的，而游客属于流动人口范畴，没有相应的用地指标，导致无地可用。二是用地分类，旅游小镇需要规划大量的旅游建设用地，依据小城镇规划相关规范，难以进行细分，也难以进行分类控制。三是建设标准问题，小城镇基础设施和配套设施的建设是基于城市标准的适当降低，而对于一个高品质的旅游小镇来说，旅游服务设施却往往要比一般性城市设施的建设标准更高。

（二）规划不当，功能系统业态布局不合理

旅游小镇的发展需要多个功能系统的支持，其各个空间发展规划、布局规划因分属不同的体系而受到不同管理部门的影响。如果操作不当，则难以取得规划的协同效应，从而影响旅

游小镇的发展。虽然越来越多的政府已经意识到发展旅游小镇的必要性并制定了相关支持政策，但仍然显得"热情有余，规划不足"。许多旅游小镇规划层次低，对当地小镇的资源状况、基础设施、商业发展潜力等发展情况没有深入了解。例如，旅游小镇会展开发对小镇对外交通、酒店、建筑体量及商业系统要求较高，而由于会展为小镇带来大量客流，要求小镇内有完善的内部交通系统，使游客"进得去，出得来"，然而一些政府难以对这些功能系统做出详细规划，合理布置，项目仓促上马，造成小镇内功能业态布局不协调，各服务系统间的价值链没有形成。

（三）旅游地产化严重

旅游地产的开发具有强大的就业磁力、消费磁力，成为推动旅游小镇城镇化的重要动力，同时旅游小镇的出现在旅游地产上引发了新一轮革命。在这种背景下，大批知名地产公司相继投资旅游地产行业，例如，在海南，中信、万科、雅居乐、鲁能等开发商扎堆，众多旅游地产项目上马。相比其他地产开发模式，旅游地产进入门槛较低，因而吸引大量开发商蜂拥而入，甚至有些小镇将城镇化等同于地产化。旅游小镇地产化严重，削弱了小镇的旅游功能，使休闲娱乐的空间减少。同时，片面追求地产化使小镇丧失了其人文景观的原真性，缺乏个性，造成产品重复单一，主题特色不鲜明。

（四）历史风貌难保留、同质化严重

特色鲜明的小镇风貌是重要的旅游吸引物。但是，在旅游发展过程中，保护和发展小镇特色建筑和特色空间的难度很大。随着经济的发展，现代化和国际化的风格开始蚕食小镇的传统街区，导致小镇历史风貌逐渐丧失，出现千城一面的现象。同时，部分旅游小镇在规划建设过程中，容易走入大拆大改大建的误区，破坏性的建设导致小城镇风貌发生不可逆转的巨变。

总体上看，我国旅游小镇的开发还处于初期阶段，开发层次还比较低。许多旅游小镇为游客提供的休闲旅游产品过于单一、产品老化、同质化严重。例如，目前许多温泉小镇的开发方式就是将观光与泡温泉简单地结合在一起，而没有对温泉旅游资源进行诸如养生食品、特色餐饮等的深度开发，导致温泉旅游产品附加值低。大部分旅游小镇还是以提供简单的观光、

第一章 旅游小镇的发展背景及趋势

游览以及季节性的采摘产品为主，这些缺乏核心竞争力的产品易被模仿，从而导致企业的价格竞争激烈。另一方面，很多旅游小镇的旅游产品开发难以与当地文化相结合，难以有效利用当地独特的人文环境和生态环境，而为了追求短期效益开发一些缺乏文化内涵的产品，缺乏持续吸引力。

二、旅游小镇发展趋势

（一）一体化发展

新型城镇化是以城乡统筹、城乡一体、产城互动、节约集约、生态宜居、和谐发展为基本特征的城镇化，其核心为"产城一体化发展"。旅游小镇应立足旅游开发的资源基础，坚持以休闲产业为主导的发展前提，通过对劳动力、资本、技术、信息、交通等生产要素进行聚集、创新组合和升级，形成新的生产要素、新的产品、新的生产和管理方式；同时在劳动力、产业和生产要素集中的基础上，为居民和游客提供良好的生产、生活和服务环境，不断强化其在区域产业与生活服务中的作用。因此，旅游小镇具有以"休闲产业主导的产业体系"构建为基础，推进产业发展、土地开发、基础设施与公共服务设施建设，形成人口聚集，配套发展公共服务，结合商业化服务，持续激发自身发展活力的产城一体化发展趋势。

（二）主题化开发

旅游发展以特色为主题。因此，旅游小镇的开发具有主题化趋势，开发过程中应突出小镇特色，以主题化为打造手法。其常规手法是用一个核心主题，体现整个小镇的文化灵魂和主题特点。但核心主题化，并不代表小镇的文化是单一文化，而应以主题文化打造为重点，通过文化体系的梳理，形成多元文化整合延伸的架构，进而实现文化的景观化、建筑化、娱乐化。

（三）休闲化业态

休闲业态聚集带动小镇的人气与商气。在目前的休闲时代大趋势下，各种商业业态逐渐从传统趋向休闲，从时尚用品到户外运动装备，从休闲餐厅到主题酒吧，从SPA美容到健身俱乐部，从休闲画廊到数字娱乐，从旅游服务到度假酒店……休闲已不再只是消费行为的点缀，而是成为商业业态发展的大势所趋。

（四）景区化设计

旅游小镇作为一个景区，有若干的景点。因此，小镇的开发不仅仅是城镇化的开发，还需要景区化的设计，这将成为旅游小镇开发的重点。旅游小镇的入口景观、公园景观、节点广场、大型中心广场或者集散广场，这些都是景点，它们之间的关系、布局、游线构成了一个景区的概念。而水系、绿植、林荫道、游步道等把景点串联起来，整体形成一个惬意轻松的环境，生活在其中的人们，节奏也慢了下来。而点缀其间的城市家具，如灯箱、座椅、铺装、广告牌等，也应该充满着诗情画意。

（五）特色化生活

旅游小镇与旅游景区的一大区别是小镇作为城镇化体系中的一个区划单位，其休闲集聚结构延伸出多维的居住结构（城镇化人口居住、服务人群居住、度假居住等），针对性强的特色化生活方式是对多维居住结构受众的最大吸引力。因此，旅游小镇对特色化生活的打造将成为小镇发展的关键性要素。特色化生活可以通过将主题文化在小镇衣、食、住、行、劳动工作、休息娱乐、社会交往、待人接物等物质生活和精神生活的各个角度的延伸，营造和展示不同的生活模式，打造特色化生活旅游产品，以吸引游客，增加消费。

（六）合理化布局

需求导向功能，功能导向产品。旅游小镇具备观光、休闲、住宿、商业、娱乐、生活六大主体功能，功能是小镇用地布局以及旅游产品设计的依据。旅游小镇的功能分区、用地布局要围绕着休闲活动及休闲游线展开。合理的功能分区、用地布局，搭建出小镇的骨架，塑造出小镇的形态，结合文化主题的历史和地域特征，形成小镇独特的肌理结构。

（七）人性化管理

随着"以人为本"观念的深入人心，旅游小镇在提升管理职能、完善

第一章 旅游小镇的发展背景及趋势

管理制度、更新管理技术的同时将更加关注管理的人性化。人性化作为一个新的经济与管理学概念，主要指经济与社会发展着眼于人类生存和发展，以人为本，尽量增加人文关怀，减少对人类活动和发展环境的不利影响。并通过增加个性化的服务和沟通，避免高科技发展或僵硬的制度可能给人们带来的不便，提高消费者和社会公众的满意度，实现社会和谐发展。旅游小镇可通过增加人性化的管理举措（如设置爱心通道、自行车租用、医疗服务信息一点通等），提升旅游小镇的"人情味"，优化居民及游客的居住和旅游的感受。

综上所述，未来旅游小镇的发展将呈现一体化、主题化、休闲化、景区化、特色化、合理化、人性化七大发展趋势。详见图1-2。

一体化发展	主题化开发	休闲化业态	景区化设计	特色化生活	合理化布局	人性化管理
1	2	3	4	5	6	7
以利用"休闲产业为主导的产业体系"构建的基础推进土地开发、交通建设、基础设施建设，形成人口聚集，配套发展公共服务，结合发展商业化服务，实现产城一体化发展，持续激发旅游小镇的发展活力。	用一个核心主题，体现整个小镇的文化灵魂的主题特点，但主题文化不一定是单一主题，可以通过梳理文化，以打造主题文化为重点，多种文化整合延伸形成旅游小镇，把多元文化景观化、建筑化、娱乐化。	休闲业态聚集带动小镇的人气与商气。目前的休闲时代大趋势下，休闲已不再是消费行为的点缀，而是成为商业业态发展的大势所趋。	旅游小镇作为一个景区，有若干的景点，这些景点之间的关系，景点布局，游线关系，构成一个景区的概念。	旅游小镇与旅游景区的一大区别是小镇作为城镇化体系中的一个区划单位，其休闲聚集结构延伸出多维的居住结构（城镇化人口居住、服务人群居住、度假居住），针对性强的特色化生活方式是对多维居住结构受众的最大吸引力。	合理的功能分区、用地布局，搭建出小镇的骨架，塑造出小镇的形态，结合文化主题的历史和地域特征，形成小镇独特的肌理结构。	旅游小镇在提升管理职能、完善管理制度、更新管理技术的同时，应更加关注管理的人性化。通过增加个性化的服务和沟通，避免高科技发展或僵硬的制度可能给人们带来的不便，提高消费者和社会公众的满意度，实现社会和谐发展。

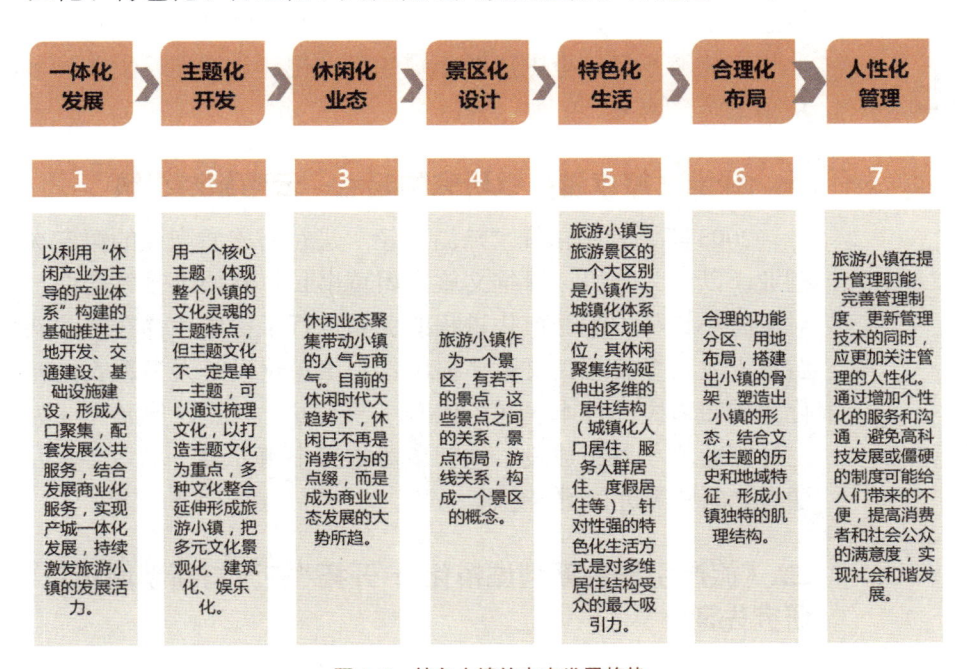

图1-2 特色小镇的未来发展趋势

第五节
绿维文旅的旅游小镇研究历程

绿维文旅早在 2005 年就以旅游小镇为起点对中国城镇化发展进行了探索。截至 2017 年 7 月，已经出版两部专著，探索了北京市旅游小镇、全国旅游小镇的标准化建设工作，发表过多篇相关研究论文。

一、绿维文旅旅游小镇研究的起点：云南旅游小镇

2005 年，云南依托"旅游小镇"进行省旅游产业的第二次创业。以此为契机，绿维文旅集团董事长林峰博士带领全院，对旅游小镇与中国城市化进程的关系进行了探索，并在中国旅游报上发表多篇相关文章，提出：小城镇建设是大多数农民转化为城镇居民的基本模式；旅游小镇开发，就是以旅游产业为主导产业的小城镇建设；并初步对旅游小镇分类、规划要求、要点、原则等进行了探索。

二、《旅游引导的新型城镇化》：开拓"旅游与新型城镇化"研究先河

2012 年底，绿维文旅发布《旅游引导的新型城镇化系列报告》，并连载于《中国旅游报》；以此为基础，绿维文旅继续深化、探索，形成更加完善的体系架构，并在 2013 年 6 月出版《旅游引导的新型城镇化》一书，这开拓了"旅游与新型城镇化"研究的先河。

《旅游引导的新型城镇化》一书是旅游引导下的新型城镇化开发及旅游地产开发的综合性操作指南。它对市县政府领导、规划局、旅游局、旅游地产投资商、旅游休闲度假区管委会都具有指导作用。在 2016 中国旅游科学年会上，该书荣获国家旅游局 2015 年度优秀研究成果研究报告类二等奖。这是所有奖项里唯一一项企业研究成果。该书自出版以来，发行量突破万册，被各地政府和旅游系统作为培训参考教材，来指导当地的旅游经济发展。

三、探索北京市旅游小镇评定标准：推动旅游小镇建设

2014 年 8 月，绿维文旅受北京市旅游管理委员会（现已更名为北京市旅游发展委员会）委托，进行了"北京市旅游小镇评定标准"的探索研究。该标准不仅服务于北京旅游小镇的创建和提升，对全国旅游小镇的健康有序发展也同样具有重要意义。该标准通过对国内相关评定工作的梳理与借鉴，在对北京市旅游小镇发展现状深入研究的基础上，提出了北京市旅游小镇的概念，这一概念突破了传统的建制村镇，是中国就地城镇化建设背景下的广义小镇。标准立足概念，兼顾宏观与微观，从旅游功能、城镇化体系构建、旅游产业发展的角度，编制了符合北京市实际情况的评定标准，并提出了旅游小镇"产城一体化"的创新模式。

四、出版《特色小镇孵化器》：专篇研究旅游小镇建设要点

2016 年底，绿维文旅结合 10 余年来的实践探索和部分研究成果，在全国首次推出了"特色小镇孵化器"的服务模式，并于 2016 年 12 月出版《特色小镇孵化器》一书。图书一经面世，受到各地政府及专家欢迎，图书销量直线上升，成为引导特色小镇良性、有序发展的必备之书。

图书的第三篇专门对旅游小镇的成长模式、发展架构、规划手法、运营模式等方面进行了较为深入的研究。

五、"旅游小镇分类与评价标准"研究：指导全国旅游小镇建设

2017 年 3 月，由绿维文旅和中国房地产业协会共同负责的住房城乡建设部"城镇化与城乡建设"软科学研究项目"旅游小镇分类与评价标准研究"（项目编号 2015-R2-020）通过评审。该研究为旅游小镇进一步

的探索与研究提供了理论支撑,这将有利于旅游小镇的规划与建设,为旅游引导的新型城镇化建设做出贡献。

评价体系包括城镇发展基础、旅游业的综合贡献、旅游产品的聚集程度及吸引力、旅游基础设施与公共服务体系、社区参与程度与社区带动效应、管理与保障、环境与保护、创新技术应用八部分基础评价指标和国家级帮扶与重点发展区域、特殊贡献两项加分指标。在标准的推动下,未来,全国将产生一批旅游小镇示范基地,绿维文旅将担负起时代使命,对旅游小镇的创建提供评价支持与咨询服务。详见图1-3。

城镇发展基础
- 区位条件
- 交通条件
- 空间结构
- 城镇风貌
- 公共服务设施与基础设施配套

旅游业的综合贡献
- 旅游业对GDP的贡献
- 旅游业对农民就业的贡献
- 旅游对农民增收的贡献
- 旅游对财政税收的贡献
- 旅游业对脱贫的贡献

旅游产品的聚集程度及吸引力
- 核心吸引物
- 旅游产品的聚集
- 旅游产品的市场吸引力
- 旅游业态发展
- 旅游品牌宣传与知名度
- 适游情况

旅游基础设施与公共服务体系
- 旅游内部交通
- 旅游厕所
- 旅游集散与咨询
- 旅游标识系统
- 停车场

社区参与程度与社区带动效应
- 社区参与程度
- 社区带动效应

管理与保障
- 综合管理
- 安全与救护
- 规划
- 保障体系

环境与保护
- 资源保护与可持续开发
- 环境整治

创新技术运用
- 智慧城市
- 智慧旅游
- 节能新技术
- WiFi覆盖区域
- 其他新技术

国家级帮扶与重点发展区域
- 国家级帮扶与重点发展区域
- 省级帮扶与重点发展区域
- 市级帮扶区域

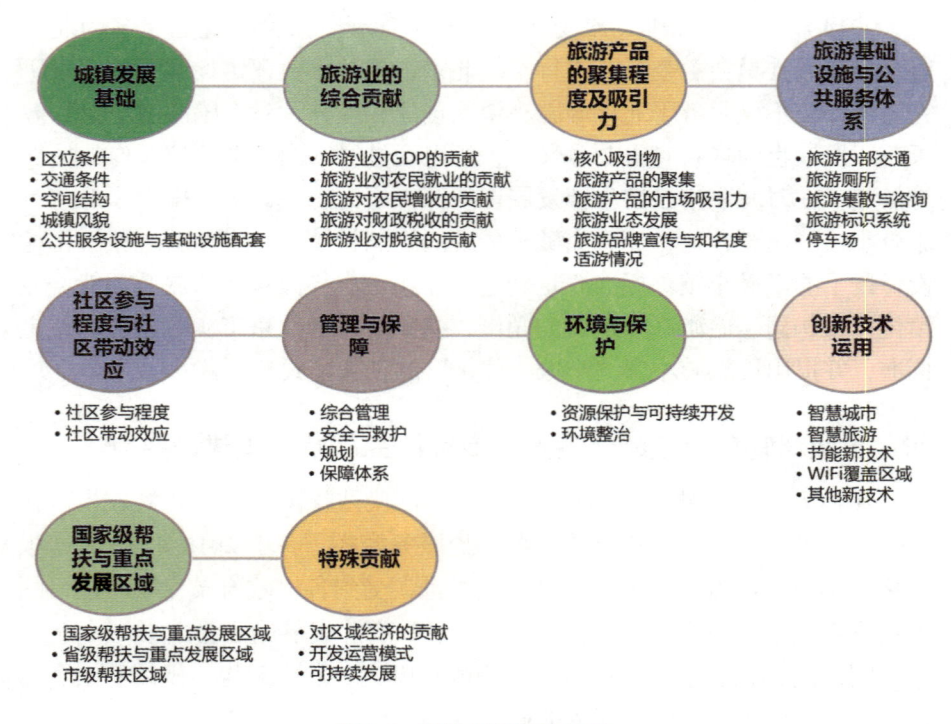

特殊贡献
- 对区域经济的贡献
- 开发运营模式
- 可持续发展

图1-3 旅游小镇的评价体系

第 2 章
旅游引导的新型城镇化下的旅游小镇多层次结构

第二章 旅游引导的新型城镇化下的旅游小镇多层次结构

第一节 特色小镇与旅游小镇

一、特色小镇与旅游小镇的关系

2016年,作为"促进经济转型,推动新型城镇化和新农村建设"重要载体的特色小镇,成为国家城镇化发展的战略选择。特色小镇是依赖某一特色产业和特色环境因素(如地域特色、生态特色、文化特色等),打造的具有明确产业定位、文化内涵、旅游特征和一定社区功能的综合开发体系。旅游小镇实质上是特色小镇中的一个下属分类,是以旅游资源为依托、以旅游发展为特色,以城镇规划规范和旅游产业规划规范的双重要求为前提,以旅游产业作为产业支撑来主导城镇发展,以城镇建设配合旅游功能,实现产业发展与城镇建设的产城一体化系统整合。其架构既符合旅游产业发展的基本逻辑,又呼应城镇化的发展架构。

不仅如此,旅游还是特色小镇发展中不可或缺的一种动力。浙江省要求非旅游类特色小镇必须按照3A级景区的标准建设,国家发改委发布的《关于加快美丽特色小(城)镇建设的指导意见》中,鼓励有条件的小城镇按照不低于3A级景区的标准规划建设特色旅游景区,将美丽资源转化为"美丽经济"。因此,顺应未来发展趋势,特色小镇都应该成为旅游小镇!

以下以绿维文旅正在规划设计的古北口镇与著名的古北水镇为例,对特色小镇与旅游小镇两种架构做一解析。古北口镇为北京市密云区辖镇，面积 84.71 平方千米；古北水镇则为古北口镇区划内的一个独立封闭式景区，面积 9 平方千米。

古北水镇由 IDG 战略资本、中青旅控股股份有限公司、乌镇旅游股份有限公司和北京能源投资（集团）有限公司共同投资建设，北京古北水镇旅游有限公司统一运营。古北水镇的收益构成除门票外，还包括全部的生活收益，即旅游者的住宿、餐饮、购物、娱乐以及各种各样的活动收益，因此以景区方式出现的古北水镇是一个完整的封闭式综合体，是把旅游综合体做到极致的典范，它形成了所有消费收益的全覆盖。换句话说，古北水镇把所有的旅游收益装在一个封闭系统内，在垄断收益加全覆盖收益构成的旅游收益结构模式下，形成了高溢价能力。它是巨额投资下实现旅游收益的典范。

在古北口镇这个特色小镇的规划中，绿维文旅提出两大产业发展引擎，即以旅游产业为主引擎、文化产业为次引擎，构建古北口镇旅游休闲产业链，促进旅游产业集聚，推动多产业融合发展。详见图 2-1。

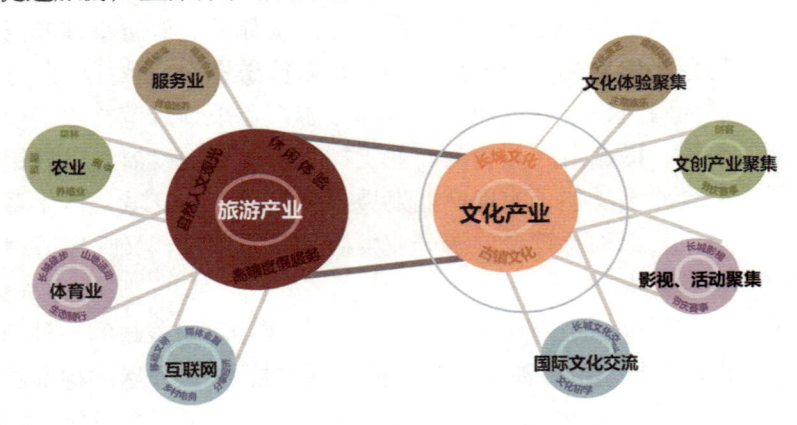

图 2-1 古北口镇的两大产业发展引擎构建

基于这两大产业的整合，古北口镇形成了两个核心区结构，一个是古北水镇核心，另一个是新的开放式的长城古镇。后一个核心作为原来建制镇中心区文化传承的载体，主要打造长城古镇核心聚集区。长城古镇以长城为核心，以古北口的口文化为重点，以水关结构为发展区，形成两万个到三万个床位，大规模吸纳游客，构成大量的可以随时往返不需要门票的

第二章 旅游引导的新型城镇化下的旅游小镇多层次结构

开放式度假区。其经营模式与收益模式将与前文所述的封闭式结构的古北水镇有明显不同。绿维文旅认为，在经营模式方面，长城古镇适宜采用"古镇免费＋景点收费"的开放模式进行经营。即古镇免费对外开放，在古镇内打造若干景点，景点联合起来形成一张 120~150 元的门票。经营模式的不同，直接导致了两个小镇收益模式的差异。古北水镇的收益由"1/3 的门票收入，1/3 的酒店收入，1/3 的景区综合收入"构成，主要包括索道、温泉、餐饮住宿、娱乐演艺、展览等项目收入；而长城古镇将由联票、地产与休闲消费构成，包括旅游板块的综合演艺、门票、旅游商品、交通、产品体验、游乐等项目收益，以及土地升值、商铺地产、客栈地产、公寓地产、产业地产、住宅地产等地产板块收益。比较而言，开放式结构的长城古镇较封闭式结构的古北水镇在收益结构方面更加多样、灵活。

综上，以古北水镇、长城古镇为代表的旅游小镇与以古北口镇为代表的特色小镇，相互支撑、相互促进。旅游小镇通过资本的运作，旅游核心吸引力的打造，形成商业化的收益模式，形成市场化产业，进而形成与区域发展、与就业融合的协调发展机制，这成为旅游小镇开发建设的核心理念。

二、旅游在特色小镇发展中的重要作用

绿维文旅认为，旅游之所以在这一轮特色小镇建设中处于如此重要的地位，主要基于以下几点：

（一）旅游是集聚人气、带动外来消费聚集的一种重要手段

特色小镇发展的关键在于人气，没有人气，特色小镇就无从谈起。旅游是快速带来小镇人气的良方，通过景区、度假区、主题公园等吸引核的设计，形成快速聚集人流的能力。旅游吸引核的设计是旅游发展中的一项重要技术，需要依托资源及市场，融入创意，方能形成核心引爆。旅游以吸引核为基础，实现"游客搬运"，形成外来游客在本地的规模化消费，从而实现"消费搬运"的效应。这一搬运，是旅游跨越区域，带动目的地发展的最好手段。将"市场"，而不是"产品"进行搬运，这是旅游业区别于其他产业的根本，也带来了诸多其他产业无法实现的效应：

（1）游客消费，形成了餐饮、住宿、游乐、购物、会议、养生、运动等综合性、多样化的终端消费经济链；

（2）在旅游消费拉动下，本地特色产品及产业（比如土特产品、农副产品、历史民俗民族文化产品等）延伸发展，形成了一个旅游带动的产品产业链，并逐步聚集形成产业集群；

（3）居民收入增加、城乡差距缩小、城市环境美化、保护区域环境生态文明、文化传承、服务设施完善、城市品牌提升、建设精神文明等这些旅游带来的既得利益，构建了新型城镇化中最强调的新内涵；

（4）旅游形成了消费聚集和产业聚集，带动土地升值、延伸商业房地产及休闲度假房地产等高利润项目，为城镇化提供了产业、就业、环境、服务和居住五大支持，成为城镇化的直接动力。

（二）旅游是一种跨界整合思维方式，可以与其他产业实现有效融合

旅游产业综合性强、关联度大、产业链长，已经极大地突破了传统旅游业的范围，广泛涉及并交叉渗透到许多相关行业和产业中，通过产业整合及集聚，形成了一个泛旅游产业集群，是面对各种产业跨界运作时的一种"核武器"。对以特色小镇为抓手的新型城镇化而言，比单一产业园区、单一景区具有更为复杂的产业体系、管理模式、市场格局，以及附着于产业上的发展诉求。而旅游是中国最早市场化的行业，也是最具有市场能力的行业，政府也一直在按照市场本身的规律来形成管理模式。因此，旅游产业具有应付更复杂产业跨界运作的经验与能力，是提高特色小镇资源附加值、产业附加值的核动力。旅游在特色小镇中的跨界运作，并不是改变其自身规律，而是充分运用规律，发挥产业本身的跨界特性，让旅游在市场中发挥更大效应，这是市场最需要的。

（三）对于欠发达地区的特色小镇来说，旅游产业相较其他产业来说，更易培育

与工业、农业等传统产业相比，旅游产业具有引领特色小镇发展的独特优势。一直以来，以工业发展为核心的产业带动模式是中国城镇化的主流，它集聚人口、技术、资金等发展要素，形成城市群。比较而言，小城镇、村落的行政级别低、工业发展基础弱，对工业化发展要素难以形成吸引力，因此，对绝大多数没有工业基础的小镇而言，以现代工业推动特色小镇发展的模式不可行，也行不通。而作为乡镇地区传统产业的农业，面临着产

第二章 旅游引导的新型城镇化下的旅游小镇多层次结构

业人口老化、盈利能力薄弱、难以吸引到产业转型升级需要的资金、技术、人才等诸多问题。在这一背景下，对资源具有强大塑造能力、产业链接能力、人口集聚能力的旅游产业在推动特色小镇发展方面具有不可替代的优势。

三、旅游产业与特色产业的协同作用

根据特色产业本身的特征，我们将其与旅游之间的关系分为两种：

（一）"特色产业 + 旅游产业"双引擎架构

这一架构要求小镇赖以发展的产业特色鲜明，且接近市场端与消费端，与旅游产业能够紧密结合。其发展逻辑为：以特色产业为基础，以"旅游+"为手段，实现特色产业与旅游产业互相融合、互相支撑的泛产业发展架构。以机器人小镇为例，依托机器人的生产制造、科研、设计等特色产业，可结合旅游、文化、养生、会议等产业，打造机器人主题乐园、机器人博物馆、机器人娱乐表演、机器人康复医疗等特色项目，形成泛旅游产业与机器人产业相互融合、共同引领的小镇发展架构。

（二）以特色产业为引擎，以旅游产业为有效补充

有些特色产业，虽然发展基础良好、特色鲜明，但并不能与日常消费者产生互动。对于这一类特色小镇来说，更适合走以特色产业为主导，以旅游产业为配套的发展路径。比如，对于一些以大数据研究、金融等高端产业为特色产业的小镇来说，旅游并不适合与主导特色产业进行融合，甚至对于这些产业聚集的高端产业人口来说，他们也并不希望被外来的旅游人口所打扰，而是希望能够有一个舒适、休闲的生活环境。因此，旅游在这一类小镇中的作用，更多的是以宜旅促进宜游，为当地居民提供良好的生活环境，满足当地居民的多种需求，并带动文化、娱乐、养生、养老和会议等消费。

综上，旅游的"搬运"功能，可以激发小镇内在系统与外部系统的交换融合，也是一种不可或缺的功能。因此，旅游小镇的成长和发展是新型城镇化的重要成长结构之一。通过外来消费聚集带动的三二一产业联动发展结构以及城镇化结构，旅游小镇将成为乡镇发展模式实现突破的一种重要途径。

第二节
旅游综合体与旅游小镇

旅游综合体的概念来源于城市综合体，2008年杭州市委十届四次全会明确提出修建100个城市综合体的战略规划，首次推出了多个以旅游为主题的综合体构建。绿维文旅在吸取已有"旅游综合体"相关研究、结合项目规划设计实践基础上，提出"旅游综合体"的概念。绿维文旅认为旅游综合体是指基于一定的旅游资源与土地基础，以旅游休闲为导向进行土地综合开发而形成的，以互动发展的旅游吸引核、休闲聚集区、旅游地产社区为核心功能构架，相关配套设施与延伸产业为支撑保障，整体服务品质较高的旅游休闲聚集区。

一、旅游小镇是一种更大规模上的旅游综合体发展架构

作为聚集综合旅游功能的特定空间，旅游综合体是一个泛旅游产业聚集区，也是一个旅游经济系统，并有可能成为一个旅游休闲目的地。因此，我们也用泛旅游来代替旅游的概念，使用"泛旅游综合体"的名称，包括"休闲综合体""度假综合体""休闲商业综合体""创意文化综合体""温泉养生综合体""康疗运动综合体""高尔夫度假综合体""休闲农业综合体""旅游小镇（非建制）"等各种类型。

旅游综合体是一种特殊的新型城镇化形态——既不是传统的旅游景区，又不是纯粹的住宅社区，也不是建制型城镇，更不是新型农村社区，而是实现泛旅游产业聚集、旅游人口聚集和相关配套设施发展，形成的非建制就地城镇化的典范。

第二章　旅游引导的新型城镇化下的旅游小镇多层次结构

旅游小镇也不是单一的旅游景区或产业园区，也不完全是建制镇，而是旅游景区、产业聚集区、新型城镇化发展区三区功能合一、产城乡一体化的新型城镇化模式。由此可见，旅游小镇与旅游综合体的本质类似，可以理解为旅游综合体的一种发展结构。

二、旅游小镇与旅游综合体的异同

两者具有以下共同特征：

（一）以一定的旅游资源与土地为基础

旅游资源和土地是旅游小镇和旅游综合体打造的前提所在，需要指出的是，这里说的旅游资源，是包括人工打造的资源在内的泛旅游资源的概念，如何转化成具有独特吸引力的旅游产品是其核心指向。土地资源，可大可小，它决定了旅游综合体的规模大小，影响着产品的配比结构。

（二）以旅游休闲功能为主导

旅游小镇和旅游综合体都以旅游休闲功能为主导，基于泛旅游产业综合发展的构架，融合观光、游乐、休闲、运动、会议、度假、体验、居住等多种旅游功能。两者通过休闲平台的打造形成休闲消费聚集区，具有极强的泛旅游产业整合效应，能有效带动区域特色产业的发展与产业的转型升级，形成以旅游为核心的现代服务业产业集群，这将成为城镇化推进的重要支撑。

（三）以土地综合开发为手段

旅游小镇和旅游综合体都是以旅游休闲为导向的土地综合开发利用的一种手段，其目标是通过综合开发，进行多功能、多业态的集聚，以旅游发展提升土地价值、推动衍生产业发展、多元文化互动，最终实现开发回报的最优化。

（四）以较高品质服务为保障

作为旅游开发的升级模式，旅游小镇和旅游综合体必须以超越一般景观的高服务品质作为保障，才能够实现良好的运营，需要完善综合管理体制机制，建立一套符合其自身特色需求的服务与管理保障系统。

（五）具有就地城镇化价值

旅游小镇和旅游综合体的开发，除了要考虑产业与动力的因素，还要依据城镇和产业要求以及人口的生活需求，进行基础设施与公共配套的配置，既包括道路、给水、排水、污水处理、电力、电信、供热、照明、垃圾处理、综合管网等基础设施的配置，也包括绿地、金融、商业、医疗、文化、教育、体育、信息、邮政、安全等城镇公共配套的配置。通过基础设施和公共配套的发展，旅游小镇和旅游综合体与当地的特色产业发展、三农问题解决、新型城镇化推进有效地结合起来，并与周边的乡村、城镇充分互补，融为一体，在功能上、产业上和特色上有机对接，使之不仅能将当地的旅游资源发挥出市场的价值，还能够真正成为带动所在区域实现新型城镇化的核心引擎，有效地形成对本地农民的就地城镇化效应，进一步会形成区域就业人口的聚集。这是典型的就地城镇化价值。

尽管旅游小镇与旅游综合体有诸多的共同之处，但是根据绿维文旅多年的实践经验，旅游综合体一般在 300~3000 亩之间，空间尺度过小难以保证旅游要素在综合体内完整配备，而尺度过大则违背了旅游服务设施高效集成布局和土地集约利用的初衷。

而旅游小镇一般面积大于等于 3000 亩（2 平方千米），在旅游小镇的规划范围内可以包括温泉旅游综合体、高尔夫旅游综合体、文化创意旅游综合体、休闲商业旅游综合体、主题酒店旅游综合体等的结构，可在综合体的基础上发展温泉小镇、高尔夫小镇、文创小镇等。

第三节
田园综合体与旅游小镇

田园综合体是在"休闲农业"和"旅游综合体"的概念基础上形成的，是新型城镇化发展进程中，都市周边乡村城镇化发展的一种新模式。"田园综合体"在"旅游综合体"构架下，基于一定的农业资源与土地基础，将农业和休闲游憩相结合，以农业为切入点，以景观打造为基础，引入泛旅游产业，形成集循环农业、创意农业、农事体验于一体的土地综合开发。田园综合体是旅游小镇中的一种重要组成架构，规模相对较小，容易操作，是推动旅游小镇发展最可行的模式之一。

一、田园综合体的概念特征

（一）田园综合体的概念内涵

2017年中央一号文件首次提出田园综合体概念，指出要支持有条件的乡村建设以农民合作社为主要载体、让农民充分参与和受益，集循环农业、创意农业、农事体验于一体的田园综合体，通过农业综合开发、农村综合改革转移支付等渠道开展试点示范。

田园综合体是以企业和地方合作的方式，在乡村社会进行大范围整体、综合的规划、开发、运营，形成的一个新的社区和生活方式，是企业参与、农业+文旅+地产的综合发展模式。田园综合体的目标是在城乡接合、农工结合、传统与现代结合、生产与生活结合基础上，实现乡村的再造与复兴。详见图2-2。

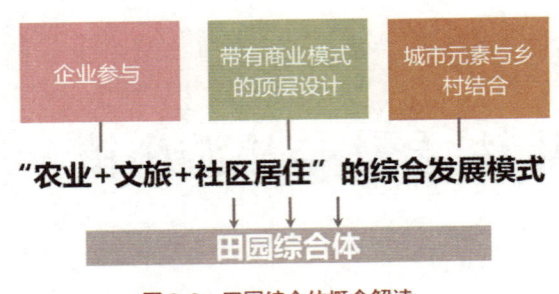

图2-2 田园综合体概念解读

（二）田园综合体的特征

以产业为基础：田园综合体以农业为基础性产业，企业承接农业，以农业产业园区发展的方法提升农业产业，尤其是现代农业，形成当地社会的基础性产业。

以旅游为动力：田园综合体与旅游业的发展相辅相成，旅游业能够带动城镇发展，但需要依附于农业，才能体现田园特色，旅游产业的融合是促进产业和人居环境和谐发展的重要动力。

以文化为灵魂：田园综合体要把当地世代形成的风土民情、乡规民约、民俗演艺等发掘出来，让人们可以体验农耕活动和乡村生活的苦乐与礼仪，还原村子原貌，开发一个"本来"的村子。

以体验为活力：将农业生产、农耕文化和农家生活变成商品出售，让城市居民身临其境体验农业、农事，满足愉悦身心的需求，形成新业态。

创新乡村消费：旅游业结合农业，能够带动乡村社会经济的发展，一定程度上弥合城乡之间的差距。而解决物质水平差距的办法，是创造城市人的乡村消费。

城乡互动：解决文化差异问题的有效途径是城乡互动。田园综合体正是一种实现城市与乡村互动的商业模式。关于城乡互动，最直接的方法就是在空间上把城市人和乡村人"搅和"在一起，在行为上让他们互相交织。文化得以弥合，才是人的城市化。

二、田园综合体的结构体系

第二章　旅游引导的新型城镇化下的旅游小镇多层次结构

在新型城镇化构架下，田园综合体实际上由五个部分构成：景观吸引核、休闲聚集区、农业生产区、居住发展带、社区配套网。详见图2-3。

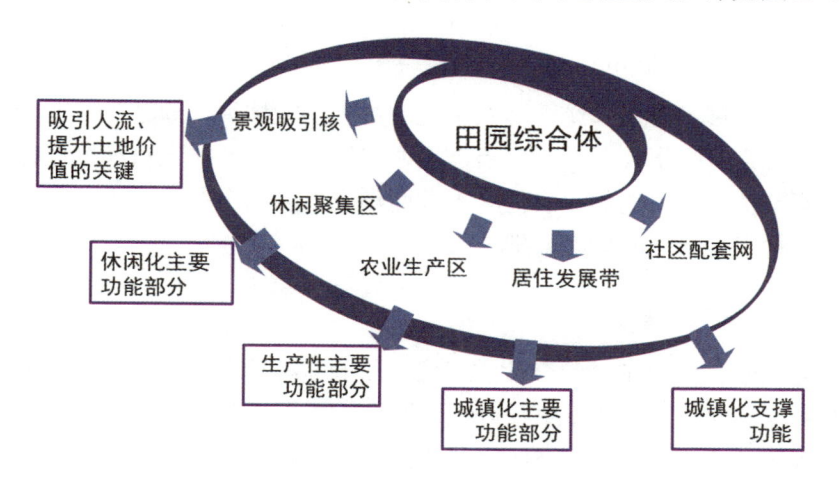

图2-3　田园综合体结构体系

（一）景观吸引核

景观吸引核是吸引人流、提升土地价值的关键，也是田园综合体打造的重要内容。田园综合体通常位于地形丰富多变、景观资质良好的地段，依托景观型农田、果园、花园、湿地等，可以使游客身临其境的感受田园风光，达到放松身心，体会农业魅力的目的。

（二）休闲聚集区

休闲聚集区是为满足由核心吸引物带来客源的各种休闲需求而创造的综合休闲产品体系，实际上是各种休闲业态的聚集，通过农家风情建筑、乡村风情活动场所、垂钓区等休闲空间承载，让游客深度体验农村特色生活，感受乡土风情，享受休闲农业的乐趣。

（三）农业生产区

农业生产区通常选在土壤、气候条件良好，有灌溉和排水设施的区域，基础生产项目为：农作物、花卉园艺、畜牧业、森林经营、渔业等。农业生产区主要引入现代农业科技开展循环农业和创意体验，对游客开放农业体验区，以此促进农产品的有效流通。此外，还可以开展生态农业示范、农业科技示范项目，向游客进行农业知识推广，展现农业生产魅力。

（四）居住发展带

居住发展带是田园综合体城镇化的主要功能体现。通过旅游业与休闲农业的融合，吸引大量人员聚集，形成原住居民、产业人口和度假休闲游客等不同类型人口的集中居住区，继而形成以休闲农业发展为聚集的居住社区，构建城镇化的核心基础。

（五）社区配套网

社区配套网是田园综合体实现城镇化的支撑体系，包含产业配套和公共服务配套两部分。产业配套主要是指服务农业、休闲旅游的商业、金融、科技等服务设施，公共服务配套是指服务社区居民生活的基础设施，如医疗、体育、教育、娱乐休闲等。

第3章
旅游小镇的概念及发展架构

第一节
旅游小镇概念解析

一、旅游小镇概念定义

（一）旅游小镇定义

本书所提出的旅游小镇，是指以开发当地具有价值的自然或人文景观为基础，以整体景区化为核心特质，以休闲核心为增长极，以旅游产业综合发展为目的，以社会化政府支持与市场化运作相结合的一种有效的就地城镇化模式。

旅游小镇是一个有机生命体，是一个有效运转的生态系统。它是旅游在景区结构下发展的一种新的业态，是新型城镇化架构下，以产城一体化发展为目的的一种就地城镇化创新形态。首先，它是一个以自身资源为基础发展起来的小型旅游目的地；其次，是一个由多元业态消费构成的经济系统；最后，是一个以旅游产业为主导，以产业融合形成的泛旅游产业聚集区。

（二）有关概念辨析

1. 旅游小镇与建制村镇的关系

旅游小镇不等同于建制村镇。从一般规律上看，旅游小镇位于乡镇政府所在地，与行政区域为一体的概率很高，这是由于镇政府的所在地一般是该地区经济、政治和文化的中心，是区域内资源与资金、人口与文化的聚集区，开发基础相对较好。但依然有很大一部分旅游小镇本身并不是行政建制村镇，这些小镇可能依托于某项突出的旅游资源（如生态资源、历史文物等），在建制村镇的其他区域形成旅游聚集区。

2. 旅游小镇与乡村旅游的关系

从旅游小镇的区位、资源特色、市场特征等来看，部分旅游小镇（位于乡镇区域内或以农业资源为基础的旅游小镇）在一定程度上隶属于乡村旅游的范畴；但作为旅游产品，旅游小镇与乡村旅游又有很大的不同。乡村旅游的核心是依托生态、自然或文化资源解决"三农"问题；而旅游小镇是基于生态、自然或文化资源发展泛旅游产业，兼顾解决"三农"问题，更侧重城镇生产生活体系的构建。

3. 旅游小镇与旅游度假区、旅游景区之间的关系

从旅游产品的角度看，旅游小镇不仅仅是旅游度假区或旅游景区，还是"旅游综合体或旅游聚集区或新兴旅游目的地"。旅游小镇不是一般的景区，游客来此不是单一的观光或休闲，而是有多种目的的重复游；旅游小镇也不是一般的度假区，因为旅游者来此不仅仅是为了度假，会有更多样的个性化旅游需求。旅游小镇是保留原住民生活结构的新兴旅游目的地，旅游者的观光、休闲、娱乐、购物等多种需求在这里都可以得到满足。

二、旅游小镇的特征

旅游小镇不同于一般小城镇，具有自身鲜明的特征。

（一）景区特征

旅游小镇本身就是一个文化气息浓郁、环境优美的景区，是观光旅游的载体。依托其空间布局形成的游线结构，以及 N 街 N 景、一街一品的布局，具有非常强游乐性。从文化底蕴上讲，旅游小镇是文化旅游的重要载体，城镇风貌及建筑景观体现一定的文化主题；旅游小镇所拥有的特殊文化，能转化为旅游小镇独特的形象特征。从旅游的角度讲，旅游小镇具备食、住、行、游、购、娱、商、养、学、体等旅游要素。

（二）休闲产业聚集特征

旅游小镇的主导产业是旅游服务业、休闲产业。围绕主导产业，小镇

第三章　旅游小镇的概念及发展架构

还将形成宾馆服务业、商品零售业、娱乐休闲业、餐饮服务业、会议会展业等。以产业为核心，旅游小镇的产业人口构成主要为旅游人口及旅游服务人口，其中，旅游服务人口主要为小镇常住居民。

（三）城镇化特征

从城镇化的角度讲，旅游小镇是围绕休闲旅游，延伸发展出有常住人口、完善的城镇公共服务配套设施的小城镇。它有居民，有产业，形成居住社区，并在此基础上形成安全保障管理体系。

旅游小镇的服务设施配套主要围绕游客的吃、住、行、游、购、娱展开，有演艺场所（如影剧院、演艺广场等）、餐馆、商业步行街、休闲会所、养生健身中心等。除此之外，还有为小镇常住居民服务的公共设施，如医院、学校、银行、行政管理办公楼等。

旅游小镇还承担着旅游集散与夜间休闲功能，其交通规划必须处理好人车分离、停车集散与游线组织的关系。

（四）综合发展特征

本书所提出的旅游小镇概念，突破了传统的建制村镇概念，在规模布局上，围绕几十亩、上百亩或者千亩的景区核心区域，以圈层结构向外延伸形成城镇聚集形态，延伸发展范围可以达到几平方千米或者数十平方千米。它专注于在合宜的尺度内构建旅游吸引物，强调的是以休闲核心为增长极的各个发展阶段。整体规模应当达到一般小城镇的水平，从宜居的城市规模、人口密度来说，总面积不宜超过25平方千米，总人口不宜超过5万人。

旅游小镇围绕休闲业态、餐饮、演艺等多重聚集的休闲集散核，以集散广场或是中央公园为核心，形成公共服务圈、居住圈、外围村落等圈层式结构。从经济发展的角度来说，旅游小镇以旅游业为支柱型产业，并以旅游为引擎，通过"食、住、行、游、购、娱、商、养、学、情、奇、体、宗、农、创、村"等元素的建设，带动小镇餐饮、居住、商业、交通等一系列产业的发展，进而促进小镇经济的综合发展。

旅游小镇在以上基本特征基础上，可分为景区型、休闲型、城镇化型等类型。城镇化型的旅游小镇包括建制镇和非建制镇两种，非建制镇旅游小镇的基础设施、城市设施、政府的管理建设相对滞后，而建制镇则更多强调政府职能与城镇功能。旅游小镇在进行开发建设时，应在政府的支持下，和市场有机结合，并根据小镇类型的不同进行各有侧重的打造，形成小镇发展的就地城镇化结构。

第二节
旅游小镇界定要素分析

立足新型城镇化发展理念，绿维文旅从旅游小镇的概念及旅游小镇建设、管理、运营等角度出发，立足旅游开发、城镇化体系构建、产业发展三大视角，提出从产业体系、吸引力架构、基础设施体系、人居环境、社区参与与居民受益程度、管理系统、保障体系、市场影响力八大基础要素来界定旅游小镇。

一、三大视角

（一）旅游开发视角

顾名思义，旅游小镇是以旅游功能为重点的综合区域。在开发旅游小镇时应立足市场需求，从旅游的舒适化、人性化、休闲化角度，以实现旅游产业升级发展为目标，对旅游资源、旅游产品、旅游服务、旅游接待设施、旅游市场运营等提出一定的要求。

（二）产业发展视角

在新型城镇化的背景下，旅游小镇区别于传统的旅游区，应从"产业发展"角度对其提出一定要求。绿维文旅认为，应主要从旅游产业占 GDP 比重、旅游产业对 GDP 增长的贡献、旅游产业对社区就业的带动性、旅游产业对社区居民增收的贡献等方面进行界定。

（三）城镇化体系构建视角

旅游小镇的提出是发展新型城镇化的重要探索，其发展应充分考虑和结合新型城镇化指标体系。旅游小镇应着眼城镇化发展，助推产业延伸整合、经济发展、居民生活水平改善、城市化水平提升、环境保护、资源节约、城市管理优化等。

二、八大要素

（一）产业体系

旅游引导的新型城镇化更多依靠的是旅游产业链中的休闲产业聚集模式。这一模式是由休闲产业业态的多样化而形成的多种聚集（如吃、住、行、娱乐、游乐、购物聚集等），并通过业态聚集形成旅游休闲产业多种业态发展结构，最终形成休闲产业聚集，这是旅游小镇产业发展的基本模式。

在新型城镇化的时代背景下，旅游小镇的产业结构更为多样，将会形成集多产业为一体的复合型城镇经济。旅游小镇的产业架构体系中，应以产业关联度高、需求收入弹性高的休闲产业为主导产业，通过休闲产业的多样化开发，形成多样的产业关联式发展结构，进而广泛带动其他产业发展。旅游小镇的产业开发还应结合具体的区域产业发展实际及城镇发展需求，兼顾发展农业、教育业、交通运输业、制造业、邮电通信业、物资供销和仓储业等其他产业。

（二）吸引力构架

旅游小镇的概念并不是基于行政建制或者各项社会经济学指标，而是对一个以休闲经济为吸引和驱动的区域进行的定性界定。因此，毋庸置疑无论何种类型的旅游小镇，都必须有一个或者多个休闲吸引核心。这种吸引核从种类上来说是多样的，可以是一个旅游景点、一个主题公园、一场秀，或者是当地特有的民风、文化或特产，也可以是特色的建筑造型等，正是休闲核心的构建使得旅游小镇与其他传统城镇体系区别开来，这也是旅游小镇概念提出的意义所在。

第三章　旅游小镇的概念及发展架构

绿维文旅认为旅游小镇的特色旅游吸引力体系应由具有一定的文化、历史、艺术、科学或养生等价值的核心旅游资源实体、景观节点、旅游活动、建筑风貌、多样的休闲业态、特色生活方式等共同构成。特色旅游吸引力是旅游小镇形成的核心基础，同时也使得旅游小镇更具标识性。

（三）基础设施体系

旅游小镇与旅游景区及传统城镇的最大区别在于其服务对象的复杂性，旅游小镇的服务对象既包括本地居民，也包括外地游客（观光游客、休闲游客、度假游客等），因此在构建旅游小镇时应充分考虑居民及游客的需求，构建生活化的服务系统。服务系统里面既应包括教育、文体、卫生、商业、饮食、服务和行政经济管理等城镇公共生活服务设施，以及交通、邮电、供水供电、商业服务、科研与技术服务、园林绿化、环境保护等市政公用工程设施，还应包括食、住、行、游、购、娱、商、养、学、体等旅游要素，同时也应包括旅游区必备的专项旅游交通体系、游客中心（含导游服务）、旅游标识系统、旅游邮电服务、旅游卫生设施（旅游厕所、垃圾箱、垃圾收集站等）、生态停车场、游客公共休息设施等。旅游小镇的旅游服务设施在综合配套服务里的比重应高于一般城镇。

（四）社区参与与居民受益程度

提升产业、扶贫扶农、促进效益是建设旅游小镇的重要目的之一。旅游小镇作为推进新型城镇化的重要方式，应在改善投资环境、吸引社区参与、带动就业、促进居民增收等方面有较强的作用。

（五）人居环境

旅游小镇由于其基础的旅游接待功能，因此对空气质量、噪声质量、水环境质量等要求较高；同时旅游小镇具有承载居民及游客生活的功能，其人文环境（自然子系统、建筑子系统、网络子系统、社会子系统）应达到一定的要求。绿维文旅认为，一个旅游小镇的人居环境应具备低碳环保、设施齐全、秩序井然、文化娱乐氛围浓郁、精神文明水平较高、生活健康丰富等特点。

（六）管理系统

旅游小镇的管理相对复杂，涉及旅游开发运营、城镇管理体系等方面。因此，应建立独立的专项管理机构，对旅游小镇进行统一的综合管理，以突破行政体制限制，规避多头管理，明确所有者、经营者和监管者，实现三权分离、有效制衡，提升管理效率。同时管理的规章制度也应健全，包括城市管理规章制度（如行政执法责任人制度、文明办公制度、岗位责任制度、政治学习制度等）、内部管理规章制度（如人力资源管理、财务管理等）、服务规章制度（如服务质量管理、现场安全管理等）、旅游资源管理规章制度（资源和环境保护制度）等，规章制度应全面完整，不留死角。另外，旅游小镇的管理还应积极引进专业的管理人才及先进的信息化管理技术，加强培训，进行定期监督检查，保证各项管理制度有效实施；并配合打造专项的运营平台，积极推动小镇市场运营。

（七）保障体系

依托于多样性功能，旅游小镇应设置保障体系，包括城镇发展保障体系（户籍、教育、医疗、就业、住房、社保、环境等）、旅游专项保障系统（发展资金保障、规划设计保障、旅游安全保障、医疗救援保障、营销体系保障、资源与环境保护等）。

（八）市场影响力

旅游小镇应形成特色主题，打造特色品牌，具备较强的旅游市场辐射力和影响力。其休闲业态经营状态应良好，游客抽样调查满意率要高，年接待海内外游客要达到一定规模。

第三章　旅游小镇的概念及发展架构

第三节
旅游小镇分类

一、不同角度的旅游小镇分类

从动力机制、建设模式、建筑风貌、旅游主题、发展模式等视角，旅游小镇可以分为不同的类型。详见图3-1。

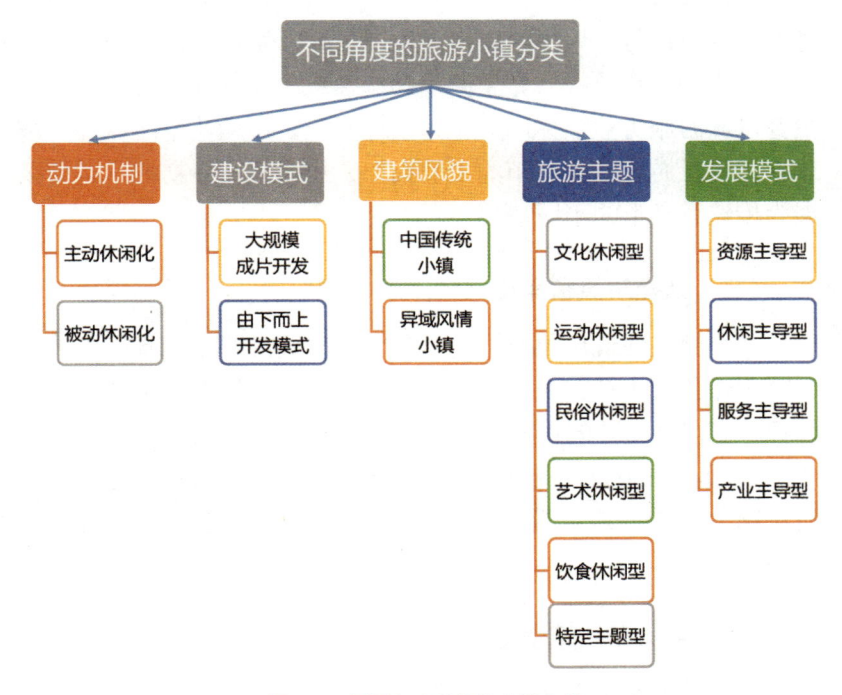

不同角度的旅游小镇分类

- 动力机制
  - 主动休闲化
  - 被动休闲化
- 建设模式
  - 大规模成片开发
  - 由下而上开发模式
- 建筑风貌
  - 中国传统小镇
  - 异域风情小镇
- 旅游主题
  - 文化休闲型
  - 运动休闲型
  - 民俗休闲型
  - 艺术休闲型
  - 饮食休闲型
  - 特定主题型
- 发展模式
  - 资源主导型
  - 休闲主导型
  - 服务主导型
  - 产业主导型

图3-1　不同角度的旅游小镇分类

51

（一）从动力机制角度

旅游小镇从动力机制角度看，有被动休闲化与主动休闲化之分。

被动休闲化，主要依托已有一定规模游客量的景区，小镇为景区游客提供住宿服务，在景区周边催生出夜间的休闲聚集，并慢慢形成一定规模的旅游小镇。

主动休闲化，主要是本身景观优美、文化特色鲜明的小镇，随着前来休闲观光、度假的游客逐渐增多，小镇慢慢由单纯居住区转变为以旅游服务为主导的休闲产业聚集区。

（二）从建设模式角度

旅游小镇从建设模式来看，分为大规模成片开发及由下而上生长两种模式。

大规模成片开发模式，主要是由具有一定实力的开发企业，以区域运营商的角色进行大片区的旅游开发，小到几百上千亩，大到几十平方千米。

由下而上生长模式，主要是指小镇从小规模的游客接待起步，逐渐演变为以旅游服务业、休闲产业为主导产业，带动整个区域经济增长，旅游从业人员及游客变成小镇的主要人口，规模也从最初的几条街区，延伸发展为传统意义上的小城镇。

（三）从建筑风貌角度

从小镇的建筑风貌看，主要有中国传统古镇和异域风情小镇之分。

中国传统小镇，主要是体现中式传统建筑风貌的小镇，包括历史文化名镇，也包括新建的古城古镇，如乌镇西栅、台儿庄古镇等。

异域风情小镇，是区别于中式传统建筑风貌的少数民族或是异国风情小镇，如纳西族建筑风貌的丽江古城，或是仿异国特色的如地中海风情小镇。

（四）从旅游主题角度

从旅游主题类别来看，根据旅游产品不同的功能主题，旅游小镇有多种类型，大致可分为文化休闲型、运动休闲型、民俗休闲型、艺术休闲型、饮食休闲型、特定主题型六大类型。

第三章 旅游小镇的概念及发展架构

文化休闲型：将传统文化、历史文化、宗教文化、异域文化等作为主题的旅游小镇，如平遥古城、佛教道教小镇、三国文化小镇等。

运动休闲型：依托某类休闲运动项目，形成的休闲度假小镇，如高尔夫度假小镇、滑雪小镇、少林功夫小镇等。

民俗休闲型：展示民俗与民族文化的旅游小镇，如丽江古城、彝人古镇等。

艺术休闲型：以某种特定的艺术手法营造休闲氛围的小镇，如壁画小镇、音乐小镇等。

饮食休闲型：以饮食文化为主题的旅游小镇，如茶文化小镇、葡萄酒小镇等。

特定主题型：以特定的旅游资源为依托的旅游小镇，如温泉小镇、滨海旅游小镇等。

（五）从发展模式角度

从发展模式角度进行分类，揭示了旅游小镇发展的内在动因，对其开发有着重大的意义。以下内容将详细解读这一分类标准，并剖析其打造要点。

二、不同发展模式下的旅游小镇打造要点

通过对大量案例的研究总结，综合考虑旅游小镇的自身发展条件，结合小镇各功能发展阶段，从旅游小镇成长发展模式、建设目的，以及其对区位、资源、产业、旅游综合发展依赖程度的角度，可以将旅游小镇划分为如图3-2所示的四类。其分类界定的依据如表3-1所示。

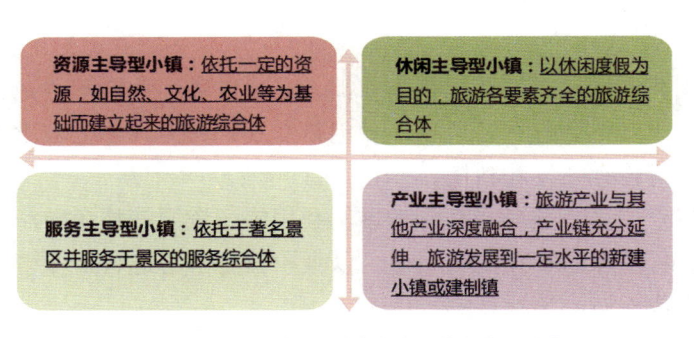

资源主导型小镇：依托一定的资源，如自然、文化、农业等为基础而建立起来的旅游综合体

休闲主导型小镇：以休闲度假为目的，旅游各要素齐全的旅游综合体

服务主导型小镇：依托于著名景区并服务于景区的服务综合体

产业主导型小镇：旅游产业与其他产业深度融合，产业链充分延伸，旅游发展到一定水平的新建小镇或建制镇

图3-2 按照发展模式角度的旅游小镇分类

53

表 3-1　按照发展模式角度的旅游小镇分类界定

类型	区位结构	资源基础	产业链条延伸	旅游休闲发展要素
资源主导型	☆	☆☆☆☆	☆☆	☆☆☆
服务主导型	☆☆☆☆	☆	☆	☆☆☆
休闲主导型	☆	☆☆☆	☆	☆☆☆☆
产业主导型	☆	☆☆☆	☆☆☆☆	☆☆☆

注：1.区位结构主要是指大城市或者著名景区周边。

2.资源可分为两类：一类是观光为核心的资源，如花卉、古建、动植物等；另一类是可休闲的资源，如温泉、生态、滑雪、气候等。

3.产业链：主要是指某一产业的纵向延伸。

4.旅游休闲发展：高端旅游休闲度假的综合发展结构。

（一）资源主导型旅游小镇

1. 主要特点

资源主导型旅游小镇，即自身拥有特色自然旅游资源或者人文旅游资源，以特色资源为主导形成的旅游目的地小城镇。

可开发的自然类旅游资源包括生态景观、生物景观、水域风光、气候天象景观等，可开发的人文类旅游资源包括历史遗迹、宗教文化、城乡风貌、民俗文化等。

这类小镇也可以几个村落联合，拆村并点，通过一定特色或文化形成产业化发展，实现就地城镇化。

2. 开发原则

资源保护原则：以资源保护为前提，在不破坏当地自然资源和环境的基础上，对当地资源进行特色挖掘和创新发展，大力优化区域生态环境，实现资源的可持续开发和利用。

特色发展原则：充分寻找、挖掘、利用旅游资源的特色内涵，以其为特色主题，打造旅游小镇的吸引核，以吸引核为中心进行产业链的上下延伸，最终形成旅游小镇独特的特色。

产业联动原则：旅游小镇的发展要以产业转化与消费集聚为目的，需要在食住行游购娱等旅游产业链甚至是跨旅游产业链中进行联动发展，最终实现小镇的城镇化发展。

此外，旅游项目的充足与景区结构的完整也是该类小镇非常重要的发展要素。

3．打造要点

资源主导型旅游小镇的打造主要依托自然资源和人文资源等区域特色资源，通过对资源的深度开发与以旅游目标为导向的产业链延伸解决旅游小镇发展的三大基本问题：主题吸引核问题、游憩方式"玩法"问题和旅游全要素配置。从而形成由三点到十面的"三点十面"打造方法，并最终形成独特的产品系列和项目系列。详见图3-3。

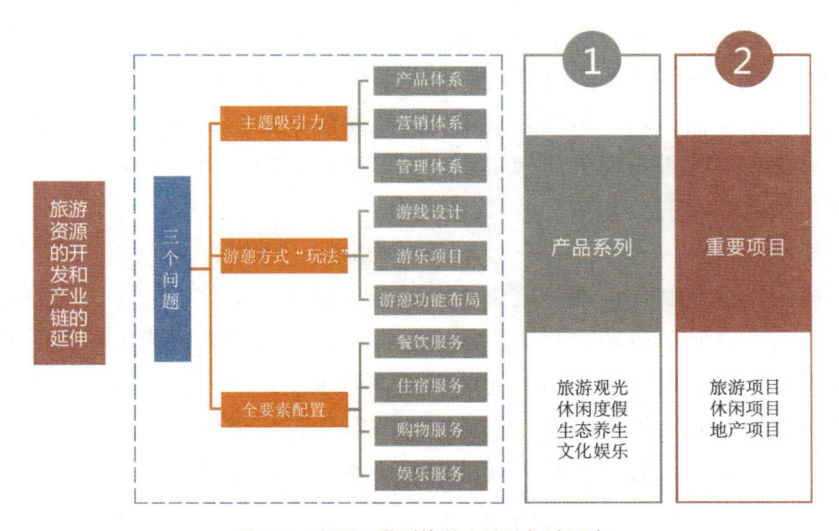

图3-3 资源主导型旅游小镇的打造要点

通过主题吸引核形成旅游小镇的产品体系、营销体系和管理体系；通过旅游全要素配置，完善旅游小镇的旅游服务产业链，串联旅游餐饮服务、旅游住宿服务、旅游购物服务、娱乐休闲服务；通过游憩方式的创意创新，对旅游小镇进行游线和游乐方式设计、游乐项目引进，完善其游憩功能结构。此类小镇要重点开发旅游观光、休闲度假、文化娱乐、生态养生等多维度的旅游产品体系，重点打造以旅游项目、休闲项目、地产项目为重点的三大项目系列。其中，旅游资源的挖掘与产业链的延伸是这类小镇开发的基础，也是开发的重点与难点。

4．具体分类

从主导资源的类型角度，这类小镇可分为两类：

（1）自然资源依托型旅游小镇。

这里所说的自然资源依托型旅游小镇，主要是指依托有着鲜明特色的观赏性自然资源，如花卉、动植物资源等（资源本身休闲性较弱），在此基础上形成自身独特主题，并以此主题为主要吸引力的旅游小镇。小镇将围绕旅游观光产品这一核心形成休闲配套集聚，并依托相关地产项目，形成小镇结构。

案例：成都三圣乡"五朵金花"

项目概况：三圣乡"五朵金花"坐落于素有中国花木之乡之称的四川省成都市锦江区，占地约12平方千米，有农家乐300余家，距成都市二环路约5千米。该项目主要开发花卉、蔬菜生产经营和观光旅游等旅游产品，形成了"花香农居""幸福梅林""江家菜地""东篱菊园""荷塘月色"命名的"五朵金花"。

经验和特色：

第一，注重文化内涵，聚集产业效应。以"花文化"为媒，巧妙运用景区内的丰富农业资源，打造主题景区，以及以农耕文化为主题的"江家菜地"景区，形成一村一品一业的乡村旅游景观。"五朵金花"走的是一条以农业为基础，以旅带农、农旅互补并重的发展道路，休闲观光农业区不仅整合了成都市城郊区域之间的农村旅游资源，而且将农村旅游与农业休闲观光、古镇旅游、节庆活动有机地结合起来，形成了以农家乐、乡村酒店、国家农业旅游示范区、旅游古镇等为主体的农村旅游发展业态。

第二，科学规划布局，强化政府管理。2000年在规划"五朵金花"时，成都市政府提出了"农房改造景观化、基础设施城市化、配套设施现代化、景观打造生态化、土地开发集约化"高起点的科学规划思路。"五朵金花"从建设到管理，始终体现了政府的强势推动。在任何情况下，政府抓规划蓝图不动摇、抓国家级名牌的标准不降低。

第三，融资拓宽渠道，连片开发经营。打造"五朵金花"，锦江区政府投入了8300万元用于发展水电路通信等基础设施建设和公益事业，撬动和吸引民间资金 1.6 亿元，多渠道打造融资平台。"五朵金花"快速发展，得益于规模化经营，以连片联户开发，共同扩大发展的市场空间，破解农民单家独户闯市场的风险，走专业化、产业化、规模化之路。

（2）古城古镇型旅游小镇。

古城古镇，特别是国家历史文化名镇，具有非常好的古镇风貌。这类小镇以其独有的特色建筑、风水情调、民俗文化，以及古镇本身形成核心旅游吸引物，同时依托古镇开发旅游服务的特色休闲产品和仿古旅游地产项目，形成城市化发展结构，这成为旅游小镇发展的中坚力量。如丽江、乌镇、西塘等著名古城古镇。

案例：平遥古城

项目概况：晋中市平遥县位于中国北部山西省的中部，黄河中游、黄土高原东部的太原盆地西南。平遥县总面积 1260 平方千米。平遥古城位于山西省中部平遥县内，始建于西周宣王时期（前 827—前 782 年）。

经验和特色：

第一，政府主导的发展模式。平遥于 2002 年成立了首家股份制企业古城旅游股份有限公司，负责平遥古城景点经营、住宿、基础设施建设及房地产等项目，是古城保护和新城建设的实施主体。

第二，通过申遗提高了平遥古城的文化旅游地位和海内外的知名度。

第三，旅游产业与农业相结合，通过打包整合旅游资源，实现旅游业向农村的延伸与辐射，使平遥县 30 多万农民从中受益。

（二）服务主导型旅游小镇

1. 主要特点

服务主导型旅游小镇是依托著名旅游风景区或旅游区，在旅游集散和休闲服务需求的催生下，在风景区重要门户和游客主通道上，形成的以旅游服务、旅游集散为核心功能的旅游小镇。它借力于周边景区的吸引力，基于对大量景区游客的服务和接待，重点开发商业、休闲、地产等项目，形成旅游餐饮服务、旅游住宿服务、旅游购物服务、配套游览服务、其他特色服务等旅游配套服务和旅游集散功能。例如黄山周边的汤口镇、万达长白山滑雪度假小镇、八达岭旅游小镇等。

2. 开发原则

服务为主的原则：依托重要的旅游目的地，以旅游服务为主，小镇通过完善各类配套服务设施达到延长旅游者逗留时间的目的。一方面，小镇要有足够丰富的配套产品，能够满足旅游者多方面的需求；另一方面，小镇要有完善的服务体系，开发情感类产品，最大限度地满足客户的情感需求，达到良好的客户传播效果。

一体化开发原则：服务主导型旅游小镇的开发建设要有很强的整体性特点，既要顾及居民社区和旅游区的整体协调，又要考虑到旅游产品营销全过程的协调，同时服务主导型旅游小镇是以旅游观光、旅游休闲功能为主，兼有教育、度假娱乐、体育活动、医疗等多种功能的综合性区域，其规划布局要求全面协调、整体发展、一体化开发。

特色化原则：此类小镇依托的旅游区区际可开发的区域很多，小镇要突出区际自己的特色，即按照"人无我有""人有我优""人优我特"的原则，在市场导向前提下立足于自身资源和产品特色优势，开发出明显区别于周边地区而具有绝对竞争优势的休闲、度假产品。

强化聚集的原则：通过旅游区的带动作用，实现人口的聚集，从而带动消费的聚集，休闲产业的聚集，实现聚集的规模经济效益。根据同类聚集理论，同一业种下众多品牌可产生高强度的相容性和互补性，但同时可能加剧内部竞争。为维持高相容性，避免内部竞争，业态配比要有均衡性，各业态的类型、数量、位置和分布要合理，让商户不会成为恶性竞争关系，同时互补性高。

3. 打造要点

这类小镇的打造应以较为广阔的区域一体化视角为基础。一方面，旅游小镇应与所依托景区一体化发展，旅游小镇的开发应在充分研究所依托景区的旅游项目特征、客源构成、业态构成等方面的基础上，有针对性地提供旅游配套与休闲产品，与景区形成联动与互补，并根据客群特征，打造"白天+夜间"休闲产品，形成"风景区+小镇"的大景区发展结构；另一方面，小镇的旅游属性与城镇属性应一体化发展，在休闲配套完善的基础上，形成旅游观光人口、旅游度假人口、旅游休闲服务人口、常住人口等人口聚集。因此，小镇的服务设施与商业业态应兼顾常住人口与旅游

第三章　旅游小镇的概念及发展架构

人口的不同需求,在空间布局与功能提供方面合理设计,多层次打造,同时逐步形成学校、医疗等城市化配套和城市化发展结构。详见图3-4。

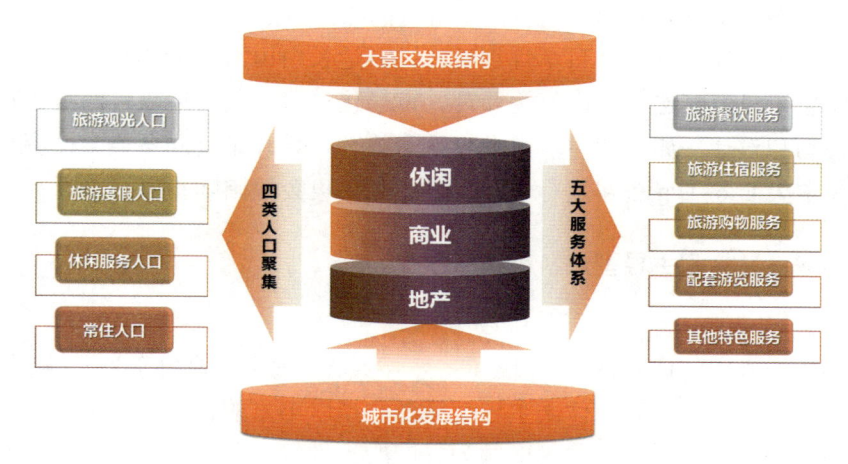

图3-4　服务主导型旅游小镇的打造要点

案例：长白山国际滑雪度假小镇

项目概况：滑雪度假小镇位于吉林省抚松县境内,总占地18.34平方千米,临近长白山国家级自然保护区,是松花江、图们江、鸭绿江三江的发源地,是坐落于吉林省长白山西坡脚下一个震撼世界的度假级商业项目,集购物、休闲、餐饮、娱乐、文化为一体的度假胜地。小镇项目分为南北两区,南区为国际度假区,由大型滑雪场、高端度假酒店区、旅游小镇、森林别墅、冬季雪上两项赛场、公寓等组成；北区为旅游新城,将建设"松抚一体化"新城的行政中心及会议中心、文化中心、商业中心,同时包括学校、医院、示范住宅区——长白山明珠在内的全配套。

经验和特色：

第一,政府支持,企业联合开发。项目总投资200亿元人民币,由万达集团、泛海集团、一方集团、亿利集团、联想集团、用友集团六家企业联合投资,是当时中国投资额最大的旅游项目之一。该项目在建设之初就得到了政府的大力支持,被吉林省政府批准成为长白山旅游接待中心的重点建设项目,成为全省集中力量建设的旅游接待基地之一,并享受省级经济开发区的特惠待遇。

第二,突出特色,多产业联动。长白山国际滑雪度假小镇以长白山森林生态魅力和北国冰雪风光为特色，开发以冰雪运动为品牌，以体育休闲、度假疗养、商务会议和自然观光为主导，多产业联动发展，打造世界级水平的生态、文化、时尚、创新高度融合的旅游目的地。

第三，注重管理，科学规划设计。万达长白山滑雪度假小镇，由万达集团领衔投资打造，并由万达管理，市场化运作。其前期项目经过了科学的规划和设计，如，滑雪场由世界排名第一，设计过五届冬奥会比赛场地的加拿大Ecosign公司进行设计，以达到冬奥会等国际赛事要求。

（三）休闲主导型旅游小镇

1.主要特点

依托一定的休闲资源，如温泉、水域风光（海洋、湖泊等）、气候（雪、极光等）、高尔夫等，休闲主导型旅游小镇以丰富的休闲产业为内动力产生旅游者聚集，通过以休闲度假为导向的土地综合开发模式，形成以互动发展的酒店度假群、综合休闲项目为核心架构的高品质旅游休闲聚集区。这类旅游小镇满足游客食、住、行、游、购、娱、体、疗、学、情的需求，集观光、休闲、度假、养生、会议、康体、文化体验、居住等多种功能于一体，并围绕休闲旅游延伸发展出常住人口及完善的城镇公共服务配套设施。例如，彝人古镇。

2.开发原则

生态宜居原则：保护、改善、提升旅游小镇的自然宜居性、工程宜居性、社会宜居性，增强小城镇可持续发展。在现有的小镇空间布局结构基础上，持续建设绿化生态系统，为小镇居民和旅游者创造良好的生活环境和生态环境，为本地居民创造良好的工作就业条件，创造和谐、优美、安全的人居环境。

产业链式发展原则：旅游小镇的规划应坚持把培育完善休闲产业链作为发展地区产业的重要路径，构建深化产业链整合发展的机制，推进企业、项目在产业链延伸方向上建立相互配套、分工协作关系，形成相互关联、相互支撑、相互促进的发展格局。发挥作为优势产业链"链核"的龙头重点项目、重点产品的带动作用，推进休闲产业发展，切实增强旅游小镇自身对产业要素资源的配置能力、控制能力和综合成本消化能力。

第三章　旅游小镇的概念及发展架构

文化特色原则：休闲产业要有一定的文化内涵，文化内涵对提高人的生活质量和生命质量、对人的全面发展有着十分重要的意义。休闲小镇在打造的过程中要充分挖掘小镇的文化特色，注重休闲产品的主题文化包装，从而提升休闲产业的生命力。

3. 打造要点

此类小镇的打造重点应以休闲聚集构建产业发展为基础，休闲聚集下的商业物业延伸出一系列产业，在这一结构下同时形成城市化本身的配套，由此形成休闲主导型旅游小镇的架构。应充分考虑度假人口消费的休闲属性与个性化需求，重点打造立体全方位的休闲产业体系，既要配套高品质的休闲生活体系，又要打造中高端的休闲度假体系。

休闲生活体系的构建：休闲生活方面要考虑当地居民和旅游者两方面的诉求，既要满足当地居民生活工作的需要，又要满足旅游者休闲娱乐的需要。

一是休闲生活城市化配套，通过不同消费类型上下游的聚集，形成食住行游购娱的衔接，构筑休闲产业链，产生总体的吸引力和聚集能力，可以构建商业街、美食街等特色街区，实现配套的集合效应。

二是以度假人口候鸟型居住为目标的度假第二居所的开发。第二居所应以"生活方式"的打造为核心，在选址方面，应选在旅游小镇生态环境相对较好的区域，并与休闲项目聚集区形成道路相连、空间相隔的有机结构。

休闲度假体系的构建：要充分考虑休闲度假群体对于差异化、人本化、高端化、定制化的需求，在休闲度假体系构建的过程中注重体验性、时尚性、变化性和创新性，最终形成高端休闲的产品体系。

一是演艺类项目的打造，开展有地方特色的演艺活动或者引进有影响力的演艺项目，增加旅游者的文化体验。

二是节庆活动的打造，在挖掘当地民俗文化的基础上，开展形式各样的节庆活动，增加旅游者的体验性和参与性。

三是增加夜间文娱项目的打造，酒吧、剧场、夜间烟火、夜游等项目的开展，可很好地带动夜晚消费，形成夜间消费链条。

四是形成当地特色化的度假项目，如建设高尔夫、滑雪、游艇等项目，以一个项目为支撑，带动其他休闲项目的发展。详见图 3-5。

图 3-5　休闲主导型旅游小镇的打造要点

案例：云南彝人古镇

项目概况：云南彝人古镇，占地 3161 亩，建筑面积 150 万平方米，总投资 32 亿元，区位极佳，交通便捷。古镇是以古建筑为平台、彝文化为"灵魂"，集彝族文化、建筑文化、旅游文化为一体的大型文化旅游地产项目；是集商业、居住和文化于一体的大型文化旅游综合项目。彝人古镇以"高氏相府——德江城"彝族文化为主线，集观光、会议、住宿、影视拍摄等功能于一体，形成古镇的景观主轴。彝族原生态建筑文化、生产生活文化、歌舞文化和祭祀文化等都展示了彝族的特色，是一个以游客参与性为主的综合型旅游景区。

经验和特色：

第一，彝族文化为核，多样活动为血。彝人古镇以彝族文化为吸引核，围绕彝族文化展开了全方位的开发，其中通过文化旅游地产项目展示了彝族原生态建筑文化、彝族原生态市井文化、彝族原生态生活文化、彝族历史文化等。配合彝族文化，古镇中有丰富的演艺活动，如彝族歌舞、婚俗表演、民族体育竞技表演、百人对山歌、千人彝乡宴、万人左脚舞、太阳女选拔比赛等。

第二，PPP 模式引领，旅游地产为骨。该项目计划总投资 100 亿元，

第三章 旅游小镇的概念及发展架构

采取政府与社会资本合作模式（PPP），依法通过政府采购程序，以在北片区创建国家级旅游度假区为目标，引入社会资本负责项目内基础设施、公共服务设施、旅游配套设施、环境景观等项目的投资、建设、改造、运营维护。早期通过旅游开发为地产搭建价值平台，后期通过地产回现促进旅游滚动开发。

第三，统一运营管理，注重营销创新。为做好项目运营，规范市场行为，维护商户权益，彝人古镇组织商户成立了商户自主管理商会，分设餐饮、酒吧、客栈、旅游商品、缅甸珠宝协会等。为确保古镇商户的运营与发展，彝人古镇建立了专项"助业资金"，为商户提供贷款担保。彝人古镇注重营销创新，注重品牌的创建，充分利用国家、省、州主流媒体、国际互联网、卫星电视、电子商务、户外广告等全方位的宣传媒介进行推广，积极参与旅游交易会、促销会、洽谈会等多样化的宣传活动。

（四）产业主导型旅游小镇

1. 主要特点

产业主导型旅游小镇是充分利用地区资源禀赋、区位优势，或针对已有的产业环境进行发展或转型升级，通过旅游产业与其他产业的深度融合，形成的以产业集聚为旅游核心吸引力的小镇。这类小镇重在发展本地优势产业，完善配套，形成"产城一体化"发展。如横店影视旅游小镇、博鳌会议小镇、浙江义乌商贸旅游小镇等。

2. 开发原则

长远谋划与着力当前相结合的原则；
集约发展与集群发展相结合的原则；
市场运作与政府引导相结合的原则；
自主创新与吸收引进相结合的原则。

3. 打造要点

这类小镇的打造以小镇产业链在纵、横两个维度上的延伸整合为核心。在纵向维度上，产业链终端的有效延长与核心产业节点的网状扩容是关键。具体的做法是，在主导产业产品的前端设计、生产制造、仓储物流、经营销售等环节对接市场需求，植入旅游元素，以催生新业态，完善产业链条。

在此基础上构建一个"产学研 + 应用 + 孵化"深度融合的产业链体系，以"学研"突破核心技术、以"产"实现产能转化、以"应用"实现产业价值延伸、以"孵化"实现创新激活。对于旅游需求强烈，能够聚集人力、技术、信息、资本的核心节点进行专题性拓展、品牌化打造，从而形成此类小镇的核心吸引力。

在横向维度上，主导产业与泛旅游产业的对接是关键，通过与商业、贸易、会议、康养、运动、休闲等多个功能的融合，产生新的业态和价值，实现旅游产业、主导产业、配套产业、服务产业的聚集，形成小镇产业旅游的立体式发展结构。详见图3-6。

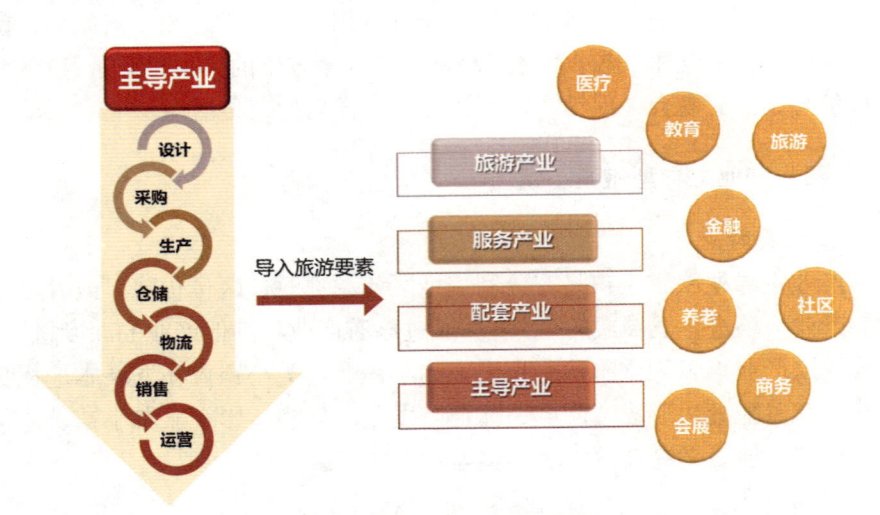

图3-6 产业主导型旅游小镇的打造要点

案例：横店影视旅游小镇

项目概况：横店影视旅游小镇，位于中国浙江省金华东阳市横店镇，处于江、浙、沪、闽、赣四小时交通旅游经济圈内。小镇拥有广州街、香港街、秦王宫、清明上河图、明清宫苑、梦幻谷、大智禅寺、屏岩洞府、华夏文化园、明清民居博览城、国防科技园等数个跨越数千年历史时空，汇聚南北地域文化的影视拍摄基地（景点）。横店影视旅游小镇"以影视拍摄基地为依托，以影视文化为内涵，以旅游观光为业态，以休闲娱乐为目的，将影视旅游作为一个新兴的产业加以发展"。整合利用横店影视城现有的自然、人文资源，按照休闲产业的要求，重新进行科学合理的规划开发。

第三章 旅游小镇的概念及发展架构

经验和特色：

第一，影视为核，泛旅游产业升级。由横店影视城的影视产业为核心撬动，横店影视小镇由最初的影视拍摄，向剧本创作、后期制作、发行交易、演员经纪、人才培养等影视全产业链发展，吸引了包括华谊兄弟、光线传媒、保利博纳在内的652家影视文化企业和261家艺人工作室，充分延伸影视产业链条。在此基础上，影视产业与泛旅游产业充分融合发展，在双引擎的带动下，影视文化产业、影视文化旅游产品不断升级，从最初单一影视基地逐步发展为影视旅游景区，进一步向影视主题文化小镇升级转变，以景区为核心，按照各景区不同风格进行改造提升。

第二，规划引领，坚持品质建设。横店影视城聘请多支一流规划设计团队组建"顶级智库"，镇区30平方千米实现控规全覆盖。强化规划执行刚性，建立健全带方案审批联合会审制度，全镇所有破土动工项目做到"有项目必规划，无设计不动工"，对不符合风貌的建设项目坚决进行调整。小镇注重品质建设，以旅游专线和景区360度为突破，实现面貌的"蝶变"。同时，小镇持续推进环境综合整治，深入推进以卫生保洁、城市管理为重点的环境综合大整治，在村（小区）环境整治基础上把产业植入作为巩固成果的重要手段。

第三，民资造城，改革行政管理体制。小镇构建"政企联动建城"模式，坚持政府主导，市场运转，鼓励企业力量参与城市建设。深化投融资体制改革。积极探索影视与资本深度融合，并支持企业上市和发行企业债，拓宽横店镇投融资渠道；社会管理方式不断创新，深化"网格化管理，组团式服务"等。小镇积极推进"民资造城"，三年来共引导社会资金投资建设小城市达255亿元，非国有投资占全社会投资比重达93%。

第四，产城融合，风貌提升推进全域化。特色节点提升打造，加大影视文化景观建设力度，横店首条影视主题商业步行街"万盛映象"，撷取经典电影元素进行改造。以影视产业打造特色村庄，以18个村（小区）为首批试点，精心打造"一村一品"，一批特色产业项目在各村（小区）落地投建。多方合作，加快全产业链延伸，推进影视产业全域化发展。横店影视城积极拓展多方合作，建立横店影视产权交易中心、影视后产品开发设计平台，设立海峡两岸（横店）影视剧版权交易中心；建立横店文创体验中心等，不断提升产业发展空间。

第四节
旅游小镇成长模式和发展架构

一、旅游小镇成长模式

旅游小镇的开发建设是通过创造创意旅游产品实现核心吸引力的打造,并形成城市吸引核结构。旅游小镇在形成核心吸引力后,将实现旅游服务人口、度假人口、常住人口与旅游休闲消费的规模化聚集,进而实现休闲业态的聚集、泛旅游产业的聚集。在此基础上,形成住宅地产、度假地产、养生养老地产等居住发展结构,城市化基础设施建设,以及学校、金融、医疗等社会公共服务配套,行政管理配套等城市化发展结构。详见图 3-7。

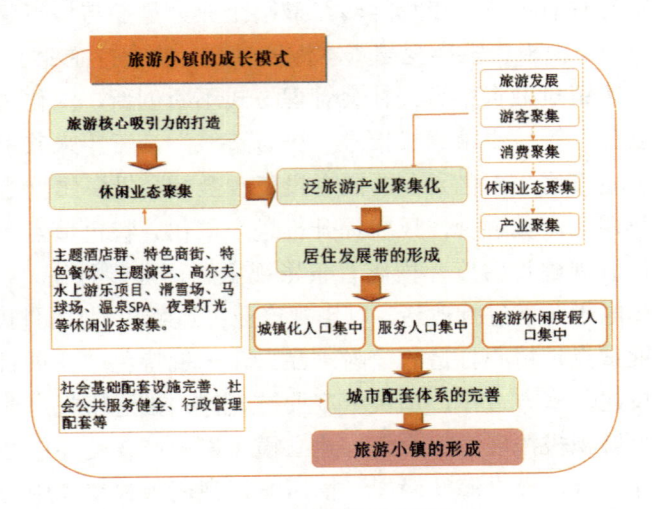

图 3-7 旅游小镇的成长模式

第三章　旅游小镇的概念及发展架构

（一）核心吸引力的构建和游客量是旅游小镇开发建设的前提

1. 核心吸引力的打造是吸引人流、提升土地价值的关键

旅游吸引核是面向市场需求，创新整合开发核心资源，在旅游小镇的开发建设中形成的一个或多个具有核心吸引力的旅游休闲项目。对旅游吸引核的打造，特色旅游产品设计是关键，如观光景区、主题公园（乐园）、特色街区、滑雪场、高尔夫球场、温泉养生中心等，以及三国文化、孔子文化、当地的民俗风情、名人等文化资源，当地的特色产业资源等。这些特色旅游产品作为整个景区吸引力的重点和核心，与小镇本身组成一个景区，构建一个整体吸引核。

旅游小镇一定要有独特的吸引核，对游客产生吸引，从而实现游客搬运。核心吸引力的打造是吸引人流、提升土地价值的关键所在，是旅游小镇发展的最基本要素。这需要对旅游产品有深入的研究与创新能力。

2. 游客量决定旅游小镇的规模

游客量与游客滞留时间决定着旅游小镇的规模，有多少游客量就有多大规模的小镇。一般来说，每年30万的游客量可以做小镇。游客量在某种意义上意味着旅游搬运，搬运来的是巨大的消费，游客量带来的消费构成了旅游小镇最重要的支撑。

（二）休闲聚集是旅游小镇成长的关键

休闲聚集核是为满足由核心吸引物带来的各种休闲需求而创造的综合休闲产品体系，是留住游客的关键。休闲聚集核实际上是在泛旅游产业构架下各种休闲业态的聚集。其通过旅游核心吸引力的打造，形成游客聚集，进而形成包括主题酒店群、特色商街、主题演艺、高尔夫球场、水上游乐项目、滑雪场、马球场、温泉 SPA 等休闲聚集。尤其是以夜景灯光、夜间活动、夜晚休闲为核心的夜间集散结构和夜间核心业态结构。旅游小镇是一个留住游客过夜的地方，只有夜间过夜才能形成人气，才能形成常住人口，才能形成持续发展的城市化基础，所以夜间的生活基础以及休闲聚集结构的打造是小镇发展的关键。

（三）泛旅游产业集群是旅游小镇发展的主要形式

旅游小镇的休闲产业聚集模式，是由休闲产业业态的多样化而形成的多种聚集。这种聚集主要是依托吃、住、行、游、购、娱等业态，形成旅游休闲多元发展结构。业态多样化形成业态聚集，业态聚集形成产业聚集，包括养生养老产业、会议会展产业、体育运动产业、文化创意产业、医疗卫生产业、教育培训产业等。所以旅游小镇的产业模式是多样化产业聚集模式，休闲业态聚集带动的泛旅游产业聚集是旅游小镇产业发展的基本模式。

（四）居住发展带的形成是旅游小镇的核心基础

通过旅游小镇的休闲业态聚集形成泛旅游产业聚集，泛旅游产业聚集除了产业本身价值外，休闲聚集下的商业物业延伸出一系列产业和产业带动的产业地产，如住宅地产、度假地产、养生、养老地产等，形成旅游小镇的居住发展带。发展带包括原有城镇居民居住、农民城镇化居住、产业人口聚集居住、外来游客居住、外来休闲居住（第二居所）、外来度假居住（第三居所）等。其中常住人口的形成是旅游小镇的核心基础和成长条件。

（五）城市配套体系完善是旅游小镇成长和建设的必要支撑

城市配套体系是旅游小镇必须具备的城镇化支撑功能，如服务于休闲旅游人口及当地常住人口、第二居所人口、外来度假人口的金融、医疗、教育、商业等产城一体化的服务配套设施，以及政府管理，行政中心等一系列的公共配套，旅游休闲配套等。城市居住配套体系的完善、城市基础设施的完善、社会公共服务的健全形成了旅游小镇城市结构发展的基本架构，进而形成城市体系和城市发展带。

二、旅游小镇发展架构

旅游小镇是一个景区，有风貌、有特色，还能起到示范作用。旅游小镇也是消费产业聚集区，是由消费聚集形成的产业园区。旅游小镇还是新型城镇化发展区，需要解决人的城镇化。绿维文旅提出了旅游小镇构建的12个重要方面，也可依据其成长模式，概括为"吸引核＋聚集核＋地产延伸"。详见图3-8。

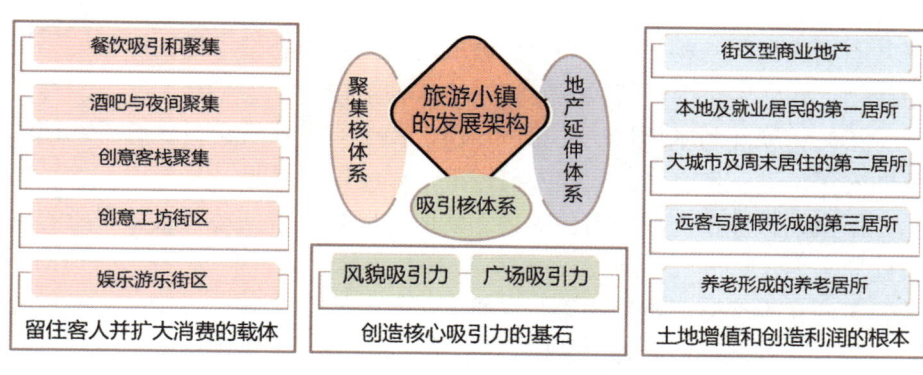

第三章　旅游小镇的概念及发展架构

图 3-8　旅游小镇的发展架构

（一）吸引核体系

第一，风貌吸引力。旅游小镇一定要有风情，风情首先要有风貌，再加上人的活动、业态的结构，共同构成具有特色的小镇，所以风貌吸引力是第一要点。

第二，广场吸引力。旅游小镇一定要有文化广场，我们称之为"文的载体"。文化广场可设置激光水秀、灯火晚会、演艺等吸引人的活动，让游客留下来后，进行夜间休闲。

（二）聚集核体系

第一，餐饮吸引和聚集。特色餐饮也会成为人们留下消费的一个动机。

第二，酒吧与夜间聚集。形成了夜间吸引的关键。

第三，创意客栈聚集。创意型、艺术性、个性化的客栈，特别受游客欢迎，留客能力非常强。

第四，创意工坊街区。依托手工业物质文化遗产、非物质文化遗产、手工艺品、各种各样的活动形成了大量的工坊。这些工坊有其区域价值和特性，可以形成旅游纪念品，形成餐饮与体验互动的结构。

第五，娱乐游乐街区。包括演艺、洗浴、养疗等服务业态，从而满足各种消费人群的需求。

（三）地产延伸体系

第一，街区与商业地产。一般将其称为"N街N景"，N个主题街

69

区共同构成街区结构，在每一个街区的结点上形成小型广场、博物馆、特色景观，构建出整个城市风貌的支撑性核心结构。

第二，就业与本地居民的第一居所。由于有发展机会，就有了本地居民的安置，进一步有一批就业人员进来，形成第一居所。

第三，大城市与周末居住的第二居所。比如北京周边，第二居所的规模就非常大。

第四，远客度假带动的第三居所。

第五，养老形成的养老居所。

第 **4** 章
旅游小镇的评价标准

第四章 旅游小镇的评价标准

第一节 旅游小镇评价标准的研究思路

"旅游小镇分类与评价标准研究"隶属于住房城乡建设部"城镇化与城乡建设"软科学研究项目,由绿维文旅和中国房地产业协会共同完成,并于2017年3月成功通过验收。该研究课题在对旅游小镇的发展背景、发展现状、概念内涵、核心要素、具体分类、规划手法等进行系统研究的基础上,归纳出了旅游小镇的评价指标及方法,为旅游小镇的规划设计、产业发展、运营创建提供了指导。

一、研究目的及主要作用

2014年中共中央、国务院正式发布《国家新型城镇化规划(2014—2020年)》,规划提出了我国实施新型城镇化战略的六项原则:以人为本、公平共享,四化同步、统筹城乡,优化布局、集约高效,生态文明、绿色低碳,文化传承、彰显特色,市场主导、政府引导;规划把坚持"生态文明"和"文化传承"作为新型城镇化建设的重要原则,充分显示了我国现阶段社会发展理念的重大转变,同时更加有利于新型城镇的"旅游化"发展。旅游小镇作为促进产业提升、加速产业融合、实现扶贫扶农、发展新型城镇化的重要途径而成为新的发展趋势。在"2014年世界旅游旅行大会"上,国家旅游局时任局长邵琪伟提出要加快旅游小镇的建设和发展。

本研究旨在指导并规范旅游小镇的发展,提高旅游小镇服务质量，促进我国旅游资源开发、整合、利用和环境保护，最大限度发挥旅游小镇的带动作用及示范作用。本研究在标准的制定过程中，总结了国内旅游区（点）的管理经验，借鉴了国内外有关资料和技术规程，并统筹考虑了各项因素对旅游小镇的影响。

二、相关评价工作的借鉴

本研究从"国家特色旅游小镇的评价""国内其他省市特色旅游小镇的评价"两大方面，对其评价工作的工作方法、工作流程、评价标准等进行梳理。同时，融合与旅游密切相关的其他评价体系的评价工作经验，为旅游小镇评价工作及其评价标准的明确提供借鉴基础。

国家特色旅游小镇评价工作梳理主要包括：中国历史文化名镇（村）评价工作梳理、全国特色景观旅游名镇（村）评价工作梳理、国家级生态乡镇评价工作梳理、全国小城镇建设示范镇评价工作梳理、全国文明镇评价工作梳理、国家其他类型小镇评价工作梳理等。

国内部分省市特色旅游小镇的评价工作梳理主要包括：海南省特色旅游风情小镇评价工作梳理、山东省旅游强乡镇与旅游特色村评价工作梳理、陕西省特色旅游名镇评价工作梳理、黑龙江省重点旅游名镇评价工作梳理、湖北省旅游名镇评价工作梳理、山东潍坊滨海区特色生态小镇评价工作梳理等。另有组织认证类小镇和国内与旅游相关的其他评价体系的梳理与借鉴，如中国优秀旅游城市评价等。

通过对相关评价工作的梳理，总结出了一些共性及趋势，用以指导旅游小镇的评价工作：

（1）关于评价流程的经验总结。

A. 评价机构：成立专门的评价机构，确保评价工作的顺利进行，一般为 *** 评价指导委员会或 *** 等级评价委员会；

B. 评价流程：一般包括申报 – 创建 – 自检 – 初审 – 验收与批准 – 后续监督；

C. 结果判定：以分值划分的形式进行结果判定，根据得分，划分不同层次，评价不同等级；

D. 申报材料：主要有相关的申报表，申请报告（基本情况介绍），相关规划，介绍的照片、多媒体、电子幻灯片等。

第四章　旅游小镇的评价标准

（2）关于评价指标的经验总结。

A. 指标细化：近年来颁布的指标更加细化，普遍关注点为特定评价体系的特色资源、相关保护措施、安全措施、经济效益及发展现状、相关专项规划、科学管理体系等。在进行旅游小镇评价标准制定时，应借鉴各个层面的评价标准，以期达到科学、合理的评价体系；

B. 人文关怀：把游客满意度和居民满意度列入考察的重要方面，更多地以人为本，考虑人的感受。

（3）关于后续管理及保障。

A. 严格监督：由主管部门对获得相应资格的主体进行监督，对审查中发现的组织实施不力、管理不到位的限期改进，对经整改仍不能达到要求的予以摘牌免去称号。

B. 政策支持：积极与其他管理部门合作，集众之力，以形成涵盖财政、税收、土地、社会保证、营销、运营、人才支持等多角度的政策支持体系。建立专项基金，对相关建设项目优先给予资金支持。建立管理小组，确保政策落实。

三、旅游小镇评价指标确定思路

根据以上经验总结及旅游小镇本身的特征，绿维文旅认为，其评价指标的确定需要把握以下几个层面：

（一）满足生活旅游双目标，拥有一定的发展基础

小镇的基础建设要满足生活和旅游两个目标一体化。首先，旅游小镇要有良好的区位条件和可进入性。其次，旅游小镇的公共服务设施和基础设施，不仅要满足景区化要求，还要满足生活化，满足产业发展，满足城镇发展的要求。最后，旅游产业对于旅游小镇而言，应具有重要地位。

（二）注重保护原住居民的利益，形成协商机制

旅游小镇应该围绕着生态、可持续、宜居、能够带动农民致富和发展、能够提升小镇原住居民生活水平、能够实现就地城镇化发展的目标去界定。应该强调原住民的参与程度，形成旅游社区与开发主体间的协商机制。在发展的过程中要综合考虑旅游者和社区居民的满意度，协调两者的关系。

（三）强调业态聚集，发挥经济带动作用

旅游小镇要实现旅游产品的聚集，保证旅游项目数量充足，类型多样，满足游客需求。项目体系结构合理，含观光、体验、休闲、度假等多类型产品；核心旅游项目主题鲜明，体现小镇品牌文化。

旅游小镇的开发需要强调休闲业态的聚集，尤其是夜间消费业态的聚集。只有将人留下来住宿、消费，才能真正实现旅游产业效应的发挥。

旅游小镇还应强调旅游产业对城镇发展与区域经济发展的带动作用。这一带动作用体现在对乡村、对村镇结合部、对城镇文明建设、对就业人口、对环境提升等多方面。

（四）坚持模式创新，形成发展生态圈

旅游小镇应该依据发展实际，在投融资、产品打造、产业融合、规划建造、IP导入、运营管理等方面创新模式，探索小镇发展自身规律，引领小镇健康发展。小镇发展应兼顾生态效益与经济效益，在生态保护与修复基础上，发展经济，带动产业，并推动社会、文化良性发展，以形成动态有机的小镇可持续发展生态圈。

（五）注意资源环境保护，实现可持续开发

小镇应强调对地方特色风貌资源的保护，实现"一城一貌"。唯有独特的城市肌理，对当地传统文化的挖掘与保护、继承与发展，才能体现地方性与唯一性，才能打造旅游小镇的独特吸引核，形成富有吸引力的城市风貌与城市品牌形象。小镇还应制定资源保护方案与具体措施，使各类历史文化遗产（包括古建筑、古树名木等）得到科学、妥善保护，地方传统特色文化（包括地方戏剧、传统工艺、特色饮食、民俗等）得到较好的传承。

评价体系的制定将推进旅游小镇标准化的建立，未来，全国将产生一批旅游小镇示范基地，绿维文旅将担负起时代使命，对旅游小镇的创建提供评价支持与咨询服务。

第二节
旅游小镇评价体系

一、旅游小镇评价体系

绿维文旅在《旅游小镇分类与评价标准研究》这一课题中，通过对国内外各种类型旅游小镇的研究，按照旅游小镇的成长机理，构建了一套标准体系。依托这个体系对旅游小镇各项指标进行赋值，通过引导形成建设，最后通过评价，进行授牌和推动，以此评价体系鼓励、支持、培育、服务于旅游小镇的发展。这一标准体系包含三个层面：基础评价指标、加分指标和游客/居民满意度。基础评价指标包括城镇发展基础、旅游业的综合贡献、旅游产品的聚集程度及吸引力、旅游基础设施与公共服务体系、社区参与程度与社区带动效应、管理与保障、环境与保护、创新技术应用八部分。加分指标主要从国家政策帮扶及重点发展区域、对区域经济的贡献两个维度考虑。满意度包括社区居民满意度和游客满意度两个指标。其中基础评价指标1000分，加分项指标100分，满意度指标200分。详见图4-1。

二、评价指标体系

（一）基础评价指标

本评价体系分为城镇发展基础、旅游业的综合贡献、旅游产品的聚集程度及吸引力、旅游基础设施与公共服务体系、社区参与程度与社区带动效应、管理与保障、环境与保护、创新技术应用八个方面，其中各部分的具体评价指标，详见表4-1。

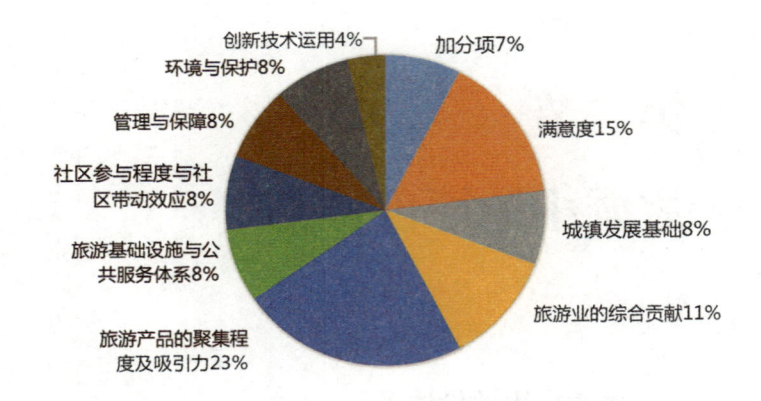

图 4-1　旅游小镇评价体系中各项指标的占比

表 4-1　旅游小镇评分细则

序号	评价项目	项目说明	评分方法	子分值（分）	分值（分）
1	城镇发展基础				100
1.1	区位条件	指小镇发展所依托的区位资源	"与主城区或县中心的距离""与知名景区（4A级或5A级）的距离"两项不重复记分，可选最优项进行评价		20
	与主城区或县中心的距离				(20)
		距离主城区或县中心的距离10千米以内（含10千米）		20	
		距离主城区或县中心的距离10~15千米（含15千米）		(15)	
		距离主城区或县中心的距离15~20千米（含20千米）		(10)	
	与知名景区（4A级或5A级）的距离				(20)

第四章 旅游小镇的评价标准

（续表）

序号	评价项目	项目说明	评分方法	子分值（分）	分值（分）
		距离知名景区1千米以内（含1千米）		（20）	
		距离知名景区1~5千米（含5千米）		（15）	
		距离知名景区5~15千米（含15千米）		（10）	
1.2	交通条件	距离重要游客集散地（机场或客运火车站或汽车客运站）的通达时间（自驾时间）	对应具体情况得分，两项选最优得分		20
		距离机场或客运火车站或汽车客运站的通达时间在0.5小时内（含0.5小时）		20	
		距离机场或客运火车站或汽车客运站的通达时间在0.5~1小时（含1小时）		（15）	
		距离机场或客运火车站或汽车客运站的通达时间在1~2小时（含2小时）		（10）	
1.3	空间结构	能够反映经济结构、社会结构、自然地理环境的小镇空间的结合形式			15
		小镇具有三条及以上街区	三条以下街区的不得分	5	
		小镇各功能空间布局紧凑、合理	各功能空间的布局，方便游客游览，且土地利用集约化。每发现一处不合理，扣1分	5	
		生产、生活、旅游等功能能够有效融合	常住民的生产生活与外来游客的旅游不发生冲突，且相互融合。每发现一处不合理，扣1分	5	
1.4	城镇风貌	城镇风貌包括城镇的空间尺度、城镇肌理、形态符号、色彩构成、材料特色，以及文化的显性形态等内容			25

79

（续表）

序号	评价项目	项目说明	评分方法	子分值（分）	分值（分）
		城镇风貌特色明显，具有独特的文化内涵	城镇风貌符合当地的文化特色，识别性强。根据实际情况酌情打分	15	
		城镇各元素与城镇风貌保持一致，且景观化、特色化	每发现一处不一致，扣2分	10	
1.5	基础设施	包括能源、给排水、交通运输、邮政电信、环境卫生、城市防灾六大设施，设施建设注重人性化	每发现一处无障碍设施缺失，扣1分		12
		(1) 供水的水量、水质、水压满足生产、生活、市政、消防用水要求 (2) 供电、通信等工程设施建成并正常运行，满足生产、生活需要，实现了通电、通邮、通电话、通有线电视 (3) 主干道全部硬化，停车场设置合理、停车位数量充足 (4) 环境卫生设施满足居民日常生活需求，居民区建有公园、绿道公共活动休闲设施；环卫设施齐备，公共场所整洁美观，有专人负责垃圾收集与处理 (5) 适度开发利用地下空间，合理控制建设用地的不透水面积，留足雨水自然渗透、净化所需的生态空间，通过渗、滞、蓄、净、用、排等多种措施，将70%的降雨就地消纳和利用	单项最高得分2分，各项可酌情打分	12	

第四章 旅游小镇的评价标准

（续表）

序号	评价项目	项目说明	评分方法	子分值(分)	分值(分)
		(6)城镇设施设计符合使用者的生活习惯、操作习惯；且无障碍设施齐全，满足特殊群体需求			
1.6	公共服务设施	本项的公共服务设施主要指小镇居住区的公共服务设施		8	
		居住区公共服务设施包括教育、医疗卫生、文化体育、商业服务、金融邮电、社区服务、市政公用和行政管理等，其配建水平应符合《城市居住区规划设计规范》GB50180—93（2016版）的相关规定	依据GB50180—93（2016版）附录A，公共服务设施应配建项目，每缺一项，扣1分	8	
2	旅游业的综合贡献				150
2.1	旅游业对GDP的贡献				40
		旅游业增加值占当地GDP的比例在20%以上（含20%）		40	
		旅游业增加值占当地GDP的比例在15%~20%（含15%）		(25)	
		旅游业增加值占当地GDP的比例在10%~15%（含10%）		(15)	
2.2	旅游业对农民就业的贡献				30
		旅游从业人数占就业总数的比例在25%以上（含25%）		30	
		旅游从业人数占就业总数的比例在20%~25%（含20%）		(20)	
		旅游从业人数占就业总数的比例在15%~20%（含15%）		(10)	
2.3	旅游对农民增收的贡献				30

(续表)

序号	评价项目	项目说明	评分方法	子分值（分）	分值（分）
		当地农民旅游收入占年纯收入的比例在25%以上		30	
		当地农民旅游收入占年纯收入的比例在20%~25%（含20%）		（20）	
		当地农民旅游收入占年纯收入的比例在15%~20%（含15%）		（10）	
2.4	旅游对财政税收的贡献				25
		旅游税收占地方财政税收的比例在15%以上（含15%）		25	
		旅游税收占地方财政税收的比例在10%~15%（含10%）		（15）	
		旅游税收占地方财政税收的比例在5%~10%（含5%）		（10）	
2.5	旅游业对脱贫的贡献				25
		旅游业带动的脱贫人口占总脱贫人口的比例在40%以上（含40%）		25	
		旅游业带动的脱贫人口占总脱贫人口的比例在30%~40%（含30%）		（15）	
		旅游业带动的脱贫人口占总脱贫人口的比例在20%~30%（含20%）		（10）	
3	旅游产品的聚集程度及吸引力				300
3.1	核心吸引物	核心吸引物包括物质与非物质两大层面，它是吸引游驻的根本原因			60
		拥有特色鲜明、市场号召力强的核心吸引物	根据核心吸引物对当地社会文化价值的体现与游客的吸引程度，酌情打分	20	

第四章 旅游小镇的评价标准

（续表）

序号	评价项目	项目说明	评分方法	子分值（分）	分值（分）
		拥有观赏游憩使用价值较高，或历史文化科学艺术价值较高，或珍稀奇特程度较高，或地方特色鲜明的旅游资源	达到其中一项标准，即可得分	20	
		具有成熟、特色、有一定吸引力的旅游景点	除核心吸引物之外，有3个以上可供游客游览的旅游景点	20	
3.2	旅游产品的聚集	小镇旅游产品的体系完备，能够满足不同游客群体的不同时段的旅游休闲需求			100
3.2.1	旅游产品规模	旅游项目数量充足，类型多样，满足游客需求	既有日间旅游项目，又有夜间旅游项目，项目量可使游客停留一天一夜以上	10	
		核心旅游项目主题鲜明，体现小镇品牌文化	核心旅游项目能够充分代表小镇的形象。根据实际情况，酌情打分	10	
		旅游项目体系结构合理，含观光、体验、休闲、度假等类型产品	每缺少一种功能，扣3分	10	
		旅游项目覆盖空间范围较广，布局合理	项目布点尊重项目属性与特征，应不影响当地人生活，同时为游客提供便利与舒适的旅游生活。根据实际情况，酌情打分	10	
		每个季节都有合适的旅游项目	对于季节性非常明显的小镇，此项不得分	10	
3.2.2	夜间旅游产品	夜间拥有多样化的夜间开放的酒吧、咖啡吧、特色商店、夜间广场等休闲空间	夜间休闲产品种类不少于3种，每减少一种，减3分	10	
		拥有2场以上夜间演艺项目	每减少一场减5分	10	
		夜间亮化具有特色	根据夜间亮化的特色及人流聚集情况，酌情打分	10	

83

(续表)

序号	评价项目	项目说明	评分方法	子分值(分)	分值(分)
3.2.3	特色节庆及活动	具有服务于自身生产生活及外地游客的特色节庆	需有效传承当地文化，并拉动旅游人次的增长（节庆期间旅游人次的增长不低于20%）	20	
3.3	旅游产品的市场吸引力	反应旅游产品市场吸引力的指标主要包括市场辐射范围、游客规模、过夜游客及游客重游率等			60
3.3.1	市场辐射范围	市场辐射范围较广，包含市内外，甚至国内外	省外市场游客比例达到50%，得满分；每减少10个百分点，减3分	15	
3.3.2	年游客接待量	年接待海内外游客达到一定规模，一般不少于60万人次	年接待游客量达60万人次以上者得20分，每少2万人次扣一分	20	
3.3.3	过夜游客	过夜游客的占比达到40%以上	占比达到40%得满分，每少5个百分点，扣2分	15	
3.3.4	游客重游率	游客重游率达到30%以上	占比达到30%得满分，每少5个百分点，扣2分	10	
3.4	旅游业态发展	旅游小镇的业态主要包括旅游商品类、餐饮类、休闲娱乐类、宾馆客栈类、演艺类、服务配套类，可重点考评			30
	旅游业态丰富，发育较为完善	业态种类涵盖吃住行游购娱商养学体宗农情奇创村十六大类，得10分，少一类减2分	10		
			业态形成空间聚集效应，消费拉动明显，得满分 依据聚集程度，酌情打分	10	
	在产业融合背景下，产生一些创新业态		旅游与医疗养生、教育培训、运动康体、会议会展、商务服务、农业、地产、加工业等融合形成的新业态占比不低于小镇业态总量的10%，每少1个百分点，扣1分	10	

第四章 旅游小镇的评价标准

(续表)

序号	评价项目	项目说明	评分方法	子分值(分)	分值(分)
3.5	旅游品牌宣传与知名度	旅游品牌宣传的活动、方案等应体现品牌内涵,形成从形式到内容的和谐统一,以快速建立小镇品牌形象,扩大知名度			30
3.5.1	旅游品牌宣传推广	有一定比例的旅游宣传推广资金支出	宣传推广费用不低于小镇旅游营收的8%,每低一个百分点,扣1分	8	
		运用新媒体、新技术、新途径等进行宣传推广	没有有效利用新媒体进行营销的,将不得分	7	
3.5.2	旅游品牌知名度	小镇有鲜明的旅游目的地形象; 品牌知名度高	国际知名15分 国内知名10分 市内知名5分	15	
3.6	适游情况	包括适合旅游者参观、游览的时间范围与小镇适合的游览群体范围			20
		年适游期长	年适游时间≥280天,得满分;每减少10天,减1分	10	
		适游人群覆盖率高	适游人群覆盖率≥80%,得满分,每减少2个百分点,扣1分	10	
4	旅游基础设施与公共服务体系				100
4.1	旅游内部交通				20
		区域内公共交通发达,具有旅游专线及交通工具连接主要景点和游客主要活动区域。	公共交通路线安排合理,出游方便,能够吸引游客选择乘坐,区域内基本避免因私家车过多带来的景区拥堵问题	4	
		旅游交通专线、车辆租赁网点布局合理,便于游客集散,与机场、车站实现无缝对接	旅游交通专线与车辆租赁点与小镇核心区、机场和车站距离在500米范围内的,得满分,每超过100米,扣1分	4	

85

(续表)

序号	评价项目	项目说明	评分方法	子分值（分）	分值（分）
		镇区内或周边拥有自驾车旅居车营地，服务完善，标识体系完整，并与核心镇区联动良好	对于不适合发展旅居车营地的区域，将不予扣分	4	
		绿道慢行系统贯穿主要景点及游客主要活动区域，沿路配套休憩、餐饮购物、停车换乘、自行车租赁等服务功能	无设置绿道慢行系统的小镇，该项不得分；绿道沿途配套不全，为游客造成不便的，酌情扣分	4	
		旅游设施风格统一，引导标识、交通工具等特色鲜明，具有景观化特征	旅游设施风格不统一的，发现一处，扣一分	4	
4.2	旅游厕所	厕所的设置应以人性化、多功能化、景观化等为原则，满足游客不同的个性化需求			20
		（1）旅游厕所数量充足，实现全区域覆盖 （2）旅游厕所布局合理、实用免费、管理有效、导向标识清晰规范 （3）厕所建设符合《旅游厕所质量等级划分与评定》（GB/T 18973）的相关规定	资料审查与现场检查相结合。主要参考《旅游厕所质量等级划分与评定》打分，但如发现区域内存在强制收费的旅游厕所，此项不得分	20	
4.3	旅游集散与咨询	旅游集散中心包括旅游、销售、服务、展示、咨询、洽谈、商务等多种旅游消费功能，要充分发挥其对小镇旅游资源与客源的整合作用			20
		拥有2处以上综合型、功能完备的旅游集散中心、旅游咨询中心	每少1处，扣2分	4	
		拥有足够数量的旅游服务/咨询点、旅游服务站等小型或临时服务设施		4	

第四章 旅游小镇的评价标准

（续表）

序号	评价项目	项目说明	评分方法	子分值(分)	分值(分)
		旅游集散服务设施建设与服务管理应符合《城市旅游服务中心规范》（LB/T 060－2017）的相关规定	设施建设与服务管理各4分，设施建设评分按 LB/T 060－2017 第6章与第9章的规定，服务管理评分按 LB/T 060－2017 第5章、第7章与第8章的规定	8	
		有地方特色、资料丰富、服务周到		4	
4.4	旅游标识系统	旅游标识系统包括导游全景图、景物（景点）介绍牌、道路导向指示牌、警示关怀牌、服务设施名称牌等			20
		旅游标识系统设置满足游客需求，布局合理，形式统一，内容完整、规范、准确、清晰，能够明确无误的引导交通及游览	每发现1处不合理，扣1分	6	
		公共信息图形符号位置合理、符合规范、视觉效果优良	每发现1处不合理，扣1分	3	
		至少具有中英两种语言，维护保养良好	以规范的汉语言文字为主体，辅以英语或其他语种文字，单一语种不得分，	3	
		标识牌设计应与周围环境相协调并体现小镇文化特色	每发现一处不协调，扣1分	5	
		标识维护保养良好，无脱落、毛刺、腐蚀等	每发现一处脱落、毛刺、腐蚀，扣1分	3	
4.5	停车场	指小镇核心旅游区及旅游景区、景点等配套的停车场			20

87

(续表)

序号	评价项目	项目说明	评分方法	子分值（分）	分值（分）
		停车场选址合理，规模和游客承载量相适应	规模设计富有弹性，在旅游高峰时段，停车场能够提供较为充足的车位	5	
		设计符合生态化要求	绿化效果与透水性能差的，酌情扣分。一年内出现过大面积积水，影响使用的，该项不得分	5	
		布局合理、配套完善、管理科学规范	每发现一处不合理、不完善、不规范，扣1分	5	
		停车场整体风格与小镇协调统一，同时注重景观化手法的运用	每发现一处不协调，扣1分	5	
5	社区参与程度与社区带动效应				100
5.1	社区参与程度	原住民与原住民文化的保护与发展、原住民对旅游开发参与的程度			50
5.1.1	原住民与原住民文化的保护与发展	小镇中有原住民居住，原有的邻里关系、特色生活方式被保留，原住民文化得到很大的保护和发展	视原住民固有的生活方式、邻里关系、民俗活动、原住文化等的保护情况，酌情打分，小镇内无原住民的该项不得分	25	
5.1.2	原住民对旅游开发的参与程度	原住民参与旅游开发的渠道通畅，小镇开发运营方常设居民参与机构，并有专人负责相关事宜，形成旅游社区与开发主体间的协商机制	无常设机构与负责专员的，该项不得分；相关事项处理不理想的，酌情扣分	9	
		居民对于当地开发旅游持积极态度，能自觉保护旅游地环境，自觉约束自己的行为，与游客互动性强，能够自觉地成为当地品牌的传播者	持积极态度的居民占区域总人口数量的80%以上，得满分；每降低5个百分点，扣2分	8	

第四章　旅游小镇的评价标准

（续表）

序号	评价项目	项目说明	评分方法	子分值（分）	分值（分）
		原住民参与旅游开发的范围广、程度高	在旅游前期策划规划决策、旅游服务、旅游项目投资、旅游产品运营的各个方面都有参与。上述开发领域每减少一个，扣2分	8	
5.2	社区带动效应	原住民参与旅游开发的意愿高，或从事旅游服务，或直接参与旅游项目的投资开发及运营中			50
5.2.1	带动人们生活质量提升	提高公共服务水平与居民福利待遇，改变原有陋习，带动人们生活质量及生活幸福感的提升	生活质量主要包括居民收入增加、居住条件改善、生活环境优化、科教文卫等服务水平提升、生活产品种类丰富等方面，可根据这些方面的改善提升情况，酌情打分	15	
5.2.2	带动社区基础设施建设	发展旅游业，推动当地基础设施与公共服务设施的建设	因旅游业发展，整修或新建的设施应不少于5处，每减少一处，扣3分	15	
5.2.3	带动社区精神文明建设	带动社区居民社会公德水平、社区文化、社区治安等的提升与发展	社区公物得到保护，社区氛围和谐，治安良好，对外来游客友好、无欺客、压客事件发生，得满分；近一年来社区有重大治安事故的，该项不得分	20	
6	管理与保障				100
6.1	综合管理	指小镇旅游开发运营等方面的管理			30
		设立有统一的管理机构	无统一管理机构，该项不得分	10	
		旅游质量、旅游安全、旅游统计、旅游培训等各项管理制度健全有效，措施有力	近一年有安全事故的，该项不得分	10	
		有定期的监督检查制度和完整的书面记录	须提供监督建设书面记录	10	

（续表）

序号	评价项目	项目说明	评分方法	子分值(分)	分值(分)
6.2	旅游安全与救护	旅游安全与救护体系应与小镇总的安全救护体系进行对接，形成有强力支撑的旅游安全救护结构			35
6.2.1	旅游安全机制	（1）建立健全旅游安全管理机构和规章制度 （2）各项安全设施完善 （3）在事故多发地带或游客集中区域配套足够的管理或安保人员 （4）有安全处置预案，紧急救援体系完善有效 （5）实行定期或不定期的安全检查、预演、监督和及时报告制度 （6）明确各岗位的安全职责 （7）有安全监控设施及体系，能够及时发现安全隐患 （8）设有安全警示标识，标识应齐全、醒目、规范 （9）突发情况反应迅速，组织得力，处理效果好 （10）组织相关责任人参加安全培训和安全教育活动	单项最高得分2分，各项酌情打分	20	
6.2.2	医疗与救护	（1）设立有游客医疗室，备有常用的医疗设施和医护人员 （2）设有紧急救援机构，救护设备齐全，救援体系完善 （3）设有紧急救援电话，号码向社会公布，24小时有专人值守	单项最高得分5分，各项酌情打分	15	

第四章　旅游小镇的评价标准

(续表)

序号	评价项目	项目说明	评分方法	子分值(分)	分值(分)
6.3	规划	旅游小镇应编制总体规划、旅游专项规划、控制性详细规划等，并通过专家论证，获得审批	缺一项扣10分	20	20
6.4	保障体系	（1）有人才培养和引进计划；（2）有明确的保护居民利益，支持镇区发展的行动计划及措施体系	第一项7分；第二项8分	15	15
7	环境与保护				100
7.1	资源保护与可持续开发	资源保护主要包括自然资源与人文资源保护两个方面，资源保护是小镇可持续发展的前提			50
		制定有保护方案和具体措施，并得到实施		10	
		各类历史文化遗产（包括古建筑、古树名木等）得到科学、妥善保护，地方传统特色文化（包括地方戏剧、传统工艺、特色饮食、民俗等）得到较好的保护	县级及以上文保单位和地方特色文化遭到破坏的，每项扣5分；全国重点文保单位及国家级非物质文化遗产破坏严重的，此项不得分，无须特殊保护的区域此项不扣分	20	
		森林、湿地和生态脆弱区、生态保护区等的生态系统得到有效保护	每发现一处生态环境破坏，扣5分，无须特殊保护的区域此项不扣分	20	
7.2	环境整治	对于城镇地区，空气、水等污染是整治的重点；对于农村地区，环境卫生是整治的重点			50

91

(续表)

序号	评价项目	项目说明	评分方法	子分值(分)	分值(分)
		空气质量达到GB 3095—2012二类环境空气功能质量要求；噪声指标符合GB 3096—2008的2类声环境功能区要求；地表水质量不低于GB 3838—2002的V类水域要求；道路照明亮度与照度符合CJJ45—2015的照明标准要求	依据具体情况打分	10	
		村庄加大环境综合整治力度，以治脏、治乱、治差为重点内容，改善人居环境	小镇内无村庄的不扣分	10	
		小镇内实施垃圾日产日清		10	
		垃圾箱、垃圾中转站等环卫设施设置合理	每发现一处不合理，扣3分	10	
		无废水乱排、废渣乱堆等现象	每发现一处废水乱排或废渣乱堆，扣3分	10	
8	创新技术运用				50
8.1	智慧城市	智慧城市不仅仅是智能科技，还包括人的智慧参与、强调通过价值创造，以人为本实现经济、社会、环境的全面可持续发展			6
		（1）城镇建立信息化管理系统，且能及时响应民生、环保、公共安全、城市服务、工商业活动等各种需求； （2）社交网络、Living Lab等使用率高，具备知识社会的创新环境	单项最高得分3分，对应具体情况，酌情打分	6	

第四章 旅游小镇的评价标准

（续表）

序号	评价项目	项目说明	评分方法	子分值（分）	分值（分）
8.2	智慧旅游	主要包括智慧旅游管理平台、智慧旅游营销平台、智慧旅游服务平台三大平台的构建与应用			15
		建立旅游大数据中心，智能检测平台，旅游车辆GPS定位跟踪系统等，对所有旅游区域，实时监控、发布，构建智慧旅游管理平台	智慧旅游管理平台功能完备，便于使用，效果突出的得满分；在功能、效果等方面存在缺陷的，酌情扣分；没有智慧旅游管理平台，该项不得分	5	
		有旅游官方网站、旅游分销平台、微信公众号、微博等智慧旅游营销平台	智慧营销渠道不少于3种，每少一种扣2分	5	
		有智慧旅游服务平台，具备线上导览、在线预定、信息推送、在线投诉等功能	无智慧旅游服务平台的，该项不得分；智能导览、智能预订、智能导游功能不完备，每少一项扣2分	5	
8.3	节能新技术	指采取先进的技术手段实现节能、节水、节地、节材和环境保护			12
		在建筑、交通、能源、材料等方面运用节能新技术	节能技术在新建设施中的使用率超过80%，得满分，每降低10百分点，扣2分	7	
		城镇新建建筑达到《绿色建筑评价标准》（GB/T 50378）	新建建筑100%为绿色建筑，得满分；每减少20个百分点，扣1分	5	
8.4	Wifi覆盖区域				12
		覆盖全部（100%）旅馆、停车场、交通换乘点、餐厅、商店等客流聚集点		12	
		覆盖80%以上		(8)	
		覆盖50%~80%		(4)	

93

(续表)

序号	评价项目	项目说明	评分方法	子分值（分）	分值（分）
8.5	其他新技术	鼓励使用新技术	每使用一项新技术，加1分，总得分不超过5分	5	5
总分					1000分

（二）加分评价指标

加分评价指标包括：国家帮扶及重点发展区域、特殊贡献。这两点在开发建设、运营服务模式等方面具有创新实践价值及典范意义，能够带动区域发展，推动社会进步的旅游小镇在评价的过程中，可以在基础评价指标基础上进行加分。详见表4-2。

表4-2 加分项评分表

序号	评价项目	项目说明	评分方法	子分值（分）	分值（分）
1	国家政策帮扶及重点发展区域				30
1.1	国家级帮扶与重点发展区域	（1）位于国家级贫困县区划内 （2）位于革命老区、民族地区、边疆地区区划内 （3）位于国家级经济技术开发区区划内	左列三项不重复记分，该项最高得分不超过30分	30	30
1.2	省级帮扶与重点发展区域	（1）位于省级贫困县、贫困乡镇、贫困村区划内； （2）或者位于省级经济技术开发区区划内	左列两项不重复记分，该项最高得分不超过20分	(20)	
1.3	市级帮扶区域	位于市级贫困乡镇、贫困村区划内		(10)	
2	特殊贡献				70
2.1	对区域经济的贡献	小镇经济发展具有较大辐射作用，能够带动周边区域共同发展	小镇旅游业的发展能够带动周边区域产业共同发展，为区域居民提供更多就业机会	10	10

第四章　旅游小镇的评价标准

(续表)

序号	评价项目	项目说明	评分方法	子分值（分）	分值（分）
2.2	开发运营模式	小镇开发管理模式先进、效率高、效果好，具有向其他区域推广的价值	包括小镇规划、建造、资源导入、产品打造、产业融合、IP导入、投融资等方面；在某一方面模式新颖，具有独创性，符合当地发展实际，具有典范意义的，得满分；模式有新意，对其他小镇具有借鉴价值的，依据程度，酌情打分。各方面不重叠记分，仅计入某一方面的最高分	30	30
2.3	可持续发展				30
2.3.1	环境治理与环境保护	在小镇发展与环境资源保护、治理关系处理方面具有创新性	小镇发展策略对环境负压小，保护方式创新，有借鉴意义	10	
2.3.2	文化保护与发展	在"保护中利用，利用中保护"方面有独创性及典范意义	文化的保护与利用方式创新，有借鉴意义	10	
2.3.3	可持续发展生态圈	小镇发展应兼顾生态效益与经济效益，在生态保护与修复基础上，发展经济，带动产业，并推动社会良性发展，以形成动态有机的小镇可持续发展生态圈	小镇生态圈的构建模式有典范意义，能为其他小镇提供样本及借鉴	10	

（三）满意度指标

游客及社区居民满意度是对旅游小镇是否满足旅游需求和生活需求双目标的直接体现。游客满意度主要包括：外部交通、游览线路、城镇风貌、城镇基础设施、观光/休闲/游乐项目、旅游餐饮、旅游住宿、旅游购物、旅游厕所、旅游秩序、安全保障、环境质量、景物或文化保护、城镇居民友好度、WiFi覆盖、智慧旅游、总体印象，共17项，共计100分。

社区居民满意度主要包括：旅游对当地居民收入的影响、旅游对社区居民就业的影响、旅游对社区居民综合素质的影响、旅游对当地居民思想观念的影响、旅游对城镇基础设施建设的改善、旅游对当地知名度的提升、旅游对城镇环境的改善、旅游对卫生状况的改善、旅游对居民日常生活造成的影响、旅游对当地资源及文化的保护、在旅游开发中社区居民的发言权、旅游开发专项培训与指导、旅游带来的外来文化的影响、外来游客的友好度、旅游对当地治安的影响、旅游引发的居民对家乡的自豪感、总体印象，共17项，共计100分。

三、旅游小镇保障体系

旅游评价体系是为了保障旅游小镇的标准化建设和标准化落实，绿维文旅认为，想要保障旅游小镇有序建设，至少需要以下四个方面的保障措施：

（一）建立等级评定体系

综合国家及国内其他地区特色小镇类评价工作，旅游小镇评价工作采用由申报单位按申报标准自查，符合条件后向相关部门提出申报申请的方式，建议建立"申报——初审——评审——审定——公示——异议处理——颁牌"等级评定体系。完善的评定体系有利于规范旅游小镇等级评价程序，促进旅游小镇健康有序发展。

（二）监督检核和复核

为促进小镇后续的健康持续发展，建议对所评选的旅游小镇进行监督检核和复核。监督检查可采取重点抽查、定期明查和不定期暗访以及社会调查、听取游客意见反馈等方式进行。建议全面复核至少每三年进行一次。

（三）奖罚政策

奖罚政策可以体现在两个方面：第一，在监督检核和复核中，对于不合格的旅游小镇，建议做出降级、退出的决策；对于发展较好的旅游小镇，建议给予升级及评优。第二，在监督检核和复核中，对于不合格的旅游小镇，建议做出退还原土地奖励、资金奖励等的惩罚措施；对于发展较好的

第四章　旅游小镇的评价标准

旅游小镇，建议实行额外的奖励政策。

（四）政策保障

对于评价合格的旅游小镇，建议可联合各部门及社会组织，给予多方面的政策保障：在寻求国家相关政策支持上，可帮助申请国家级特色小镇、具有重要影响力的旅游目的地、国家级旅游示范基地等，从而享受土地、财政等方面的国家政策支持；在专项资金上，联合政府、协会、社会资金，建立旅游小镇专项奖励资金；在市场运营政策上，搭建旅游小镇商务运营平台，为其提供投资运营、金融信息服务等帮助；在人才政策上，可每年定期邀请专项人才进入小镇进行志愿服务，同时加强人才培养，定期召开人才培训会。

第 5 章
旅游小镇的业态创新

第五章 旅游小镇的业态创新

第一节
旅游小镇业态创新的理念基础

"业态"（Type of Operation）一词出现于20世纪60年代的日本，指针对特定消费者的特定需求，按照一定的战略目标，有选择地运用商品经营结构、店铺位置、店铺规模、店铺形态、价格策略、销售方式、销售服务等经营手段，提供销售和服务的类型化服务形态。简言之，业态指企业经营的形态。

旅游界对旅游业态尚未形成统一的定义。从业态的原始定义出发，与零售领域"如何销售"相比较，绿维文旅认为，旅游业态对应旅游业如何经营的问题，是旅游组织为适应市场需求变化进行要素组合而形成的经营形式。

业态是旅游小镇发展的内在要求。随着新的消费需求不断涌现，以及旅游供给侧改革的推进，业态创新成为旅游转型升级的有力武器，成为培育旅游经济新增长点的重要途径。绿维文旅认为，业态的创新可遵循一定的理念及路径。

一、整合创新

整合是旅游创新最基础也是最重要的手段。主要包括产业整合、空间整合、时间整合、技术整合。

（一）产业整合

旅游产业关联性强、融合度高，以旅游产业为核心，通过资源、产品、市场的整合，使旅游产业及其他相关产业通过某种方式彼此衔接，打破各自为战的状态，将形成业态创新的基础。国家旅游局也一直在大力推动"旅游+"引领业态创新，实现旅游产业融合新突破。比如，旅游与现代农业相结合，形成田园综合体；旅游与医疗结合，形成医疗旅游。常见的产业整合，包括：旅游+农业、旅游+体育、旅游+健康、旅游+文化、旅游+文创、旅游+教育、旅游+制造业、旅游+互联网等。

（二）空间整合

空间整合突破了旅游在行政和管理方面的限制，以市场为主导，通过道路串联方式或是旅游综合开发手段，实现景点、资源、市场之间的串联与共享，尤其是在全域旅游和要素时代的背景下，景点的概念越来越弱化，人们希望得到一种全感观式体验，因此，空间整合就显得更为重要。旅游小镇本身就是一种区域整合式的创新业态。通过自驾车、自行车、慢行、慢跑、古道探秘、游船等交通方式，将周边的景点、景区、景观节点、服务设施等进行整合，是最常用的一种线路串联式的业态创新手法。

（三）时间整合

时间整合即根据某一时间段内消费者的需求，进行主题整合，进而形成新的业态和产品。绿维文旅在时间整合上，提出了"四季全时"的理念，即通过春季的踏青观花、夏季的避暑嬉水、秋季的观叶采摘、冬季的冰雪及温泉、工作日的商务享老及研学、夜间的夜游演艺及夜市，在一定程度上突破并改善旅游季节性的限制，使得淡季不淡、旺季更旺。比如2016年福建泰宁推出的"清新福建·悠然三明四季行"系列体验活动，以"春季建宁花海跑"突出三明春季浪漫的花海景观，以"夏季泰宁淘气节"带动亲水、健身、休闲产品，以"将乐嘻游季"推介适宜家庭互动的绿野乡居亲子产品，以"沙县吃货汇"展示三明美食及客家风情。这一活动获得了福建省旅游局认定的"首批优秀创意旅游产品"称号。

（四）技术整合

技术创新是产业和企业发展的重要力量，也是旅游小镇业态创新的基础。无论是旅游自身技术的发明创造，还是其他行业技术的引用，都会对旅游产生较大的推动，促进自身业态的发展。如旅游业引入信息技术和网

第五章　旅游小镇的业态创新

络技术，引发了旅游战略、运营方式和产业格局的变革。再如，VR/AR 技术的应用，使得旅游打破了空间和时间的限制，从内容展现形式、游客体验方式和目的地营销方式上优化了传统旅游，产生了 VR 酒店预订、VR 旅游目的地、VR 主题公园、VR 旅游演艺等新形态。

二、产品创新

产品创新是推动业态创新的另一手段，但难度相对来说较大。它以市场需求为导向，以技术提升为支撑，以企业为主体，通过两种方式实现创新。

一种是将两个或多个相关产业的产品进行合理整合，比如近两三年市场上火爆发展的亲子教育旅游，将亲子旅游与教育相结合，融旅游、拓展、教育、休闲、度假于一体。这一产品的出现是基于电子产品对儿童产生的不利影响，以及自然教育、户外教育、生态教育等国外教育理念在我国的兴起。如今，市场上面向儿童的旅游产品，开始从单一的玩乐逐渐向教育课程与玩乐结合转变。比如以中粮智慧农场为代表的专注于自然探究、农事探究、动植物探究、手工制作、科学实验的亲子教育农场/农庄系列产品；以大美儿童世界、洛嘉儿童主题乐园为代表的将户外运动与教育有机结合的非动力儿童乐园。

另一种是产品自身内涵的提升与创新。这一创新可以通过经营方式的创新来实现，比如，为满足中高收入家庭、"候鸟"群体等对海南热带水果、冬季瓜菜、特色畜禽的需求，海南在农庄发展的基础上，以共享为理念，通过互联网、物联网等方式，为全国各地的消费者提供远程参与农庄生产和打理，也可以实地开展农产品采摘、乡村旅游等活动的"共享农庄"。另外，文化创意也是实现产品创新的重要手段。比如，将文化认同度高的，或是具有典型特征的一些重点文物、明星藏品进行"衣食住行"一条龙式系统创意开发的大英博物馆、台北故宫博物院及北京故宫博物院，均获得了巨大的经济及社会收益。

三、制度及管理创新

制度及管理创新虽然不能直接产生业态创新，但却是推动业态创新的重要因素。业态创新，必须依赖于宽松、完善、规范、包容，有利于自身潜力发挥、展现自身活力的环境与制度，包括产权制度创新、管理体制创

103

新和运行体制创新三方面。另外政府还应该出台系列扶持政策，除了给予资金扶持外，还应该在不同部门、不同行业之间的协作，以及市场消费数据的获取上给予支持。

有些人可能会产生疑问，认为业态不可能产生新种类。需要说明的是，新业态与业态创新是完全不同的两个概念。新业态是业态增量，是在现有基础上增加的部分；而业态创新则涵盖的范围比较广，传统旅游业态的提升与优化，也属于这一范畴。不管业态怎么创新，"食住行游购娱，商养学闲情奇"都是最基础、最核心的业态。

第二节
旅游小镇 16 大业态分析

旅游小镇以旅游业为支柱型产业，在旅游规划开发的过程中，要根据旅游产业的综合性、创新性、文化性、生态性等诸多属性，通过多元消费业态的配置和建设，把当地的旅游资源优势转化为旅游经济优势，给当地带来经济效益、社会效益和生态效益。绿维文旅以国家旅游局局长李金早提出的 12 大业态为基础，结合自身的实践经验，提出了"食、住、行、游、购、娱、商、养、学、体、宗、农、情、奇、创、村"16 大业态。

一、业态配置原则

（一）需求原则

旅游小镇业态配置首先要考虑人的需求，包括当地居民的需求、入驻商户的需求、游客的需求。其中，当地居民以宜居、宜业为主要需求，游客以休闲游乐、闲情修养等为主要需求，当地商户以营利为主要需求。在要素配置的过程中应坚持以人为本的原则，综合考虑各方的利益关系。

（二）特色原则

旅游小镇为避免"千镇一面"雷同发展，需要在创建之初就对其历史文化资源进行充分调查，尊重当地发展基础，因地

105

制宜，提炼出当地真正的特色，进而转化为旅游小镇的特色吸引业态，带动当地旅游的发展及其他业态的联动，真正体现特色对于产业聚集的重要作用。

（三）可持续原则

旅游小镇需要在创建之初就做好功能定位和长远发展规划，按照发展规划对业态进行布局。企业和政府考虑的角度不同，当两者利益发生冲突时，要按照长远发展规划进行项目推进，避免造成遗留问题。此外，在发展过程中要坚持绿色理念，平衡产业与环境的关系。业态的组合也要有前瞻性，要为未来的发展留有空间和余地，以便适应业态发展的需要。

（四）合理配比原则

旅游小镇的业态设计要确定最佳开发体量，合理的规模是旅游小镇实现利润回收的重要保障。各功能区要做到界面清晰、便于管理。根据每个小镇发展情况确定规模，充分考虑公共游憩空间和商业空间的规模比例。

二、业态开发类型

旅游16要素（传统基本要素：食、住、行、游、购、娱，旅游发展和拓展要素：商、养、学、体、宗、农、情、奇、创、村）的消费业态创新和升级，是旅游小镇发展的基础，也是突破创新的关键。旅游小镇在业态开发的过程中要从土地利用、场地现状、功能需求、文化结合等多角度考虑项目总体功能布局。

（一）食——以地方美食为主的餐饮业态

中国的饮食文化历史悠久，博大精深，在社会生活中，饮食会对文化、艺术、民风民俗等产生具体影响，这也使得饮食文化具有深厚的内涵。餐饮的业态创新要充分理解现代人的饮食健康理念；要有民族地方特色，挖掘当地美食资源，选取特色食材，保护地方原有餐饮风俗；做好品类组合和菜系组合，不同的菜系、不同的品类给出不同的配比；要充分考虑当地的承载力，合理规划布局，有序发展；除了地方美食，也可以布局全国甚

第五章　旅游小镇的业态创新

至全世界有代表性的美食，要有规划地对餐饮进行布局，重点打造具有特色的 1~2 种美食，增强体验性与娱乐性。

1. 业态细分

餐饮业态大致可分为餐饮类、餐饮体验类两种类型。详见表 5-1。

表 5-1　餐饮业态细分及创新形式

餐饮业态	细分	创新业态	作用
餐饮类	高端餐饮	空中餐饮、海洋餐厅、草原歌宴、婚礼餐饮、演艺宴会、歌舞宴会、民族餐饮、地中海风味、动漫餐饮、童话餐饮、非洲美食、美洲风味、欧洲风味、极地美食、高山珍味、深海营养、意大利风情、法式美食、冰雪餐厅、万人宴会、西式露天自助、古食谱体验、绿食生态餐厅、3D 投影餐厅等	吸引区域内外高端消费人群
	大众餐饮		满足基本需求、带动人流量
	休闲餐饮		延长逗留时间、增加休闲场所
	地方特色餐饮		增加餐饮吸引力
餐饮体验类	餐饮制作参观	乳制品流水线参观、面包制作流水线参观等	增加游客体验感、延长逗留时间
	餐饮制作体验	豆腐 DIY、汉堡 DIY、蛋糕 DIY、比萨 DIY 等	
	餐饮活动	美食节庆、啤酒大赛、大胃王比赛等	增强游客参与感，聚集人气

餐饮类主要包括高端餐饮、大众餐饮、休闲餐饮、地方特色餐饮，应根据旅游小镇的具体定位有选择、有重点地进行布局和开发。

餐饮体验类主要指磨豆腐、做比萨、扯面等有体验感的餐饮产品制作和参观活动，以及餐饮大赛等竞技性活动。

2. 美食业态问题及解决方案

当前，美食业态存在美食定位不准、文化阐释不清、经营模式不明的问题，针对这些问题，开发运营方需要对与餐饮美食业态相关的人文风情与文化在调研基础上进行萃取；进行美食产品创意，打造 IP 文化品牌；美食商业主体开业前招商、开业中客流引导、持续运营的美食餐饮业态调整；通过美食＋活动＋游线设计，实现美食餐饮主体运营的持续化提升。详见图 5-1。

```
美食定位不准        与餐饮美食业态相关的人文风情梳理与文化萃取（调研、招商、筛选、孵化）
核心美食梳理
                           ↓
                   美食IP文化品牌打造——情景体验：新+奇+特+视+触+味+听+嗅——美食地标塑造
文化阐释不清
美食产品创意               ↓
                   美食招商——美食商业主体开业前招商、开业中客流引导、持续运营的美食餐饮业态调整
经营模式不明               ↓
游憩美食体验        美食+活动+游线设计——美食餐饮主体运营的持续化提升
```

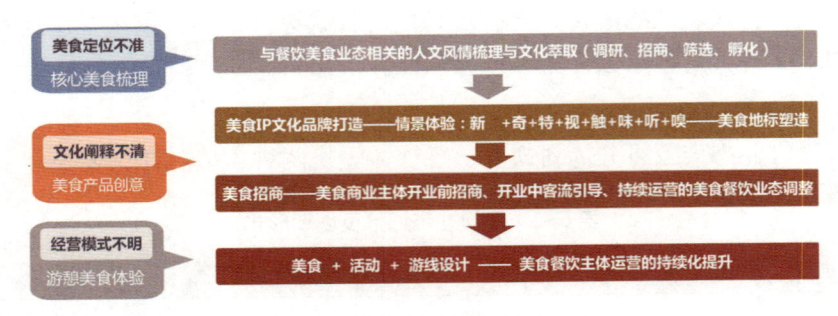

图 5-1　美食业态问题及解决方案

针对美食业态存在的问题，绿维文旅根据多年的经验，认为应该建立美食餐饮资源库，寻求政府扶持政策的支持和景区美食产业与业务拓展的支持；应该建立招商资源库，形成全国高端餐饮连锁品牌招商、国际品牌餐饮招商、区域餐饮招商、主力餐饮招商、特色小吃招商等招商体系，并且通过强有力的餐饮街、综合体、特色单体项目等餐饮招商的执行，切实解决餐饮招商过程中的各种难题。在餐饮美食运营过程中，提出"美食3×8小时运营解决方案——淡季、工作日、夜间突破之道"，切实解决餐饮优选与招商布局、餐饮人才与供应链、业态运营与品牌提升、活动节庆与营销合作、餐饮品牌和包装营销等问题，解决餐饮美食运营问题。

在运营的过程中，打造旅游业核心美食特色活动，助力目的地口碑提升；利用优质活动资源，打造各种美食节庆活动，让特色IP活动能够实现真正地落地。提升的具体方法有以下三方面：首先打造美食爆款产品，并持续创新旅游产品；其次，建立以人为本的服务体系，吸引食客，倍增游客流；再次，引入资本作为融资保障，实现餐饮稳健现金流。

3．可导入的IP资源

餐饮特色IP可以分为创新类、组合类、国际类、主题类、传统类、小吃主题景区类。

创新类：机器人餐饮、空中餐饮、便所主题餐厅、海底餐饮、森林餐饮……

组合类：边唱边吃、边飞边吃、潜水吃法、道具组合吃法、怪异造型吃法……

国际类：爵士美食、米其林餐厅、北欧美式、地中海餐厅、拉斯维加

第五章　旅游小镇的业态创新

斯美食……

主题类：歌舞美食、江湖外传、水浒酒店、西游记主题餐厅……

传统类：楼外楼、上海老饭店、湘临天下、醉云喃……

4. 案例解析——贵州省安顺旧州美食小镇

（1）概况介绍。

贵州省的安顺旧州美食小镇，位于安顺市西秀区东南部，距安顺城区37千米，距省会贵阳80千米。该小镇依托安顺屯堡菜在贵州美食中的知名度，逐步发展成为小城镇的典范。在风景和业态规划中，旧州提出了"旧州赶场、赶五个场"的口号，"五场"包括：金街特色美食场、文星田园风光场、浪塘美丽乡村场、传统农耕体验场、古镇老街民俗场。

（2）餐饮业态分析。

凸显"小吃老店"：旧州历史老街区布局了"小吃老店"，凸显旧州本地名小吃，如屯堡八大碗、旧州辣子鸡、糟辣椒肉片、盐菜肉、甜饭等。

入驻安顺名小吃：素剪粉、豆沙粑、丝娃娃、荞凉粉等，以及六马狗肉、花江河鱼、上关辣子鸡、平坝牛肉、灰鹅、紫云炒羊肉等。

引入省内名吃：凯里酸汤鱼、兴义刷把头、鸡肉汤圆、绥阳空心面条、鲜羊肉熬汤、贵阳青岩猪脚、豆腐圆子等。

推出精品宴席："军帐宴""土司宴""出征宴""屯家宴"等。

安顺旧州美食小镇在餐饮业态上重点突出、种类丰富，以当地特色屯堡菜为吸引核，大力研发特色菜品，并在省内小吃、名吃基础上推出湘菜、粤菜、川菜等国内知名菜系和国外料理、西餐厅等业态。

（二）住——以过夜居住为主的特色住宿业态

住宿业以建筑物为依托，通过客房、餐饮及综合服务设施为客人提供服务。伴随经济的发展，旅游者对于住宿业态的需求愈发个性化，在需求的引导下诞生出了住宿业的崭新业态形式。住宿业态创新应因地制宜，具备地方建筑特色或者主题特色，建筑风格统一；分阶段发展，逐渐形成满足不同类型的住宿体系；围绕与当地特色相关的旅游活动进行设计。

1. 业态细分

针对旅游者的不同需求，住宿业态的表现形式多种多样，包含各类酒店、度假村、别墅、公寓、旅馆、郊野木屋、汽车营地等。根据消费档次的不同，住宿业态可分为高档业态、中档业态、低档业态三个等级。详见表5-2。

表5-2 住宿业态细分及创新形式

住宿业态	细分	创新业态	作用
高档住宿	高星级酒店	空中酒店、海洋酒店、草原帐篷、婚礼酒店、演艺酒店、音乐酒店、民俗酒店、冰雪酒店、动漫酒店、童话酒店、干阑式住宅酒店、地中海风格酒店、非洲风格酒店、北美风格酒店、北欧风格酒店、中亚风格酒店、禅宗文化酒店、伊斯兰文化酒店、原始风格酒店、中世纪风格酒店	满足区域内外高端消费人群的消费需求，同时满足高端商务会议接待的需要
	度假酒店		
	轻奢主题酒店		
	别墅		
中档住宿	郊野木屋	中档度假酒店、中档旅游公寓、主题民宿等	能够满足大部分旅游者的住宿需求
	汽车营地		
	中档酒店		
	公寓		
低档住宿	低端民宿（包括农家乐）	帐篷营地、共享民宿、旅馆等	满足对于价格比较敏感的旅游者的需求
	汽车旅馆		
	帐篷营地		
	经济型酒店		
其他类型	胶囊酒店等	胶囊酒店、太空舱酒店等	增强住宿的趣味性

（1）高档住宿。

高档住宿除了高星级酒店之外，还有很多其他的住宿业态，如别墅、轻奢类主题酒店、度假酒店等。随着旅游业成为中国经济发展的新支柱，游客数量和消费水平不断提升，作为旅游产业链中关键一环的高星酒店行业也迎来了新一轮发展的机会。"高星酒店+品质服务=高端临时生活社区"成为新的旅游住宿发展趋势。

高档住宿的建设投资大、成本高，需要有高质量客流的导入，而高质量的客流来源于旅游小镇吸引核的优势。所以对于高端住宿的配置不能盲目，要在旅游小镇的总体布局下，根据自身特点有针对性地进行选择和配比。

（2）中档酒店。

全球知名管理咨询公司麦肯锡2014年发布的《下一个十年的中国中产阶级》报告预计：2022年，中国中产阶级数量将从2012年的1.74亿家

第五章　旅游小镇的业态创新

庭增长至2.71亿家庭。未来，中国中端酒店市场的潜在消费人群有望以年增长10%左右的速度持续扩大。中档酒店需求旺盛，其发展也成为酒店业的趋势，在旅游小镇的布局中，中档酒店必不可少。中档酒店类型多样，包括中档度假酒店、中档旅游公寓、主题民宿等多种类型。中档酒店建设过程中要注重个性化、精细化服务，注重旅游者的体验。

（3）低档酒店。

低档酒店包括传统的经济型酒店、汽车旅馆、帐篷营地、低端民宿（包括农家乐）等多种形式。经济型酒店行业发展渐趋成熟，单一服务和住宿环境已不能满足消费者的个性化需求，容易使消费者产生审美疲劳。但是，过于个性化又会增加建设成本。低档酒店可以在发展的过程中，注重活动的设计，增强与旅游者的互动。

（4）其他类型。

随着个性化需求的增加，以及科技的高速发展，住宿的新兴形态不断涌现，如胶囊酒店、机器人酒店等。

2．住宿业态问题及解决方案

目前，住宿业态存在比例失调、住宿多元创新缺失、招商与经营琐碎繁杂等问题，针对这些问题，开发者需要明确住宿的市场定位，开展实地调查，科学规划住宿、餐饮、娱乐等服务设施的位置和相应的配比，梳理核心业态；打造住宿多元文化IP品牌，创意住宿产品；开发项目招商运营与营销的模式创新及过程中的持续化服务；住宿酒店主体运营的持续化提升等。详见图5-2。

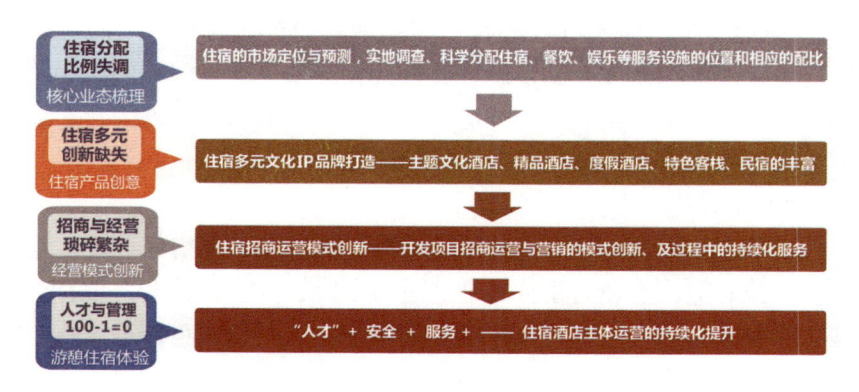

图5-2　住宿业态问题及解决方案

针对住宿业态存在的问题，绿维文旅根据多年的经验，认为应该建立住宿资源库，寻求政府行政法规与政策的支持和酒店产业与业务拓展的支持；应该融招商协会、招商网、招商公司等为一体，建立招商资源库，形成全国高端酒店连锁品牌招商、国际品牌酒店招商、区域酒店招商、主力酒店招商等招商体系，并且通过强有力的酒店招商执行，解决招商过程中的各种问题；后期，小镇通过节庆活动，实现人流、现金流搬运；并通过连锁酒店运营托管、特色酒店运营托管、酒店民宿运营托管、分时度假运营托管、住宿业态互联网运营等运营托管产品，切实解决住宿招商和运营过程中的各种难题。

3．住宿业可导入IP

住宿特色IP可以分为创新型、文艺类、国际类、主题类、组合类、特色非标类。

创新型：机器人酒店、空中酒店、潜水酒店、森林酒店……

文艺类：水浒酒店、上海老饭店、武侠客栈、动漫酒店、西游记主题……

国际类：古堡住宿、童话酒店、机场酒店、拉斯维加斯住宿……

主题类：冰雪酒店、爱情酒店、海洋酒店、音乐酒店……

组合类：水上旅馆、树屋、窑洞住宿、冰屋等多业态组合……

特色非标类：房车露营、帐篷露营、蒙古包……

4．案例解析——余杭鸬鸟镇"民宿小镇"

（1）概况介绍。

余杭鸬鸟镇"民宿小镇"位于浙江省杭州市余杭区，离主城区不到30分钟车程，距上海不到3小时车程，素有"杭城后花园"的美誉。鸬鸟镇着力打造集"乡风乡韵乡愁、美景美食美梦"于一体的旅游小镇，积极培育"跋山涉水、精品民宿、房车营地、星级酒店、自驾骑行、红色教育、农村电商"七大业态。

（2）住宿业态分析。

三大业态为主：打造房车营地、星级酒店、精品民宿三种住宿业态。

全方位打造：小镇对于住宿业态进行了高、中、低的全方位打造。包括以菩提谷大麓寺民宿群为代表的高端民宿，以黎鹰民宿群等为代表的中档民宿，以农家乐转型升级为代表的大众民宿。

第五章 旅游小镇的业态创新

品牌化运营：通过前期的布局和后期的运营，打响了"安逸、超脱、闲适、趣乐"的鸬鸟民宿品牌。

（三）行——以行为基础的交通游憩业态

"行"在传统旅游的发展中，更多的是一种交通工具。但随着旅游内涵的不断延伸，交通娱乐化、游乐化趋势的不断推进，交通已经发展成为一种新型的游览业态、一种可体验的旅游产品，在创新的驱动下诞生了许多形式，诸如游轮旅游、低空飞行、滑翔伞、热气球、自驾营地、房车营地等。在开发的过程中要注意因地制宜，配合旅游小镇的地质条件、地域特色、景观布局开发多样化的交通形态，满足旅游者"旅速游缓"的需求。

1. 业态细分

通过与旅游相结合，交通业态可分为纯观光型、特色体验型、娱乐体验型三类。详见表5-3。

表5-3 交通业态细分及创新形式

交通业态	创新业态	作用
纯观光型	山上/江上索道、观光小火车、景区游览车、低空飞行、游轮/游艇旅游	保障游客的安全，为游客节省体力
特色体验型	人力花轿、人力三轮车、驴拉车、驯鹿拉车、竹筏、雪橇	使游客深度体验当地的民风、民俗
娱乐体验型	快艇、水上摩托、水上橡皮艇等水上设备、热气球、低空飞机、滑翔伞、机器人拉车、滑道等	增加旅游过程中的刺激感受、娱乐感受

纯观光型的交通业态主要依托于山、水景观，以游客通行便利或节省体力为目的；特色体验型的交通业态主要依托当地民俗文化，以特色感受为目的，有短途、慢速的特点；娱乐体验型的交通业态更新速度越来越快，主要为了增加旅游过程中的刺激和娱乐感受。

绿维文旅根据多年的经验，认为交通业态的打造需把握以下几点：第一，游乐化、体验化。通过交通游憩方式的创新，为游客带来不一样的体验与感受。比如武夷山通过九曲溪竹筏漂流，将水上看武夷山打造成经典项目。第二，文化化、特色化。交通业态的打造不能盲目地追求刺激、惊险，更多应根据小镇的主题及文化，打造具有当地风格、传承当地文化的游憩方式，同时应格外注意安全性。第三，活动引领。通过热气球节、环湖自行车赛等节庆活动，迅速聚集人气，打响品牌。

2．可导入的 IP 资源

在业态创新的过程中，可以借助交通、特色 IP 承接大型节庆活动，比如汽车拉力赛、F1 赛车、帆船比赛、F1 赛艇、热气球节、环青海湖自行车赛等。

3．案例解析——荷兰羊角村：因一条河道变成世界级景点

（1）概况分析。

羊角村位于荷兰上艾瑟尔（Overijssel）省，历史上修道士为运送泥煤开挖了数米深的运河，后期为了运送物资，居民不断将沟渠拓宽，形成了今日湖泊交织的场景。羊角村被誉为"乘船游览的童话王国"，全长4英里的运河水路和纯木质拱桥陆路，是这一田园小镇唯一对外的两种运输途径。车辆禁止驶入小镇，撑篙的小船是居民唯一的出行工具。羊角村的桥梁、水道和游船在整个荷兰都别具特色。

（2）交通业态分析。

游船：体验羊角村最好的方式就是乘船来趟运河巡礼，可乘坐平底木船穿梭于宁谧的村落，聆听船夫兼向导娓娓细说各个房子的历史与特色，除了欣赏美景外，文化收获也不少；亦可亲自驾驶 Whisperboats 徜徉其中。每年夏季羊角村会举行一年一度的"彩船嘉年华"，人船齐上阵，上演一场光怪陆离的彩船秀。

自行车：羊角村并不适合骑行，但周边有专门的自行车骑行路线：ANWB 骑行路线、Wieden 和 Werribben 路线，供游客选择。

（四）游——以游为主的游览业态

旅游小镇以整体景区化为核心特质，游览是其主要业态形式，包括各类景区景点、城市游乐、乡村游乐等形式。景区景点为主要载体，涵盖范围广，需要其他业态支撑。"游"这个业态形式比较单一，主要的收入以门票为主，但其带动其他业态盈利的能力较强。在游览业态方面，要尽最大可能突出旅游资源的特色，包括民族特色、地方特色，全面反映当地文化，

第五章　旅游小镇的业态创新

"只有民族的旅游资源，才是世界的旅游吸引物"。在特色业态的导入过程中，要注意只有个性的资源才是有特色的旅游资源，才能成为当地的特色吸引物，产生旅游吸引力，发挥旅游带动作用和品牌影响力。小镇在保护的前提下进行有序开发，结合区域内资源与环境，针对不同层面的细分市场需求，打造专业的景区景点、城市游乐、乡村游乐以及亲子游乐……这既能满足旅游者观光、游乐、探险探奇、休闲等各类游览需求，也能满足旅游者教育性、休闲性等特殊需求。

1. 业态细分

游览业态的主要细分及创新形式如表5-4所示。

表5-4　游览业态细分及创新形式

游览业态	细分	创新业态	作用
自然类游览	地质地貌类景观：山地旅游、地质公园游、地貌观光游、海岛游、石林游、峡谷游等游览观光	玻璃平台、飞天之吻、大地艺术、沉水走廊等	能够满足旅游者游乐、探险、探奇、休闲等各类游览需求
	水域风光：湖泊旅游、海洋旅游、湿地旅游、温泉旅游、瀑布旅游、冰川旅游、江河旅游、泉水旅游等游览观光		
	生物景观：森林旅游、草地旅游、花卉旅游、动物栖息地旅游、林地旅游等游览观光		
	天象与气象景观：极光旅游、观日出旅游、避寒游、避暑游、极端气候游等游览观光		
人文类游览	遗址遗迹：人类活动遗迹、军事遗址与古战场、遗弃寺庙、历史事件发生地、废城与聚落遗迹等游览观光	创意秀场、跟着课本游宣城等	能够满足旅游者教育性、休闲性等旅游需求
	建筑设施：科教基地、宗教场所、工业旅游、军事观光、陵园、悬棺、港口码头、堤坝观光、名人故居、楼阁、石窟、历史建筑物、城堡等游览观光		
	人文活动：旅游商品游、人物事件游、文艺作品观光、民间演出、体育赛事、民间集会、节庆活动等		

旅游小镇的游览业态主要分为自然类游览和人文类游览。

自然类游览业态主要依托地质地貌、水域风光、生物景观、天象与气象景观等自然资源开展。其创新开发须在基础调查的前提下，进行分类和评价，寻找旅游小镇可依托的最有吸引力的资源，并在保护性开发的基础上，创新游憩模式，突破观光限制，增强游客体验、互动及参与。比如，绿维文旅在重庆武隆白马山旅游度假区的设计中，设置了由两个大型机械设备组成的飞行岛"飞天之吻"，游客升上55米的高空，不仅可以全览白马山的壮丽场景，还可以感受白马与仙女的爱情故事。创新的观赏方式、全新体验感的浸入，同样的自然景色可以带给游客完全不一样的游览感受。

人文类游览主要依托遗址遗迹、建筑设施、人文活动等人文资源开展。鉴于人文资源本身的限制，这一业态的开发尤其要注重保护，并寻求在文脉的展现与穿透、文化的活化以及文化体验的显性表达等方面实现突破。故事线索推演、互动体验、实景演艺、Cosplay、机动游乐和电子、时尚光影游乐，都是当今游客容易接受的文化旅游产品体验模式。

2．案例分析——湖南省凤凰古镇

（1）概况分析。

凤凰古镇位于湖南省湘西土家族苗族自治州的西南部，地处武陵山脉南部，史称"西托云贵，东控辰沅，北制川鄂，南扼桂边"。古镇由苗族、土家族等多个少数民族构成，与云南丽江古城、山西平遥古城媲美，享有"北平遥，南凤凰"之名。

（2）游览业态分析。

凤凰古镇历史悠久，自然资源和人文资源丰富。自然资源包括沱江河水域资源、奇峰山、乌龙山、西门峡等。人文资源包括古镇独特的江边木结构吊脚楼，以及朝阳宫、古城博物馆、杨家祠堂、沈从文故居、熊希龄故居、天王庙、大成殿、万寿宫等建筑，还有以苗族文化为代表的少数民族文化等。凤凰古镇在以上资源基础上形成了具有当地特色的自然资源和人文资源游览业态，这些游览业态构成了游客体验凤凰古镇的一种重要方式。

（五）购——以购物为主的零售体系

以购物为主的零售体系构建了旅游小镇的主要商业系统，是小镇收入

第五章 旅游小镇的业态创新

的主要来源之一。在中国消费市场即将进入到品质消费、情感消费的时期，购物已经摆脱传统模式，朝着体验化、文创化、情感化方向发展，购物业态应切实地用体验感和情感营造商业吸引力。购物已经不仅仅是一种购买行为，对有些小镇而言，购物本身就是一种核心吸引力。

1. 业态细分

基于服务人群的不同，绿维文旅将购物业态分为体验性购物与生活类购物两大类。详见表5-5。

表5-5 购物业态细分及创新形式

购物业态	细分	创新业态	作用
体验性购物	零散型特色购物点	树屋商店、无人超市、网红店等	是游程中的休息点和兴奋点；一般安排在登山节点、码头、索道站、景区核心区观赏点等地方
	购物街	主题特色街、创意市集等	休闲型、体验型购物的聚集场所；一般在进入景区前的集散中心或景区大门通向核心游览区的区域等
	专业购物店	文创体验店、体验工坊等	以当地特色商品的售卖为主；一般位于景区出入口、重要交通周转车站等区域
生活类购物		食杂店、便利店、超市、百货店、折扣店、专卖店等	满足当地居民和旅游者日常生活的需要

2. 购物业态问题及对应方案

目前，购物业态主要存在发展较为初级、整体杂乱、商品创意不足、无法激发游客购买欲望等问题。基于未来发展趋势，绿维文旅认为，购物业态问题解决的关键，主要在于以下三个方面：

第一，做好旅游商品，练好内功。旅游商品是兼具物质和精神属性的产品，有着鲜明的民族、民间文化特色。纪念性、观赏性、艺术性、趣味性、独创性是优秀旅游商品必备的要素。提炼文化特色、实现现代创意转化，是提高旅游商品经济效益的重要途径。只要用心抓好开发，在规划设计上坚持高标准、高品位、高质量、多档次分类设计，并根据各类旅游者的文化、心理、消费需要进行针对性设计，旅游商品就可以取得丰厚的经济效益和良好的社会回报。

第二，业态复合，增强体验。在电商的冲击下，实体店不得不考虑转型，业态复合化就是未来的一个发展趋势，"购物+"的多业态叠加，可以加强体验感、个性化，也更符合旅游小镇对于营造一种生活方式的诉求。

"可以住的图书馆""可以吃的博物馆""可以研学的文创店""可以喝咖啡的服装店"……将这些看似不搭的业态聚合到一起，不仅可以提升购物的体验，还能够创新出更多的玩法。

第三，培育品牌，实现输出。品牌是商品最无价的财富和最好的宣传渠道。因此，旅游小镇销售的商品，应通过商品本身打造、品牌故事塑造、商品创意化包装等环节，形成区别于其他小镇、独特的商品品牌体系。通过品牌化，在树立自身鲜明特色的同时，通过电商的大规模推广，可以以商品品牌带动粉丝经济，以粉丝经济带动线下的旅游体验，从而形成从旅游目的地到旅游客源地的闭环系统。

3．案例分析——掌生谷粒

（1）概况分析。

掌生谷粒是中国台湾的一个农产品品牌，卖的并不仅仅是农产品，用其掌门人程昀仪女士的话来说，这一品牌是用来展现台湾风格。从2006年起，程昀仪女士与其丈夫探访台湾各地用心耕作的稻农，严选其中各具特色的稻米产销班进行合作，将天然本味的食材呈现给消费者，并以文字书写、影像记录的方式，表达对耕作的印象与感悟。而后，通过品牌包装的创意设计建立起"掌生谷粒"的品牌个性与品牌印象，成为台湾在地生活文化价值的传递者。

（2）购物业态分析。

目前掌生谷粒旗下拥有大米、茶、蜂蜜、酒等多种产品，很多产品都成了原产地形象的代表。其具体做法如下：

严选天然本味的食材：经过长期的参与记录，寻找各地各具特色的原味食材，坚持为消费者提供原产地的特色产品以及讲述产品背后的故事；

创意设计食品包装：用最古朴、最具有当地特色的牛皮纸袋、纸藤包装食材，用书法手写产地、产品名称与生产者的故事，通过创意的包装，传递品牌鲜明的个性和深厚的文化底蕴；

深度参与原产地生产：邀请客户亲身体验原产地身土不二的感动，让消费者能够感受到直接亲近土地的深度感动。推广一个地方的产品，同时推广的也是这个地方。

（六）娱——以休闲娱乐为主的娱乐业态

以强参与性为特点的娱乐业态是旅游小镇中聚集人气的重要砝码，尤其是夜间的休闲娱乐，是留住游客进行消费的主要吸引核。伴随着科技的发展和旅游者需求的个性化，全新的娱乐业态层出不穷。

1. 业态分类

娱乐业态可以分为健康休闲类、文化娱乐类和游乐休闲类。详见表5-6。

表5-6　娱乐业态细分及创新形式

娱乐业态	细分	创新业态	作用
健康休闲类	运动 美容 疗养	食疗馆、中医理疗、温泉疗养、生活调解中心等	满足大众旅游者日常健身需求；满足女性客户美容等需求；满足中老年度假疗养的需求
文化娱乐类	文化表演	绿维创秀、实景演出类、剧院、当地节目展示	表演当地特色文化节目，以及邀请外地知名剧团演出，优秀的节目展示独特的文化
	文化展览	休闲书店、画廊、博物馆、艺术馆、书吧等	满足旅游者陶冶情操、增长见识、文化休闲的需求
	文化创作	陶艺吧、印染店等	以旅游者参与制作的方式让旅游者更加了解当地特色文化
游乐休闲类	游乐	VR游乐设施、水上乐园、户外CS等、儿童游乐园等	满足旅游者精神愉悦、身心放松的需求
	核心区休闲	休闲广场、休闲会所、休闲商业综合体、艺术馆、展览馆、文化中心、购物街、酒吧、不夜城、购物中心等	聚集游客停留的关键因素
	景区休闲	森林氧吧、郊野公园、步行街等	与旅游小镇休闲形成有效补充

2. 娱乐业态问题及对应方案

娱乐业态的产品雷同、运营滞后、服务不佳等问题相对严重。娱乐的发展首先是对资源民族化、地方化、民俗化的发掘，越是地方的，就越是流行的。旅游者到旅游地的娱乐体验，应当是具有当地民族特色的娱乐方式。首先需要充分发掘当地的特色文化和奇特的游乐方式，把丰富的文化内涵融入在新奇的娱乐方式中，让旅游者享受独特的游乐方式。其次是要考虑集中性的娱乐场所和地方民族文化节，通过这样组团的方式，既展示了旅游地的民族文化，又把各种具体传统的民间游乐方式表现出来，让旅游者得到全面、深刻的游乐体验。再次注重娱乐的参与性、互动性，让游客可以通过亲身参与获得旅游体验，比如民族民俗生活的参与、农家渔家牧家生活的参与、探险的参与等。最后特色化打造夜间娱乐，夜间娱乐所带来较高的旅游收入附加值，一般可安排特色歌舞宴、特色歌舞表演及联欢、游憩中心城市化娱乐、酒店的康体娱乐四类项目。

3. 可导入的 IP 资源

娱乐业态可导入场地资源、活动资源、明星资源、综艺资源、动漫资源等，如爸爸去哪儿、大闹天宫、黑猫警长、愤怒的小鸟、葫芦兄弟、阿凡提等特色 IP。

4. 案例分析——圣淘沙名胜世界

圣淘沙名胜世界坐落于新加坡圣淘沙岛上，由云顶新加坡耗资 65.9 亿新元兴建，占地 49 公顷，是集酒店、娱乐、环球影城、购物、美食于一体的一站式综合娱乐城。除了拥有东南亚首个且唯一的环球影城主题乐园、全球最大规模的海洋生物园、新加坡首个海事博物馆外，还建有娱乐场、豪华水疗中心、6 家风格迥异的度假酒店、名胜世界会议中心和多家名厨餐厅及零售精品店等。此外，圣淘沙名胜世界也提供多元化的娱乐节目，包括常驻摇滚杂技巨献《生之旅》《仙鹤芭蕾》和《梦之湖》等。丰富的人文景观，完备的住宿餐饮、齐全的娱乐休闲设施和快捷方便的交通网络弥补了自然资源特色的缺失，为游客提供滨海住宅，让游客接近大自然，是世界级的综合度假胜地。

（七）商——以商务为目的的新兴业态

"商"是以商务为目的，把商业经营与游览、观光结合起来的一种旅游业态，包括商务旅游、会议会展、奖励旅游等旅游新需求、新要素，经济带动性强。根据商务人群类型的不同，可分为由从事商业活动的消费者构成的一般商务旅游市场、由政府公务人员考察形成的政务旅游市场、以学术交流活动为主的学术旅游市场、以投资或商业合作为目的投资考察旅游市场及其他商务旅游市场。其中学术旅游市场和投资考察市场，近年来发展十分迅速。

第五章 旅游小镇的业态创新

1. 业态细分

商务旅游不受季节、节假日、周期长短等时间因素影响，面对的人群一般素质高、收入高、职位高、团队规模大，其带来的庞大人流和多元化的消费需求，形成了高消费、旺需求以及丰厚利润，使得商务旅游成为撬动工作日旅游市场的主要业态之一。其业态细分及创新形式，详见表5-7。

表5-7 商务旅游业态细分及创新形式

"商"业态	细分	创新业态	开发建议
会议	会议中心、配套服务	年会、专题研讨会、团建培训	依托住宿业等开展会议活动
展览	展览中心、会展活动、会展搭建、会展管理	大型会展、文化论坛	依托现有的场所和场地灵活配置，按需配置，避免没有调研就大搞展览馆建设
节庆	节庆活动展示、节庆组织、节庆运营商、节庆服务商	美食节、购物节等大型节庆	开发重点项目做大做强品牌
奖励旅游	培训旅游	奖励旅游活动等	配置中高端服务，提供个性化活动

2. 商务业态问题及对应方案

商务业态同样面临创新缺失、运营滞后、体验不佳等问题。经历2014年整体市场的萎缩后，商务旅游逐渐趋于市场化发展。绿维文旅认为，深度和广度优化升级是商务旅游转型的核心驱动力。深度上应不断挖掘文化内涵，把文化体验融入商务旅游，打造有趣、生动、结合文化与本地内涵的独特性产品，同时还应提升服务质量，使旅游者享受到高品质的服务；广度上应整合旅游资源，形成市场细分，面向各种类型的企业，研发不同形式、不同档次的产品，提供定制服务，比如，"会议+温泉""会议+滑雪""会议+中医养生""会议+体育赛事""会议+特色节庆""会议+文化演出"等。以会议形成产业聚集，以会奖旅游、会议接待为特色及主导，以大规模休闲度假项目为支持，以交通、餐饮、住宿、会议接待设施为基础，通过发展主题游、定制游等特色旅游产品，引领中国商务旅游未来的发展方向。

3. 案例分析——北京怀柔雁栖湖

（1）概况分析。

121

随着2014年APEC会议的成功举办，北京怀柔雁栖湖国际会都的形象便深入人心，逐渐成为商务会奖旅游的热门目的地。雁栖湖景区位于北京市东北部，以国际会议和旅游接待为主营业务，包括一座会议中心、12座总统贵宾别墅、1座精品酒店，是北京生态旅游的一张新名片，也是国际高端会议的举办地。

（2）商务业态分析。

2014年的APEC会议提高了雁栖湖的知名度，2015年的第五届国际电影节电影嘉年华、2017年的"一带一路"国际合作高峰论坛，使得雁栖湖成为全球瞩目的焦点，助推了后APEC时代的会议及旅游热潮。为保障会议后旅游的运营，打破雁栖湖小景区的经营思维，雁栖湖按照国家5A级风景区的标准建设，完善了旅游综合服务系统，新建了游客接待中心、慢行系统、自行车俱乐部、游船码头，开展了各类水上娱乐项目、儿童娱乐项目……通过全方位改造，雁栖湖景区旅游接待人次从2013年的41.65万人次，增加到2015年的118万人次，综合收入从2013年的2365万元增加到2015年的7200余万元，实现了以会议为引擎的旅游综合开发。

（八）养——以养生类为主的康体疗养业态

大众旅游时代，追求健康和精神享受逐渐成为休闲度假旅游的主要诉求之一，大健康与旅游加速融合，呈现出"三避五养"的特征。"三避"，即避霾、避暑、避寒。"避霾"深呼吸，以换气洗肺为目的；"避寒"与"避暑"是为了感受温暖如春和清凉宜人的气候。"五养"即养生——健康生活、养心——精神文化度假、养老——度假养老居住、养颜——颜值气质双修、养疗——健康养疗，这五大板块构成了现代人重要的生活方式，其表现形式为度假。详见图5-3。

1. 业态细分

旅游小镇应该基于生态宜居、文化旅居、体育健身、医疗康养等需求，打造"五养"的健康旅游新要素，形成康养旅游新业态。见表5-8。

康体业态主要指休闲性运动项目，包括高尔夫球、网球、游泳、滑雪、滑草、山地自行车、射箭、骑马、拓展等各类型项目，一般为郊区休闲或度假区等的主要收入来源。

疗养业态以身心修复、生活方式调节、美容养颜及病痛疗养为目标，

第五章 旅游小镇的业态创新

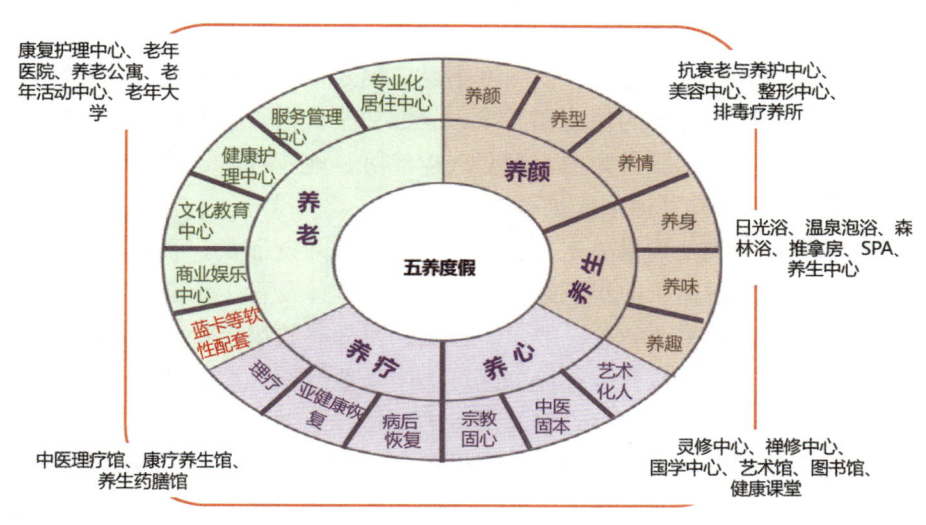

图 5-3 "五养"度假业态结构

表 5-8 "养"业态细分及创新形式

"养"业态	细分	创新业态	开发建议
康体	休闲运动	定向运动、山地自行车、马术、非动力运动等	室内休闲运动可与住宿业态组合开发；室外运动适合郊区休闲及度假区
疗养	养生、养心、养颜、养老、养疗	有机餐厅、休闲农庄、葡萄酒庄、温泉中心、中医疗养、SPA养生会所等	结合住宿业态有步骤地进行开发
医疗	体检、理疗、健康管理	体检中心、健康管理中心、三甲医院等	根据需求适宜布局，分阶段开发

包括依托自然资源的疗养和人工设施服务的疗养两大类。温泉、泥浴、盐浴、沙浴、皮肤治疗、药浴、蒸汽浴、桑拿、按摩、SPA、美容、美体，构成了一个全面的修复疗养产品链条，形成了天然疗养与人工疗养的结合。生态氧吧、生态浴、雾浴、森林浴等，形成了自然生态疗养，结合人工服务，形成特色。药膳、食补等与餐饮结合的疗养项目，对游客有很大吸引力。

医疗业态以体检、理疗、健康管理为主要目标，需要专业医疗机构的支撑。

2."养"业态问题及对应方案

目前,"养"业态存在开发深度不足、模式不明、投入大见效慢等问题。结合当前康养业态的特点和需求,绿维文旅认为,康养业态的开发,需要打造以核心养生服务为主,配套兴趣部落、地产载体、医养机构等相关服务的"1+x"开发体系。见表5-9。

市场群体的消费需求决定了旅游项目的具体开发形式。康养旅游的消费群体包括医患群体、中年亚健康人群、老年群体及青少年群体。医患群体通常对医疗资源最为敏感,要求也最高,另外一些患有特殊疾病的患者更偏向于选择具有特殊气候环境的区域。中年亚健康人群的消费偏好比较多元,更关注的是一些康疗设施及项目的配备,比如温泉、运动、美容养颜等。老年群体偏爱环境良好、医疗设备完善的区域。针对青少年群体的康养项目主要包括针对肢体疗养、运动健身、能量康复、皮肤健康、生活管理、营养膳食等。据此,绿维文旅认为,康养业态的开发是一种综合开发,包括环境体系、项目体系、服务体系、居住体系四个层次。

表5-9 康养业态的开发体系

项目体系		具体要求	
环境体系	自然环境	1. 空气清新,空气质量指数(AQI)年达标天数比例应≥55%; 2. 空气负氧离子含量每立方厘米需达到2000个以上,最好能达到10000; 3. 地形海拔在1000~2000米,1500米以上最适宜; 4. 具有优质的水源,地表水环境质量应达到《地表水环境质量标准》GB 3838—2002规定的Ⅲ类以上标准; 5. 声环境质量应达到《声环境质量标准》GB 3096—2008规定的1类标准,康复疗养区等特别需要安静区域的环境噪声≤0类限值; 6. 土壤环境应达到《土壤环境质量标准》GB15618—1995规定的二级标准	突出环境的生态性、自然性及康疗性; 最好拥有与养生相关的、独特的自然或人文资源,如中医药、温泉等; 在保持自然环境生态基底的基础上,营造良好的人文环境及生活环境
	交通环境	1. 面向大众群体:交通便利,离交通枢纽站不宜超过半个小时车程; 2. 面向高端群体:相对便利,离交通枢纽站不宜超过1个小时车程	
	人工环境	1. 景观:花园式绿化,尽量保留大量原有植物,景观小品要简单自然; 2. 建筑:原生态,以当地原生态材质为主	
	内部道路	亲近自然,软性绿化,设置供步行或慢跑健身的小径	

第五章　旅游小镇的业态创新

（续表）

项目体系		具体要求	
项目体系	环境氛围	私密、安静、具有良好的人际交往环境	多种健康养生项目支撑，多种休闲娱乐配套，将健康养生贯穿到全产业链中，形成一种潜移默化的生活方式
	医疗项目（检测、医院、康复三大体系）	1. 医院：综合医院、中医专科医院、康复疗养医院、国医馆、社区医院…… 2. 检测：调理中心、检测中心、全时体检中心、健康管理中心…… 3. 康复：康复疗养中心、深度理疗中心、数字化健康中心、复健中心、户外运动康复中心……	
	康养项目	1. 养生：日光浴、森林浴、生活促进中心、健康养生中心、中医理疗馆、康疗养生馆、养生药膳馆…… 2. 养颜：抗衰老与养护中心、美容中心、整形中心、排毒疗养所…… 3. 养心：灵修中心、禅修中心、国学中心、艺术馆、图书馆、健康课堂…… 4. 养老：康复护理中心、老年医院、养老公寓、老年活动中心、老年大学…… 5. 养疗：温泉泡浴、推拿房、SPA中心……	
	体育运动项目（以养生运动为核心）	1. 养生运动：高尔夫、慢跑、有氧运动、瑜伽、SPA、太极、徒步、骑行、普拉提、乐普森、健身中心…… 2. 休闲运动：水上运动、沙滩运动、滑雪、马术、体育公园、室内运动、狩猎、乡村怀旧运动、射箭、体能训练营…… 3. 探险拓展运动：山地运动、极限运动、定向运动户外运动拓展、森林穿越探险……	
	旅游度假项目	休闲农庄、儿童乐园、湿地公园、滨海度假、度假酒店、旅游观光、休闲商业……	
服务体系	前端健康服务	医疗服务、运动服务、康疗服务	全面、周到、细致的健康度假服务
	后续跟踪服务	健康跟踪、营养辅导、锻炼辅导、生活管理跟踪	
	度假生活服务	定制服务、酒店服务、生活配套服务	
居住体系		养生公寓、养生度假别墅、酒店公寓	经营型与销售型相结合

3. 可导入的 IP

以易享生活（社区养老与健康服务）为代表的养老创新 IP；以四圣心源（医养技术服务运营平台）、蓝卡健康（健康医疗新模式）为代表的健康服务 IP；以"中艾堂艾灸养生会所"为代表的养生 IP；以元泉瑜伽为代表的美容美体 IP 等。

（九）学——"旅行+教育"的研学旅游业态

"学"即研学旅游，是指"旅行+教育"组合的产品业态，融体验性、教育性、娱乐性、休闲性于一体，是一种满足自我提升的高层次旅游业态。国务院在《关于促进旅游业改革发展的若干意见》国发（〔2014〕31 号）中提出积极开展研学旅游之后，国家教育部、国家旅游局等相关部门都在大力推进研学旅游，国家旅游局于 2016 年初公布首批了"中国研学旅游目的地"和"全国研学旅游示范基地"，国家教育部也提出积极将研学旅游纳入到基础教育课程体系中。据相关统计，2016 年我国研学游行市场规模约为 300 亿元，未来 5 年仍将保持较快增长，研学旅游成为拓展旅游发展空间的重要业态，其发展为研学产品的创新提供了较大的空间。

1. 业态细分

研学业态最大的优势是不受"休闲时间"的制约，不受节日和季节的影响，成为解决工作日旅游需求不足的重要途径。但目前也存在产品普遍单一的问题，需要进行创新、突破和完善，因此绿维文旅总结出适宜研学的"五大系列旅游产品+一大专项基地建设"，以供参考，见表 5-10。

表 5-10 "学"业态细分及创新

"学"业态	核心特点	创新业态
农旅研学	置身自然、体验乡土乡情	乡村扶贫体验游、养殖基地游
工旅研学	了解企业历史及科技技术	工业科技旅游、高新园区游
文旅研学	传统文化感受，寓教于乐	遗址遗迹、红色研学、国学体验、博物馆深度游
科考研学	探索求知、环保科普	地质科普游、动植物园考察
国外修学	感受异国文化、体验留学预演	海外游学夏令营、冬令营、国外生态农场游
研学旅行基地	主题性、线路性、体验性较强	研学旅行基地、中小学研学基地

第五章　旅游小镇的业态创新

2. 研学旅游业态的打造重点

绿维文旅认为在产品定位方面，应注重细分群体，细分研学领域，细化产品定位，如针对小学阶段要以乡土乡情研学为主，初中阶段以县情市情研学为主，高中阶段以省情国情研学为主。还应根据资源特征、研学目的等因素，积极导入特色修学 IP，提高产品档次。

在产品设计方面，要体现"游""学"交融并举，可以通过深入挖掘研学内容的内涵，运用旅游创意化和体验化手法，精心设计"游中学""学中游"的综合性产品业态，并将研学内涵从"游学合一"向"知行合一"提升，打造可观、可玩、可感的研学旅游项目；并应注重整体线路规划，通过"一条龙"主题打包服务进行包装。

在运营管理方面，使政府、学校与行业形成合力，加强统筹规划，共同规范市场行为，加强安全监管力度；依托政府资源制定并推行研学旅行的优惠政策；旅游小镇研学旅行基地还应完善接待和配套服务体系；并把握"互联网"的时代契机，以微信和微博为载体，开启"研学＋互联网"的营销格局，突破地域限制吸引全国游客。

3. 可导入的 IP

善用研学特色 IP，能够快速提升研学产品质量，丰富研学旅游业态，从目前的发展来看，主要分为儿童夏令营、青少年教育、大众禅养、休闲项目四类：

儿童夏令营类：小海燕夏令营、开心冬夏令营、小飞人篮球夏令营、游学假期动感夏令营……

青少年教育类：曲阜国学院、安徽九华书院、小夫子国学馆、武汉童学文化、汇贤雅国学馆、华夏国学馆、武当道学教学院……

大众禅养类：太极禅苑（极禅由马云、李连杰先生共同发起创办）、山语水语游学旅行（旅游产业＋文化产业）……

休闲项目类：上海东方绿洲研学基地、环球悦时空（爸爸去哪儿嘉年华）、"爸爸去哪儿""葫芦兄弟""黑猫警长""大闹天宫"……

4. 案例分析——安徽省马鞍山市

以古典文学系列文化为主题的"课本上的马鞍山"研学旅行基地，成功入选第二批安徽省研学旅行基地。马鞍山拥有深厚的历史文化底蕴，其

127

中写进中小学课本的就有和县猿人、凌家滩遗址、霸王祠、褒禅山和采石矶等10多个历史故事。此外，蒙混过关、高山流水、草船借箭和望梅止渴等多个成语故事也出自马鞍山。以李白、李之仪、王安石、刘禹锡等为代表的文坛巨擘，更为这方自然山水染上了浓重的文化色彩。

为挖掘文化要素，打造文化性、趣味性强、参与度广的研学旅游品牌，2013年以来，马鞍山文旅委先后编写了《"课本上的马鞍山"故事会》，制作"课本上的马鞍山"研学旅行网页和手机WAP网页等措施进行研学旅行推广，并和南京日报社联手，推出数条"课本上的马鞍山"研学经典线路，让南京日报数万名小记者先行体验。

在"课本上的马鞍山"发展基础上，马鞍山市又推出包括龙潭洞和县猿人遗址、凌家滩、怪坡等景点在内的首批研学旅行基地，并通过微信公众号、微博以及苏皖其他众多媒体平台进行宣传，吸引了南京、芜湖、滁州等周边城市数十万中小学生，让孩子们在故事中研学、在情景中研学、在探索中研学、在参与中研学。

（十）体——以体育为主的休闲运动

体育旅游强调的是以观赏、参与各种体育运动为目的的旅游休闲业态，随着"全民健身"与体育运动逐渐常态化、休闲化、全民化，国家"体育+"、健身休闲、体验式消费等相关政策的逐步推动，体育业态在旅游小镇的发展中得到重视，基于资源和空间优势，通过植入体育活动和竞技赛事，丰富旅游发展新空间，并形成了一批以体育业态为主导的旅游小镇。

1. 业态细分

体育旅游有大众性、参与性、体验性、消费性、综合性的鲜明特点。通过运动体验、赛事参与、综合服务等类型对游客产生重复性的吸引，带动其综合消费。旅游小镇中的体育业态可分为休闲体验、竞技赛事、综合服务、品牌营销等四类。详见表5-11。

2. 体育旅游业态的打造重点

第一，要注重深度体验、参与的设计。体育除了大型赛事观摩外，多层次的参与型体育产品更能吸引游客，在特色产品上要注重体验项目的细分和内容的设计。

第五章　旅游小镇的业态创新

表5-11　"体"业态细分及创新

"体"业态	细分	创新业态	开发建议
运动体验类	休闲场地	分为室内、室外，包括冰雪游乐场、体育休闲综合体等	主要服务一体化打造
竞技发展类	培训教育	体育项目夏令营、专业训练空间（游泳馆、体育馆、自行车道、网球场、瑜伽馆等）等	引进专业培训机构，形成特色运动培训体系的市场吸引
	竞技赛事	分为业余级和专业级，包括小型马拉松赛、自行车赛；专业级高尔夫球赛、滑雪赛等	引进有影响力的赛事IP，聘请专业赛事机构和赛事组织
综合服务类	生产、销售、服务	体育用品加工、体育用品购买目的地（专业体育用品商城等）、体育俱乐部服务体系	根据体育产业基础和发展阶段适当布局体育用品供应商店和服务运营机构
节庆品牌类	体育节庆营销	国际马拉松、国际滑雪节、冰雪嘉年华、国际冬泳节等	加强智慧化营销和管理

第二，要增强与景区、景点的融合。比如旅游小镇可依托于油菜花基地举办油菜花马拉松赛事、依托于湖区景点打造环路自行车线路，依托于景观形成游客的较强参与意愿。同时，体育业态将广泛辐射、大幅提升游客量，从而形成双向促进。

第三，要以形成赢利点为目的。主要分为带动产业、带动旅游两种模式，最终都是为了带动经济的综合发展。如德清莫干山裸心体育小镇依托户外运动，延长了体育制造产业的上、下产业链，最终形成了体育产业聚集区；浙江·海宁马拉松小镇通过举办马拉松赛事带动了百里钱塘观潮景区的游客消费，当地的酒店、客栈因此也全线爆满。

第四，要增强智慧化管理。对体育业态产品统一规划、多级管理，从政府和企业角度要打造"多级一体"的智慧管理体系和"多维度全方位"的营销矩阵；从游客角度打造"以人为本"的信息获取和智慧体验。

3. 可导入的IP

休闲运动IP：乡创酷玩（碰碰球、皮划艇等）、深圳市战地游乐、大运河体育文化公园冲浪项目、辽宁冠翔滑雪场、飞扬击剑、泥浆足球中国赛（泥浆赛事与足球的融合）、笼式足球、骑酷单车、雪山之王（跨界整合体育运动、艺术、娱乐等领域打造雪山产品）、中体飞行、爱心飞翼、广州汇乐水上游乐等。

体育健身IP：浩沙健身、青鸟健身、良子健身等社区服务型健身会所 IP。

竞技赛事 IP：绿维酷跑、彩虹跑、光猪跑为代表的休闲竞技 IP，中式八球国际公开赛、赛德斯杯高尔夫球赛为代表的国内赛事 IP，以世界杯足球赛、网球公开赛为代表的国际赛事 IP。

4．案例解析——浙江·海宁马拉松小镇

海宁马拉松小镇位于海宁市百里钱塘观潮景区内，总规划面积 3.6 平方千米。海宁体育局计划依托景区 12 千米的生态绿道，沿途铺设一条绿色马拉松赛道，打造永久性的马拉松赛事，通过体育和休闲旅游结合发展，建成一个体育小镇。

发展构想：海宁马拉松小镇将以马拉松运动为核心，发展成广大马拉松爱好者的训练、体验、测试基地，并兼顾发展徒步、暴走、拓展、露营、自行车等相关运动项目。同时，引进房车营地、帐篷酒店、木屋酒店等休闲服务配套，发展户外运动的急救培训及相关医疗服务，综合提升地区的服务业水平，刺激经济发展。

发展特点：依托休闲赛事类业态，带动长期性服务类业态，形成体育与旅游高度融合的示范小镇。

（十一）宗——以宗教文化为基础衍生的旅游业态

在人们生活节奏加快，工作压力变大，物质生活得到极大满足的同时，很多人的精神却陷入迷茫和痛苦。宗教旅游在满足人们观光游览、审美欲望、精神需求和猎奇心理上有着特殊的功效。尤其是道教、佛教等宗教传统中，饱含着丰富的养生、绿色医疗、自然保健、自我身心保养等资源。依托这一资源打造的旅游，能够实现宗教式的超脱出世，求善纯洁，以及对关爱、慈悲、温情与宽容的宗教式情感的寻求，从而使人们的心灵得到抚慰，精神生活及心理世界得到满足。

1．业态细分

宗教资源结合养生、休闲、度假等需求，形成诸多宗教业态形式。详见表 5-12。

2．"宗"业态问题及对应方案

目前我国宗教旅游的开发以观光为主，但随着旅游产业的多元发展，

第五章 旅游小镇的业态创新

表 5-12 "宗"业态细分及创新形式

"宗"业态	细分	创新业态	开发建议
宗教朝觐	朝觐活动、朝觐仪式等	宗教节庆等	要注重宗教信仰，遵循宗教活动原则
宗教养生度假	宗教养生活动、宗教养生医疗、宗教养生餐饮等	宗教医疗（藏医等）、宗教餐饮（禅茶、禅食等）、自我身心保养活动	尊重宗教信仰的基础上，开发宗教养生产品
宗教体验	体验活动	当一天道士（僧人等）、撰写宗教书籍，宗教雕塑、宗教绘画与书法、宗教音乐制作和体验	充分挖掘宗教的艺术，增加体验活动，激发和满足人们观光、求知、审美、猎奇的心理需求
宗教展示	宗教活动的参观等	武僧团巡回表演、少林武术表演等	对宗教展示项目进行包装和开发，使其更具观赏性

这些旅游景点的开发面临着挑战：一方面，大量的观光客对正常宗教活动带来了巨大的影响；另一方面，单纯的观光旅游难以满足游客的多元需求，游客数量增长难以为继，且经营收入模式单一。因此，绿维文旅认为，宗教旅游的开发需要在产品创新、参与形式及文化体验等方面实现突破，通过"做好宗教文化、做精佛禅文化体验、做足禅意休闲与养生、做大文化旅游区"四大角度，形成集参观、休闲、体验、度假、养生为一体的业态形式。

做好宗教文化：做好宗教文化本身是宗教旅游开发的基础。目前常见的做法是通过震撼的"大佛"效应、极致化的建筑以及艺术化的内部空间装饰，形成眼球效应，构建核心吸引力，满足旅游者的猎奇心理。

做精佛禅文化体验：对于宗教专业人士来说，文化体验的关键在于寻找一方净土，感悟参透人生。而对于普通游客来说，则需要通过游乐化方法、演绎化手段，将宗教文化转化为世俗化、人间化的产品，方能引起共鸣。比如，无锡灵山景区的大型音乐机械游乐九龙灌浴，通过动态群雕、音乐喷泉，将静态景观动态化，再现了佛释迦牟尼诞生时的场景，以此增强游客的参与性、体验性。

做足禅意休闲与养生：单一的文化观光已经不能满足现代旅游者的需求，宗教旅游正在向养生、休闲、度假等功能延伸。无锡灵山景区为了满足日益增长的游客需求，在灵山脚下，将宗教文化发挥到极致，打造了一个自然、人文、生活方式相融合的旅游度假目的地，追求一种身、心、灵独特体验的人文关怀，让人们体验无处不在的禅意生活，从而开创了"心灵度假"的休闲旅游新模式。

做大文化旅游区：延伸文化与旅游产业链，打造多种宗教交流活动、宗教论坛会议以及公益慈善活动、文艺演出等，形成大文化旅游区。

（十二）农——依托农业资源的旅游业态

"农"是指依托于农业资源，具有极大参与性特点的农业旅游，是利用农业景观、农事参与和农产品吸引游客前来观赏、游览、品尝、休闲、体验、购物的新型农业经营形态，是在农、林、牧、副、渔等广泛农业资源基础上开发的能为游客提供特色体验和服务的旅游业态。在开发的过程中，坚守生态保护为第一原则，通过融合小镇人文要素或科技创意要素，形成特色发展和品牌。

1. 业态细分

休闲农业业态细分及创新形式，详见表5-13。

表5-13 "农"业态细分及创新形式

"农"业态	细分	业态创新	开发建议
农业景观观光	农田大地观光、农业生产观光、设施农业观光	农业观光园、主题花田花海、梯田、麦田怪圈、稻田画等	依托农业资源，以"田地艺术"为手法，做景观化设计，提升景观的可观赏性
农事体验参与	休闲农场、休闲牧场、休闲渔场、休闲林场、休闲果园、休闲茶园	（涉及耕地、施肥、种菜、采摘、饲养、垂钓等体验）农耕文化农业体验园、农业生态园、家庭农场、畜牧养殖场、采摘基地、市民农园、田园认养、垂钓俱乐部、自然教室等	结合农业特色资源和全产业链，融入农业体验业态，设计体验流程、体验项目，增加业态的体验性和参与性
	现代/科技农业	国家农业公园（高端形态）、田园综合体、高科技农业园/馆、温室花卉园、创意农业、科技农业学堂	利用主题特色化提升农业科技展示形态 + 依托主题设计新奇特培训及教育产品 + 深化情境化互动体验，升级"寓教于乐"
农产品消费	大型集散、小型店铺	中医药市场、特色农产品街、创意农品店等	要形成特色化或规模化吸引，做出地域特色的业态
农业节庆	不同农业主题、不同生产环节	农业嘉年华、花卉旅游节、螃蟹首捕节、花海采风摄影节、田园收获节、缤纷水果节等	深度挖掘农耕文化中的兴奋点或依托主题开发大型节庆，形成系列体验产品

第五章　旅游小镇的业态创新

2."农"业态的打造要点及创新策略

农业旅游发展过程中，存在着产品缺乏前期规划、体验性缺乏深度开发、服务配套不全等问题，无法带动更深层次的消费。绿维文旅认为农业旅游产品在开发上要坚持生态保护，重视前期统筹；要运用创意手法，形成特色吸引；要融合人文，主题化打造，形成自身品牌。

（1）坚守生态保护，前期统筹规划。

农业旅游是以自然生态为依托的，业态产品设计要遵循自然规律，保持原有的生态环境体系，杜绝大范围的人工干预，维持好生态平衡。同时不能盲目地根据市场变化直接开发，要在前期综合考虑、科学规划。

（2）创意化设计，形成特色体验吸引。

休闲农业旅游升级过程中运用创意手法可呈现螺旋式上升，创意化设计是指将创意元素与传统农业结合，借助创意产业的思维逻辑和发展理念，进一步拓展农业功能、整合资源，把传统农业发展成融生产、生活、生态为一体的现代农业。绿维文旅总结了以下四大手法：产业创意整合法，农业与服务业结合，以采摘和农家餐饮为主，与农业生产相结合，形成新型农业产业化运作方式；动静结合创意法，将新奇动态的体验活动加入到静态的农业景观中，两者的结合，使得休闲农业不再是单纯的乡土资源观光，更是一种对新鲜奇特事物的特别体验；时尚化创意法，运用创新手法融入时尚元素、将时下流行的时尚休闲方式融合在农业休闲项目中，使其成为吸引消费者的关键所在；养生创意提升法，利用健康养生、康体保健理念设计农业旅游业态。

（3）融合小镇人文要素，形成主题品牌。

农业部积极鼓励各地因地制宜，培育各具特色的地方品牌。因此在农业旅游产品的设计中也要运用品牌概念，将当地的历史、人文要素与产业景观、生产等有机结合，营造出地域特色的农业景观氛围和产品感染力，用主题贯穿各景点、体验节点的打造，并根据不同季节，有步骤、有重点地推出休闲农业的主题精品线路和品牌节庆。

（十三）情——以亲情、爱情、友情等为主题的新业态

"情"，是指情感旅游，包括婚庆、婚恋、纪念日旅游等各类精神和情感的旅游新业态、新要素。"情"业态强调主题性及体验性，以亲情、

爱情、友情等情感为主，通过纪念日活动、交通/游线配置、景观节点打造、设施复合功能打造等方式进行业态创新。

1. 业态细分

当精神愉悦、情感维系、心灵追求成为当今游客的主要诉求后，出现了很多与"情"相关的创新业态。详见表5-14。

表5-14 "情"业态细分及创新形式

"情"业态	细分	创新业态	开发建议
亲情类	亲子旅游	亲子游、家庭休闲度假、子女教育游等	亲子旅游以孩子为中心开展；父母孩子共同参加，注重娱乐性和参与性；要注意安全性
	子女伴（老）游		尊老为主，适合配置休闲类活动
	家族出游		多家一起出游，以休闲活动为主
爱情类	婚庆	婚纱摄影基地、彩色花木园、花海、教堂、婚宴礼堂、前任婚礼、婚博会、蜜月旅游、爱情主题乐园等	以浪漫为主题，配置各种上下游相关产品与服务
	蜜月/纪念日旅游		
	爱情旅游		
友情类	毕业旅游	毕业旅行、闺蜜旅行、友情岁月牧场游等	以具有相同回忆或某一共同情感的团体为出游单位，需配置有参与感的活动，增加纪念意味
	闺蜜旅游		
	友情岁月旅游		

2. 情感业态问题及对应方案

目前情感业态在我国发展还不成熟，产品模式单一、主题定位不明确、配套设施不完善、宣传力度不足等问题日渐凸显。绿维文旅认为，这些问题的解决方案，应主要聚焦在情境、产品与体验、社群三个层面：

第一，情境营造。"情"是目的，游客在进行旅游活动体验风情的同时，获得特有的情感，包括震撼、愉快、美妙、舒适……"境"是旅游活动的载体，是旅游氛围的营造，是情感产生的催化剂。情感旅游更多强调的是内心感受，因此，情境营造是其开发的主要内容。

第二，创新产品与体验。情感的产生，是一个既微妙又复杂的过程。相对其他业态来说，情感旅游更需要创新产品以及多样化体验的支撑。创新产品能够为游客带来视觉与心灵的震撼，多样化的体验活动能够将游客带入情境中，逐渐通过亲身感受，产生情感。

第三，妙用社群模式。社群在情感旅游中具有十分重要的价值。通过社群模式的运用，一是加强群体之间的交流，从而产生更强的情感体验，获得情感上的共鸣；二是通过旅游后的交流，增强用户黏性，产生持久的联系。

3. 可导入的IP资源

特色活动：千人婚礼、青春不散场、毕业旅行、从你的全世界路过、罗密欧与朱丽叶、致青春、我们相爱吧、奔跑吧等；

互联网平台：百合网、珍爱网、世纪佳缘、有缘网、悟道、名猫空间等；

情感服务：摩卡婚礼策划馆、薇薇新娘婚纱摄影、般若堂国际宗教文化传媒有限公司等。

（十四）奇——以探奇为吸引的创新业态

"奇"是指探奇，具有探索、探险、探秘等新奇体验性质的旅游新产品、新要素，其与科普旅游有一定重叠性，"奇"业态更侧重于探险体验。探奇旅游有别于常规旅游，是以探险、探索、探秘为主题开展的一系列极限类、特色化的主题旅游活动，此类旅游产品从小众、高端和专业逐步向大众化演变，吸引着越来越多的旅游爱好者融入其中，参加探奇旅游的人数呈井喷式增长，如极限骑行、滑板、钢索滑道、玻璃栈道、徒手攀岩、帆船冲浪、VR体验、密室逃脱、鬼屋等业态。在探奇旅游产品参与中，游客主体参与性非常强，根据活动强度的大小，还存在着不同的危险程度，因此特色吸引力打造和安全管理机制成为此类业态设计的重点。

1. 业态分类

根据探奇性质可将其分为极限探险和新奇体验两类，极限探险指某种独特的、激动人心的、强度较大的户外探险旅游活动，有较大的危险性，需要一定的技能和专业装备；新奇体验侧重于人文、军事、动漫等主题型新型业态产品的参与体验，旅游体验更轻松。其业态分类见表5-15。

表5-15 "奇"业态细分及创新形式

"奇"业态	细分及代表产品		特点及开发建议
极限体验	极限运动	蹦极、徒步穿越路线、滑翔基地、高空跳伞俱乐部、漂流基地、滑雪场、攀岩运动中心、滑沙滑草基地等	极限运动对自然地质条件有较高的要求,并不适合所用小镇。极限运动产品设计中要强化培训场地、医疗服务点及安保急救方案
	极限类赛事	拉力赛、马拉松赛事、野外生存训练竞赛等	此类活动需要提前规划出合适的活动场地和交通路线
	极限人造景观	玻璃栈道、高空观景台、铁索桥等	一般与景区联合设计,成为特色体验吸引点。设计中要因地制宜、依景而建,选好观景视角和设计安全承重是关键
新奇体验	动漫主题、军事主题、科技主题等	动漫主题乐园、奇幻溶洞探险、军事体验营地、森林奇特树屋	强调主题的策划和体验形式的创新,并对游览路线进行合理安排

2. 探奇业态问题及对应方案

探奇业态是近几年飞速发展的业态形式,从目前的市场情况来看,其主要存在探奇项目跟风雷同、探奇配套设施及安全机制不完善等问题,绿维文旅认为,可以从以下两大方面去解决。

(1)特色吸引力为核心。

不管是极限体验类还是主题体验类,其特色吸引力的打造均为发展核心。其中极限体验类项目多对自然资源条件有较高的要求,资源探险价值、独特神秘、新奇刺激的不可替代性决定了产品吸引力打造的方向,另外还对原始景观的保护及环境承载力有着很高的要求;新奇体验类项目则以主题式开发为主,这就要求在策划阶段有大胆的创新和突破,打造迎合市场新需求的吸引核。还可根据创新形式,开发多元化的探奇IP,形成旅游小镇的特色魅力。

(2)从游客感受出发,以人文本,强化服务水平。

极限体验类项目危险性相对高,需要游客掌握一些相关专业知识和技巧,因此需要配套培训场地和培训服务,定向普及。另外旅游小镇的此类业态往往在小镇边缘区,因此还需要有安全急救设施及应对方案;新奇体验类项目是为满足"新、奇、特"的旅游感受,让旅行充满乐趣,主要探索不同主题的神奇,使游客心情舒适和放松,主题体验的线路十分重要。

第五章　旅游小镇的业态创新

（十五）创——以创意为主的文创业态

"创"是指以文化创造力为核心的新兴业态，通过对主体文化或文化因素进行创意性产业化开发，形成独创IP。文创业态的开发，需要深度挖掘文化内涵、创新文化体验模式；需要建立内容丰富、游览紧凑、结构合理的游憩结构；需要利用创意概念，开发设计文创衍生品；需要创意独具特色的品牌形象，形成独特的文化观光和文化休闲吸引力，进而形成完整的文创业态体系。

1. 业态分类

文化创意体现在旅游商品、旅游体验、旅游景观、旅游建筑等各个层面，其业态细分及创新形式，详见表5-16。

表5-16　"创"业态细分及创新形式

"创"业态	业态细分	开发建议
文创商品	创意零售、设计师原创品牌、大师工作室等	注重现代消费者的需求趋向，利用创意形成爆点，利用爆点形成当地特色
文创体验	各种工坊（花艺工坊、陶艺工坊、茶艺工坊等）、文创产业园、互动娱乐（小剧场、发布区、沙龙等）、艺术馆、手作体验等	注意参与性与体验性，形成多元业态IP聚集，营造文创氛围和文创吸引力
创客基地	个人工作室、展示空间、交流空间、销售空间等	优惠的政策、良好的创意环境、完善的产业服务
文创活动	文创市集、文化设计周、文创交流会等	活动多样、人群精准

2. "创"业态问题及对应方案

文创业态在我国旅游发展中还处于初级阶段，基本上还没有形成完整有效的运作机制。绿维文旅认为文创业态的开发，更多的在于创意性、参与性、互动性和特色性。其中文化的挖掘与创意运用是关键，包括文化场景的开发、文化娱乐消费的开发、文化体验的开发等。在自主旅游时代下，人们对创意化产品的需求比以往任何一个时代都强烈。因此，文创业态的开发需要基于自主旅游时代下主题化、小众化、深度化、圈子化的市场特征，做好：

第一，文化的创意开发。植根本地文化，通过"文化梳理—文化提炼—文化内涵挖掘—创意植入—文化活化"等过程，突破文化的静态展示模式，通过创意元素的运用，将文化融入游客的旅游行为中，打造浸入式体验感，同时强调艺术美学以及对生活的体验。

第二，极富活力的创客带动。文创业态的开发离不开创意人群。这就需要孵化一批文创企业、创客，借助大众创业、万众创新的力量，将民间高手的智慧发挥到极致，以成千上万的各具特色、各有擅长的创客，拉动整体文创的发展。

第三，从体制机制上形成激励与保障体系。文创业态的开发，需要政策及机制方面的强大保障。建议政府出台文化创意激励政策、建立文化创意产权保护机制、形成资金及人才等方面的扶持政策，并以现代经营理念，联合企业，实现专业化运作。

（十六）村——以乡村为载体的旅游业态

乡村旅游发展如火如荼，从中国农家乐发源地"成都郫县农科村"，到成都"三圣五朵金花"乡农家乐集群；从国家 5A 级乡村旅游景点"黄山西递宏村"，到国家乡村旅游度假实验区"婺源、安吉"；从浙江湖州德清"裸心谷"，到民宿建设的热潮；乡村旅游消费市场迎来了大发展阶段。

乡村旅游是以人文无干扰、生态无破坏、以游居和野行为为特色，以乡村度假等服务设施为支撑的村野休闲和度假旅游。随着乡村旅游向观光、休闲、度假复合型转变，其内容也逐步丰富化、形式多元化、产品精致化。同时，乡村旅游业态的发展也是小镇扶贫的有效途径，因此要不断创新其产品和业态，延伸夜间活动设计，着力促进乡村旅游提质增效。

1. 业态分类

乡村业态细分及创新形式，详见表 5-17。

表 5-17　"村"业态细分及创新形式

"村"业态	细分	业态创新	特点及建议
乡村美食	美食开发制作体验	美食开发（美食农庄／美食街／老字号店等）、制作体验（糕点制作／干菜制作／腌菜制作／）	通过菜肴制作、用餐环境和服务，打造"舌尖上的乡村"
乡村观光	村貌观光观光交通	村貌观光（古村落／彩虹村／特色民居）、观光交通（观光小火车／游船／低空飞行）	以乡村农舍、溪流河岸、园艺场地、绿化地带等自然、人文景观开发观光产品

第五章　旅游小镇的业态创新

(续表)

"村"业态	细分	业态创新	特点及建议
乡土乡情	博览展示	乡村博物馆、民俗博物馆、农耕文化博物馆、家谱馆、民居馆、民间工艺馆、乡村艺术馆、民间艺术公社等	挖掘乡村民俗文化、风土人情等，创意化手法转变为博览和体验产品
	民俗体验	民俗体验基地、民俗文艺体验（踩高跷/扭秧歌/跑旱船/民俗歌舞）、乡村民间手工艺体验（木机织布/刺绣/制陶/竹编）	
	乡村节庆	乡村旅游嘉年华、乡村音乐会、民俗文化节日	
乡间度假	乡村会所/庄园	星级农家乐（农庄）、度假民宿、乡间营地、童话屋、艺术村	注重度假配套服务，依托静宁、松散的乡村氛围，开发乡间度假，配套健身娱乐、养生养老等服务业态
	养生养老配套	养生（呼吸乡间清新空气/中医理疗馆/地形疗法/园艺疗法等）、养老（寻找长寿秘籍/拜访长寿老人等）	
	娱乐活动空间	生态运动馆、乡间动物运动会、乡间马戏团、野餐空间、丛林音乐会、露天影院等	

2."村"业态打造和提升途径

乡村旅游发展要不断创新产品和业态，全面提升其发展质量和服务水平。

（1）资源梳理，凸显业态的主题性。

主题是乡村旅游产品的灵魂，是形成市场吸引力和竞争力。每个乡村都有独特的资源和文化，依托其独特资源进行主题定位才能形成特色。比如依托古村落文化发展的安徽宏村，依托民俗文化传承的陕西袁家村，依托生态环境吸引的广西桂林鲁家村，依托村貌特色发展的湖北恩施彭家寨村。分别以"旅游+古村""旅游+民俗""旅游+生态""旅游+村貌"为切入点和发展定位，能很好地代表当地形象，凸显特色发展，也是形成差异的基础。

（2）依靠"旅游+"引领业态拓展，形成多元产品体系。

目前很多乡村旅游目的地的产品功能相对单一，无法满足游客的多样化需求，间接影响到其可持续发展，绿维文旅指出要从旅游传统6要素升级为"6+N"的立体化业态体系，实现多元化的业态结构，要形成乡村旅游+养生、乡村旅游+健身、乡村旅游+养老、乡村旅游+教育、乡村旅游+会议会展等多种业态类型，开发出多元产品，加速创新农旅+X产业融合，构建多维业态引导下的乡村旅游产品体系。

（3）通过"五味俱全"法则，提升乡村旅游业态。

绿维文旅提出了"五味俱全"的业态提升法则，突破传统乡村"看＋吃＋住"的业态格局，遵从乡味、野味、俗味、人味、新味五大标准要求，提质乡村旅游业态。

有乡味：要杜绝城市化，在景观营造和环境优化方面，保留乡村风韵，体现乡愁记忆和乡土气息，展现最原味、最闲适、最绿色的乡村风韵。

有野味：有乡野田园气息，或山野茂林，或沃野阡陌，能体现出自然的，原乡的特色。

有俗味：要将乡村原汁原味的民俗风情通过旅游化的手法传承和演绎，让游客感知地道的风土人情。

有人味：将农民的生产生活化，生活产品化，以人为本，构建乡村生产生活方式。

有新味：对乡村特色建筑、景观、文化通过创新型的手法，让游客从参与互动的角度体验感知，形成乡村"新气象"和"新光景"。

（4）注重融入乡村生活方式，提升接待服务质量。

乡村旅游是一种生活化的旅游方式和载体，城市居民"5+2"生活方式已经形成，越来越多的人倾向于通过乡村生活休闲度过双休日。因此不同地域的乡村旅游要形成不同的"地道生活方式"，要以村民生活方式旅游化的理念来打造和运营产品，并通过标准制定、规范约束、评级评星等途径加强服务的管理，塑造良好的口碑和形象。

第三节
旅游小镇业态规划

作为以旅游者为主要服务对象的休闲业态，其规划是旅游小镇的重点之一，无论是面向本地消费者还是旅游者，旅游小镇必须得有足够的休闲业态才能留住人，才能吸引消费，才能具有活力。

旅游小镇的业态规划，涉及三项重要任务：一是业态定位，二是业态配比，三是业态之间的协同与布局。业态定位须在综合统筹小镇的总体定位、功能定位与市场定位的基础上，根据游客及当地居民的消费特征及趋势来确定。业态配比，须在对市场进行深入调研及分析的基础上，借鉴国内外成功案例，并在充分结合自身特殊性的基础上，进行详细规划。除此之外，业态规划中，还要充分考虑不同业态之间的匹配程度与影响程度，以最大限度地发挥协同作用、避免干扰现象。比如，有些业态适合组成商业集群以增强吸引力（如儿童游乐），而有些业态之间必须互相避开（如高端休闲商务业态与低端大众餐饮业态等）。综合以上关于业态的定位、配比及协同关系，考虑人流方向，结合交通游线组织，就可以实现科学的业态布局。

一、旅游小镇的业态协同与规划

业态关乎小镇的经济效益，具有小镇文化特色且符合功能定位和市场消费规律的业态设计才能为小镇带来浓郁的商气。旅游小镇的业态主要包括餐饮类、旅游商品类、休闲娱乐类、住宿类、演艺类和服务配套类六大业态，其协同关系要点，详见表 5-18。

表 5-18　旅游小镇业态协同关系及布局

旅游小镇业态—协同作用					
	购	食	娱	住	演艺类
旅游商品类	1. 特产类、纪念品类旅游商品多布局在小镇游线末端，或特色节点游览末端；2. 小镇内部体验类旅游产品则集中混合分布于小镇商业街及旅游节点处；3. 旅游产品因其种类多、需求大、灵活性强等特点可以与其他业态交叉融合，起到互相支持作用。	1. 餐饮店为部分旅游商品提供品尝、展示、销售场所；2. 旅游产品自产自销让餐饮类店铺产品多样化。	部分旅游产品是休闲娱乐内容的一部分，旅游者体验后可促成再次消费，例如：瑶浴店中进行草药类旅游商品的销售。	工艺品、书画等可成为宾馆客栈特色景观，突出主题，提升酒店客栈特色。	民族服饰、特色工艺品、体验活动等旅游商品等是演艺类业态的内容的商品化形态，增强游客体验，文化传播。
餐饮类	在布局上，旅游商品类、餐饮类、休闲娱乐类业态分布：1. 集中在小镇旅游综合体中，主要以主题街区形式存在；2. 沿小镇游线混合分布，协调好原住民与旅游者的需求差异，有"小集中，大分散，围绕节点分布""沿游线混合分布"的布局形式；绝对集中的业态一般商街长度比较宜人，便于旅游者到附近商街处餐饮、休闲，具有吸引力的主题文化，配合丰富的业态内容，让观光客驻足。3. 考虑到游客不同的消费心理和不同距离疲劳度等因素，每隔 300~500 米设置餐饮类、休闲娱乐类商铺或其他休息设施。	1. 两种布局形式：主题街形式及与其他业态混合分布；多呈现"小集中、大分散"布局。2. 其中酒吧街多滨水分布，动吧与静吧结合，并与酒店客栈等之间具有一定的隔音距离。	餐饮+休闲娱乐增加游客停留时间，聚集游客。	宾馆客栈为餐饮业态聚集不同消费水平客源。	餐饮类+演艺类节目（娱乐表演、街边风情）结合构成特色吸引力。
休闲娱乐		休闲娱乐业态与餐饮业态在小镇中的旅游综合体中所占比重越来越大；餐饮业态也不再只集中在商场高层，而是从顶层穿插在各个楼层；引入多样休闲业态，如设置儿童娱乐区，增加吸引力。	1. 租车、游船类休闲娱乐一般布局在小镇入口附近，线路够长则会在中途设节点；2. 两种布局形式：主题街形式（相对较少）；与其他业态混合分布。	休闲娱乐业态配置在高档酒店中扩大服务范围。	互补关系，共同满足旅游者对娱乐方面的需求。

142

第五章　旅游小镇的业态创新

(续表)

旅游小镇业态—协同作用					
	购	食	娱	住	演艺类
宾馆客栈	商住结合：下层商铺，上层居住；酒店内部会有旅游纪念商品店；客栈周边会布局旅游纪念品店铺，方便游客购买存放。	1. 酒店一般内置高端餐厅或自助餐等餐饮形式；2. 客栈周边会布局餐饮类商铺。	休闲娱乐业态在宾馆客栈服务半径内。	高端酒店一般集群分布；客栈等多分散于小镇内部沿街分布，各具特色。	宾馆+演艺提供多样居住体验。
演艺类	演艺内容主要表现小镇的特色文化与民俗，是小镇主题文化的表现，与演艺内容相关的旅游商品如特色装饰、服饰、民俗活动等会临近演艺场所附近布局。	室外演艺类周边布局餐饮业态。	布局避免过于集中。	部分高档宾馆内部餐饮会馆举办餐饮+特色演艺吸引旅游者。	1. 白天吸引游客驻足，夜晚留游客过夜；2. 演艺类节目分为有固定场所演艺，和游行演艺，沿主线表演；3. 据演艺项目规模及游客量的不同，演艺项目场次及表演时间不同，固定场所表演项目多以一天3-4场居多，游行项目白天两场+一场夜场为主。
服务配套	服务配套类不仅要为旅游者提供便利，更要注重服务配套与原住民共享。若小镇周边有原住民则小镇入口处多设有商业街，实现服务设施共享。小镇内部有原住民居住，则考虑原住民生活需求布局配套服务业态。				

二、从国内经典案例看休闲商业业态配比

（一）丽江古城

从20世纪80年代末开始，丽江古城至今有将近30年的旅游发展史，22个少数民族聚集，6200多户，3万多人。丽江古城总商业经营面积3万平方米，核心商业区面积约1.6万平方米。2016年，接待游客3519.91万人次，实现旅游收入608.76亿元，人均消费1729.5元。

1. 商业业态

参考《张家界"十字街"项目市场调研报告》，丽江古城的业态，按照商铺面积分，商品经营占46%，餐饮酒吧占7%，休闲娱乐占10%。详见图5-4。

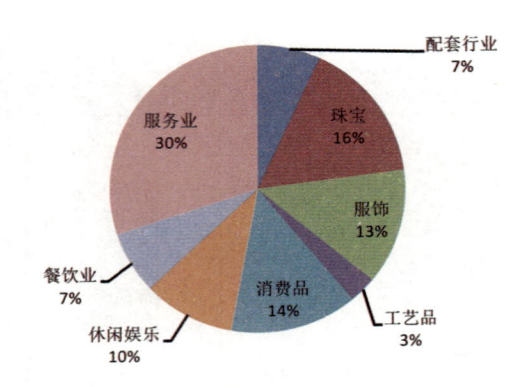

图 5-4　丽江古城商业街业态分布（按面积分）比例

丽江古城的业态，按商铺数量分，商品经营占 88%，餐饮酒吧占 7%，客栈占 5%。详见图 5-5。

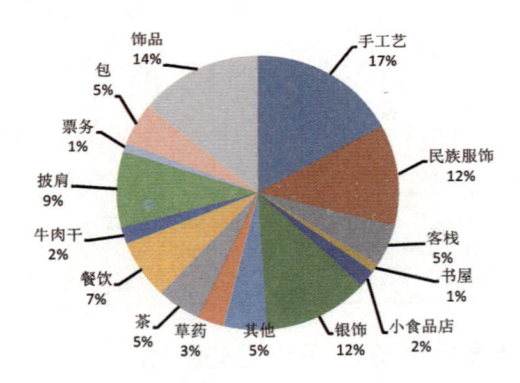

图 5-5　丽江古城商业街业态分布（按数量分）比例

2．商业配置规模

丽江古城核心商业区的规模配比见表 5—19 所示。

表 5-19　丽江古城核心商业区概况

| 丽江古城核心商业区概况（定量） ||||||||
街道	长度(m)	街道宽度(m)	经营面积(m²)	占总面积比例(%)	商户数(个)	户均面积(m²)	租金/m²/月（元）
四方街		——	385	2.43%	17	22.65	800~1000
东大街（商品街）	200	18m（中间干道宽6m，两侧人行道各3m，水沟2m）	3667	23.16%	139	26.38	600~1000

第五章　旅游小镇的业态创新

(续表)

丽江古城核心商业区概况（定量）							
新华街（酒吧客栈商品）	1500	不到2m	8694	54.19%	167	52.06（26.2，除酒吧外的户均面积）	150~300
	酒吧街	不到2m	5000		26	192.3	
七一街（商品街）	600	不到4m	3086	19.49%	333	9.27	200~500

（二）彝人古镇

彝人古镇位于云南楚雄市经济技术开发区东盛路与永安路之间，西邻龙川江，临近楚雄州政府，是楚雄州集中展示彝族文化的一个旅游精品项目。总占地约3161亩，总建筑面积150万平方米，总投资32亿元。

彝人古镇的业态，按照商铺面积分，商业零售业占57%，餐饮业占17%，住宿业占8%，休闲娱乐占6%，其他占12%。详见图5-6。

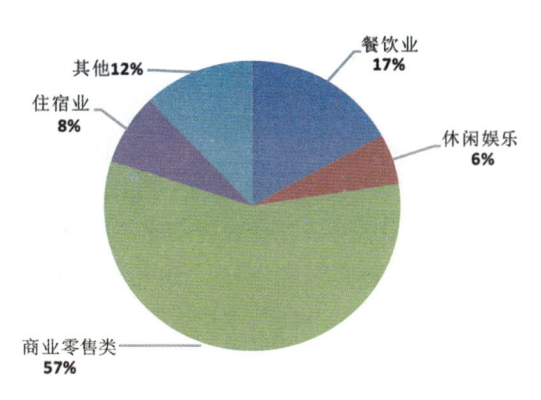

图5-6　彝人古镇商业街业态分布（按照数量分）比例

彝人古镇的业态，按照商铺数量分，餐饮占比18%，商业零售占比61%，休闲娱乐占比6%，住宿业占比9%，其他占比6%。详见图5-7。

145

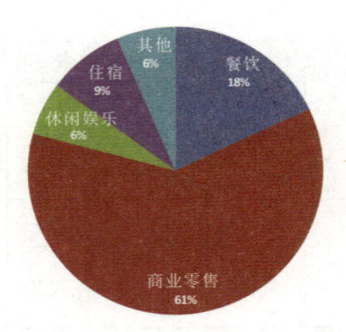

图 5-7　彝人古镇商业街业态分布（按照数量分）比例

彝人古镇主商业街进深 10m，一、二期商业布局主要为珠宝玉石街、烧烤小吃街、酒吧街，三期为古风客栈群、土特产民族工艺品、手工艺制品、特色小吃街、大型餐饮区、彝人部落、毕摩文广场、网吧电玩区及演艺一条街。四期为韩国城、鲜花水果调料批发市场、特色酒吧及休闲娱乐吧。

根据资料显示，彝人古镇中主街宽度不超过 10m，辅街由 4m、6m 等不同规格的道路组成。

（三）古北水镇

古北水镇是司马台长城脚下独具北方风情的度假式小镇。北京古北水镇旅游有限公司成立于 2010 年 7 月，由 IDG 战略资本、中青旅控股股份有限公司、乌镇旅游股份有限公司和北京能源投资（集团）有限公司共同投资建设。公司旗下北京·密云古北水镇（司马台长城）国际旅游度假区总占地面积 9 平方千米，总投资逾 45 亿元人民币，是集观光游览、休闲度假、商务会展、创意文化等旅游业态为一体，服务与设施一流、参与性和体验性极高的综合性特色休闲国际旅游度假目的地。

古北水镇的业态，按照商铺面积分，餐饮占 20%，住宿占 17%，游览占 40%，购物占 4%，其他占 19%。详见图 5-8。

古北水镇依水布局，主要划分为四个区域：民国街区、水街历史风情区、卧龙堡民俗文化区、汤河古寨区。详见图 5-9。其中，每一分区下的业态数量各不相同。详见表 5-20。

第五章 旅游小镇的业态创新

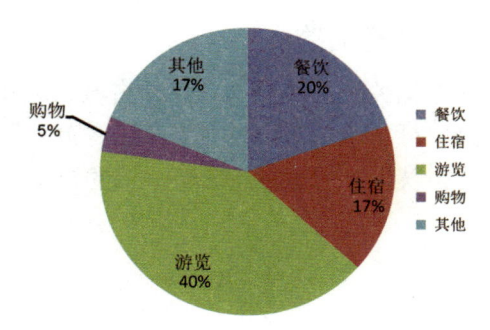

图 5-8 古北水镇商业街业态分布（按照面积分）比例

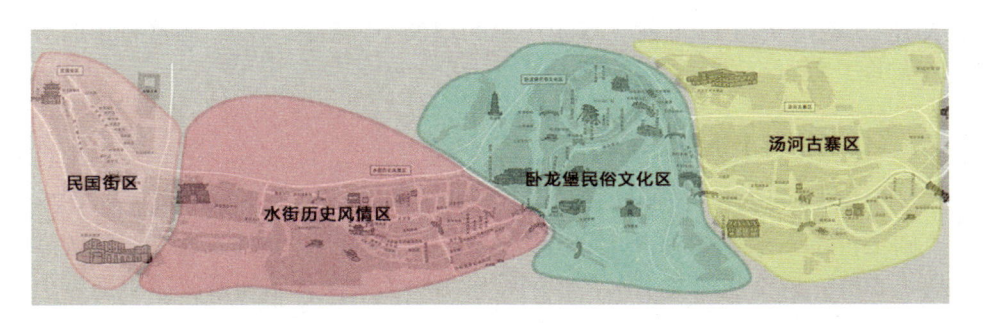

图 5-9 古北水镇分区布局图

表 5-20 古北水镇各业态数量分布比例图

各业态数量分布比例图						
	民国街区	水街历史风情区	卧龙堡民俗文化区	汤河古寨区	合计	比例
餐饮	4个	8个	7个	4个	23个	20%
住宿	4个	3个	8个	5个	20个	17%
游览	2个	17个	17个	11个	47个	41%
购物	1个	3个	—	2个	6个	5%
其他	7个	6个	4个	2个	19个	17%
合计	18个	37个	36个	24个	115个	
比例	16%	32%	32%	20%		100%

三、旅游小镇开发商业业态借鉴

根据上述三大小镇的相关数据,再结合大理古城、凤凰古城等运营比较成熟的旅游小镇案例,可从小镇规模、业态配比、商业区配置规模等方面,获取一些借鉴经验,以指导未来我国旅游小镇的开发。

(一)旅游小镇的规模

旅游小镇的总面积不宜超过 3 平方千米,核心区不宜超过 1 平方千米,小镇常住人口约 2 万左右,开发成熟期年客流量约 1200 万(日均约 3.3 万人),人均消费约 1200 元。旅游小镇的规模不宜再大,否则运营将会面对较大的压力。

(二)旅游小镇业态配比

根据相关统计,按照面积计算,理想的旅游小镇业态配比为:餐饮 7%(向上浮动一般不超过 3 个百分点,最高不超过 15 个百分点)、旅游零售类 50%、游览交通类 13%、休闲娱乐 10%(未来休闲娱乐比重可适度上浮)、服务及配套 5%、住宿类 5%、剩余 10 个百分点在旅游零售、休闲娱乐和服务及配套之间灵活分配。详见图 5-10。

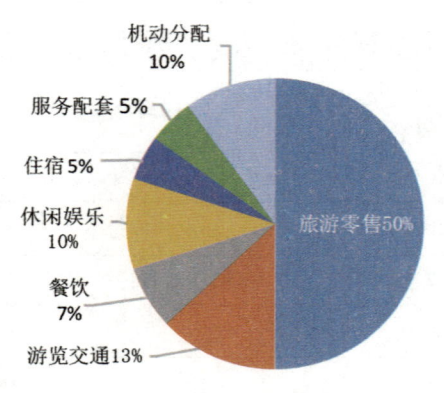

图 5-10 旅游小镇理想业态配比

(三)商业配置规模

1. 总体商业规模

第五章　旅游小镇的业态创新

除旅馆客栈、商业街区外，旅游小镇的其他业态呈现相对集中的混合布局，绝对集中的业态一般商街长度比较宜人，便于旅游者到附近商街用餐、休闲。从商业规模上来说，商业区既需要一定的商业集聚，以形成对游客的吸引；又不能盲目求大，需依据游客规模和游客消费力而定；不同类型适宜规模不同：独立性越强，规模相对越大。

根据研究发现，旅游小镇商业街道的宽高比控制在 1 左右（0.5~2m 之间）较为理想，这时游客在此空间中不会感觉压抑也不至于空旷。商业街（步行）宽度在 3~4m 比较宜人且宜于氛围打造，部分在 2~3m，如果宽度为 10~20m，需要通过街心景观、排水沟等控制步行街道宽度。商街通常有效长度约 600m，在遮蔽雨雪的环境中有魅力的街道长度为 750m，步行 10 分钟；完全人工条件下比较有魅力的长度可达 1500m，步行 20 分钟。

商业街核心商业区面积约 1.5 万 ㎡，总营业面积约 3 万 ㎡，商户量在 500 以上，户均面积 20~25 ㎡，其中商品类高度密集商业街，户均面积不超过 10 ㎡，其他 18~25 ㎡，其中大的餐厅和酒吧等一般面积较大。

2. 各业态商业规模

不同业态的规模对总体游客支撑要求不同：购物类需要更大量的游客支撑，休闲类需要更多较长时间或重复消费的游客支撑。因此，商业店铺单体面积不应盲目求大：购物、美食类业态，小店铺是王道；品质餐饮、客栈、休闲会所更适合院落。

（四）商业业态成败关键

1. 商业业态培育关键在于旅游吸引力

传统城市商业的培育期最少两三年，逐渐聚集人气；而旅游产品（尤其是远离城市的）一般前期需快速引爆，否则就注定失败。所以，旅游商业的培育关键在于其旅游产品的吸引力塑造和营销推广。若是依托型旅游商业，其所依托的旅游区的人气培育是关键基础；若是目的地型旅游商业，其特色商业本身的培育至关重要。

2. 出租为主是试金石

传统城市商业的合理运营方式是出租为主甚至只租不售，以便控制业态，保证持续经营。旅游商业，由于附加了旅游吸引的因素，其业态整体控制和管理更为重要。这要求投资商有较大的资金实力和旅游商业的经营管理能力，而目前国内的旅游商业地产投资商大部分是传统住宅地产或其他行业转型的，多以地产为导向，对旅游项目的投资预估不足，缺少旅游项目运营意识和持续投资计划。基于我国旅游业的良好前景，未来旅游商业地产的发展也必将经历重整和优胜劣汰。

3. 先招商后建设

先招商后建设是传统商业的合理操作，对于旅游商业，同样适用。只是旅游商业的商家体系不如传统商业成熟，招商难度相对更大。

四、"白天+黑夜"业态设计

（一）观光休闲产品现状

开发较为成功的旅游小镇，无论是丽江、大理和凤凰这样的历史古镇，还是彝人古镇、滦州古城这样的新建仿古旅游小镇，旅馆客栈类业态与其他业态比均呈绝对弱势，究其原因是游客停留时间短，住宿游客少。

在大众度假时代来临的背景下，国民的休闲度假需求逐步显现，但不少散客认为这些古城商业化氛围过浓，丧失了古城风貌和底蕴，服务差、过于喧嚣的酒吧夜生活让古城变得妖冶媚俗而唯恐避之不及，因此停留时间短。团队游客在古城停留时间更短，有限的平均停留时间，不得不造成"走马观花"的观光旅游方式和"拉练式""赶鸭式"的食、住、行服务接待方式，使游客无法体验旅游资源的文化品位和丰富内涵，直接造成游客的人均消费水平偏低和旅游产业的整体收益偏低，形成了一个恶性循环。

从旅游团队的运作方式来看，短期内团队游客在小镇的停留时间弹性不大，因此旅游小镇要想赢得未来红利，需要在散客上下功夫，延长散客停留时间，变观光客为休闲客和度假客，配备优质的、白天和夜晚结合的休闲产品和度假产品。

（二）夜间娱乐活动设计

夜间旅游吸引力的打造可归纳为以下四种武器：夜间造景、民俗活动、商街夜市、演艺活动，弥补了旅游市场夜晚消费这一空白点，形成了全新

第五章 旅游小镇的业态创新

的旅游生活方式。

1. 夜间造景

利用灯光照明等效果打造景区美丽夜景，是夜间旅游项目最初级也是最普遍的开发方式。

从旅游角度出发，夜间造景是以灯光照明为主要景观形式，以观赏夜间光景为主要特征，以夜间观光旅游为主要目的，针对大型都市景区与山水景区等人气较旺的区域做的亮化工程。简言之，夜间景观的打造是构成夜间旅游体验的基础。

旅游小镇的夜景照明规划设计范围包括景区建筑物夜景照明（包括标志性建筑、景观建筑、雕塑、小品等）、构筑物夜景照明（包括桥、隧道、运河等）、园林夜景照明、道路景观照明、广场夜景照明、商业街景观照明、水景照明（包括瀑布、江河湖海等自然水景，以及喷泉、水库等人工水景）等。

2. 民俗活动

民俗活动主要针对地域特色比较浓厚的地区，特别是少数民俗地区，以体现地方风俗节庆的原真性为主，向游客展示其原有风貌。民俗文化是民俗活动开展的核心。如彝族火把节，在夜幕降临的时候，人们围着篝火载歌载舞，气氛十分热情奔放。旅游小镇可以根据小镇文化特色，设计规划夜间日常民俗活动。

3. 商街夜市

商街夜市是最具地方特色和休闲体验的场所，是满足游客夜间旅游休闲消费需求的重要载体，也是支撑夜经济的重要支点。一方面商街夜市可以创造新的兴奋点，使小镇的表现更加丰富，增强游客对小镇的认同感；另一方面，它是游客白天旅游的情感延续与体验深化，可转化为夜间的持续消费。此外，商街夜市还延伸了旅游产业链，带来了大量的就业机会，促进了当地经济的发展。

夜间旅游时间一般集中在 18:00~23:00 点的时间段内，其设计一定要强调与白天旅游项目的互补。例如白天内容以景观为主，夜晚以风情为主；白天功能以观光体验为主，夜晚以休闲消费为主。如果把夜间游客作为整个项目运作的核心机制，那么商街夜市就是形成人流聚集、产生可持续性消费的引擎。它以休闲广场为人气聚集核，围绕着夜间消费，通过人气聚集核形成餐饮街区、酒吧街区、小商铺街区、客栈街区等多街区多业态的消费聚集结构。

4. 旅游演艺

旅游演艺是从旅游者的角度出发，表现地域文化背景、注重体验性和参与性的形式多样的主题商业表演活动。目前我国旅游演艺市场发展如火如荼，涌现出了《宋城千古情》《印象·刘三姐》《梦回大唐》等众多品牌演艺节目，增加了旅游吸引核，极大地拓展了旅游发展空间。

旅游演艺通过一个富有地域特色、具有鲜明个性的演艺项目来体现旅游目的地的文化，旅游小镇应依托小镇旅游景观，与专业团体合作开发属于本地特色的演艺项目。一场晚间剧目，不仅可以延长游客停留时间，促进游客二次消费，提升景区形象，拉动餐饮、住宿等相关行业的发展，还可以解决更多的居民就业。

第6章
旅游小镇的规划方法

第六章 旅游小镇的规划方法

第一节
基础规划方法理论依据

一、旅游小镇规划理论依据

（一）城市旅游研究

城市旅游是指旅游者在城市中的旅游活动，及其对社会、经济和环境的影响。传统的城市旅游客源市场包括商务旅行、会议展览、短期度假、一日游、探亲访友、顺访、游轮和周边地区的旅游门户等八类，其中前五类市场，通常是城市旅游最主要的客源市场。

小城镇客源市场则具有自身的突出特征，通常主要是短期度假、一日游、探亲访友、顺访和周边景区旅游门户。

城市中常见的、具有特色的旅游产品包括商务旅游、会议会展旅游、博物馆旅游、文娱旅游、体育旅游、事件旅游、历史城镇旅游等。城市旅游产品与景区旅游产品不同，住宿、购物、娱乐等服务性内容都是旅游产品的一部分。

Jansen-Verbeke 根据城市旅游的特点，将城市旅游目的地系统分为首要元素、次要元素和辅助元素三个层次：首要元素是吸引游客和参观者的直接要素，包括活动场所和休闲配置两大类，其中活动场所涵盖了城市中所有的旅游产品供应，尤其是主要的旅游吸引物，包括文化设施、体育设施、娱乐设施三方面内容；而休闲配置则赋予城市可辨别的形象和场所感，包括物质元素和社会文化特质两方面内容。次要元素是旅游服务设施及其服务，包括住宿、餐饮、购物等。辅助元素通常是旅游基础设施，如交通、停车、解说等。

Law总结了城市旅游成功的八大要素：足够规模的人口、历史悠久的商业、富于魅力的遗产、激动人心的风景、合作型的政企关系、优越的区位条件、独特而鲜明的特征、强大有力的形象宣传。这些要素对于旅游小镇同样适用。尤其是那些历史悠久、遗产丰富、风景宜人、区位优越、特征鲜明、形象突出的小城镇，更是具有巨大的发展潜力。

（二）乡村旅游研究

乡村旅游是指以乡村地域及农事相关的风土、风物、风俗、风景组合而成的乡村风情为吸引物，吸引旅游者前往休息、观光、体验及学习等的旅游活动。

乡村旅游者通常是受教育程度高、有家庭责任感的年轻人或中年人，他们的旅游动机包括接触大自然、娱乐、康体疗养、享受宁静、儿童教育、乡村生活、接触当地居民、合理的价格等。旅游小镇具有典型的乡土特征，也是乡村旅游的目的地，尤其在大城市周边，许多休闲度假旅游者选择小城镇作为乡村旅游点。

乡村旅游产品的核心资源是农业景观和乡村文化，乡村旅游的核心产品包括乡村景观、乡村文化及其接待和度假服务，它是乡村旅游和其他旅游的本质区别，游客通过乡村旅游产品的消费，能够在乡村环境中与本土居民共享乡村文化和乡村生活。乡村旅游产品开发应在地域上具有地方性、在内容上具有原真性、在质量上具有优品性、在内容上具有差异性、在形式上具有多样性。

（三）霍华德与田园城市

城市规划中涌现过许多理论思潮，如柯布西耶与"明日城市"、沙里宁与"有机疏散论"、文丘里与简雅各布的后现代主义等。纵观城市设计的理论思潮，霍华德的田园城市对旅游小镇城市形态具有重要借鉴意义。

霍华德希望建立一个既有城市繁荣、高效和方便的就业与生活条件，又有农村优美自然环境的新型城市，他称之为"城乡磁体"。

他对田园城市的构想，详见图6-1。

第六章 旅游小镇的规划方法

用地规模：24平方千米（城市4平方千米、农业20平方千米）；
人口规模：3.2万人（城市3万人、农业0.2万人）；
土地来源：政府贷款获得廉价土地、使用者缴纳"税租"；
发展目标：示范、影响、改善。

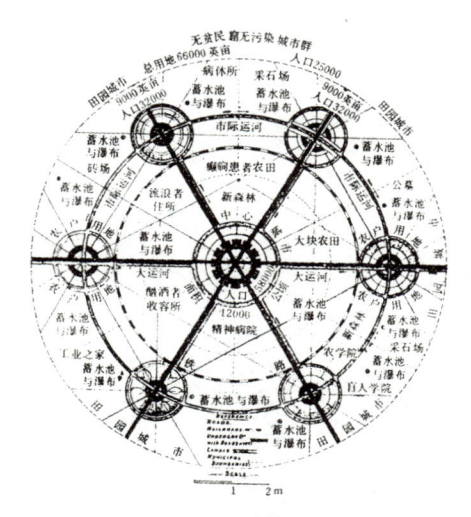

图6-1 田园城市图解

田园城市中心是大面积的花园广场，围绕广场布置公共服务设施：剧院、图书馆、博物馆等，形成公共活动集聚，放射型的道路连接外围居住生产用地与公共中心。城市之中保留大片的农田，作为楔形绿地插入其中，城市具有宜人的尺度，低密度的城市开发，合理的建设规模。详见图6-2。

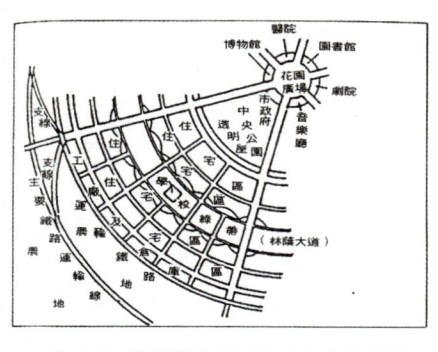

图6-2 田园城市各区域与中心的关系

(四)邻里单元与休闲街区规划

"邻里单元"由佩里(C.A.Perry)于1939年提出,邻里单元以控制居住区内部的车辆交通、保障居民的安全和环境的安宁为出发点,邻里单元试图作为组织居住区的基本形式和构成城市的细胞。

邻里单元的六个原则:规模(Size)、边界(Boundaries)、开放空间(Open Space)、机构用地(Institution Sites)、地方商业(Local Shops)、内部道路系统(Internal Street System)。详见图6-3。

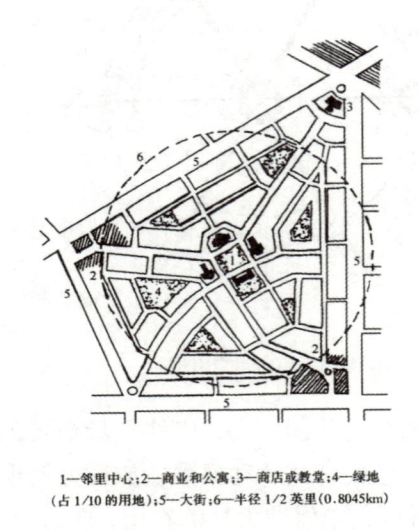

1—邻里中心;2—商业和公寓;3—商店或教堂;4—绿地(占1/10的用地);5—大街;6—半径1/2英里(0.8045km)

图6-3 邻里单元图解

同样,休闲街区也是组成旅游小镇的细胞,每个休闲街区内部都是独立的系统,外部的城市道路不横穿街区,外部临街道路布置商业设施,街区中心是公共绿地及公共广场、邻里服务设施,每个街区有适宜的规模,服务半径约0.8千米,服务人口约5000人。保证服务半径不过大。

(五)城市设计理论

城市设计虽然不是法定规划,也不是规划的一个阶段或者层次,但它作为一种思想贯穿规划始末,为规划创造形象空间。城市设计涵盖内容之广,可以与规划的各个环节进行衔接。相应的有总体规划阶段、控规阶段

第六章　旅游小镇的规划方法

以及修规阶段的城市设计。

城市规划的最终落脚点一定是在城市空间的营造上。而城市设计，则体现在城市各种环境、空间的营造上。有学者提出"在众多的规划设计方法之中，只有城市设计是从整体形态出发，以三维的方式进行城市的规划设计，也只有城市设计才能够完整的表现出城镇建设的最终结果。"从这点来说，旅游小镇的规划设计，实质上就是城市设计，是旅游空间的营造，城市设计的理论及手法同样适用于旅游小镇设计，只是根据旅游主题的不同，城市设计的侧重点也不同。城市设计有三个层次：整体环境城市设计、重点片区城市设计、重点地段城市设计。

在城市设计领域中，"城市中一切看到的东西，都是要素"，建筑、地段、广场、公园、环境设施、公共艺术、街道小品、植物配置等都是具体的考虑对象。

根据城市设计的研究，其基本要素一般可以概括为以下几个方面：土地使用（Land Use）、建筑形态及其组合（Form and Bulk）、开放空间（Open Space）、步行街区（Pedestrian Ways）、交通与停车（Parking and Transportation）、保护与改造（Preservation and Conservation）、环境设施与建筑小品（Environmental Furniture）、城市标志系统（Signage）、使用活动（Activity）。

（四）城市空间设计理论

关于城市空间设计方面的理论，主要有图底理论、连接理论与场所理论。详见图6-4。

1. 图底理论

在研究城市形式时由分析建筑体量与开放空间的关系入手；在界定城市肌理组织、模式及其空间秩序问题时是一个有效的城市设计分析方法。

局限：二维空间、静态分析。

2. 连接理论

这种方法是将动态交通系统视为创造城市形式的原动力，强调连接与运动的重要性。

局限：对于界定空间方向时，有一定局限性。

3. 场所理论

城市设计逐渐认识到城市历史、文化与社会价值对城市开放空间的重要性。

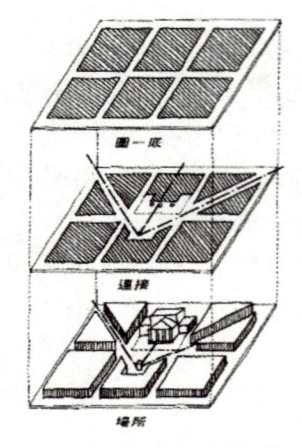

图 6-4 三大空间设计理论图

二、旅游小镇规划技术方法

旅游规划涉及多个学科，包括经济学、地理学、社会学与人类学、生态学、系统科学、市场学、生态学等，在规划的每个阶段都会运用到相应不同的方法，从而加强规划的科学性。详见图 6-5。

按照规划的顺序对于规划用到的方法技术体系进行梳理。详见图 6-6。

三、旅游小镇规划突破探索

（一）规划理念方面

伴随着互联网的发展，旅游客源市场消费者的信息获取方式、消费习惯、支付环境都发生了巨大的转变，O2O 的兴起更是将线上虚拟与线下现实紧密联系。旅游小镇规划应更加注重市场环境的变化，立足消费者体验维度从资讯获取、购物流程、服务体验、评价回馈等多角度全方位思考规划要素的布局与设计，注重现代智慧科技的运用，打造智慧化的新型旅游小镇。

第六章　旅游小镇的规划方法

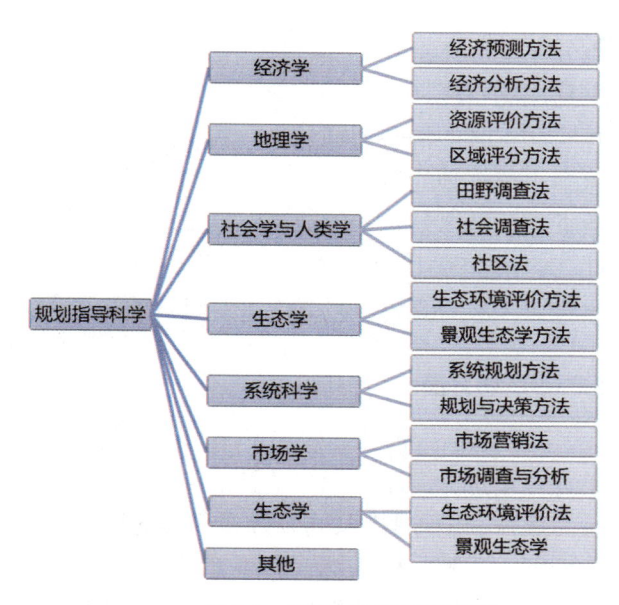

图 6-5　旅游小镇规划指导学科

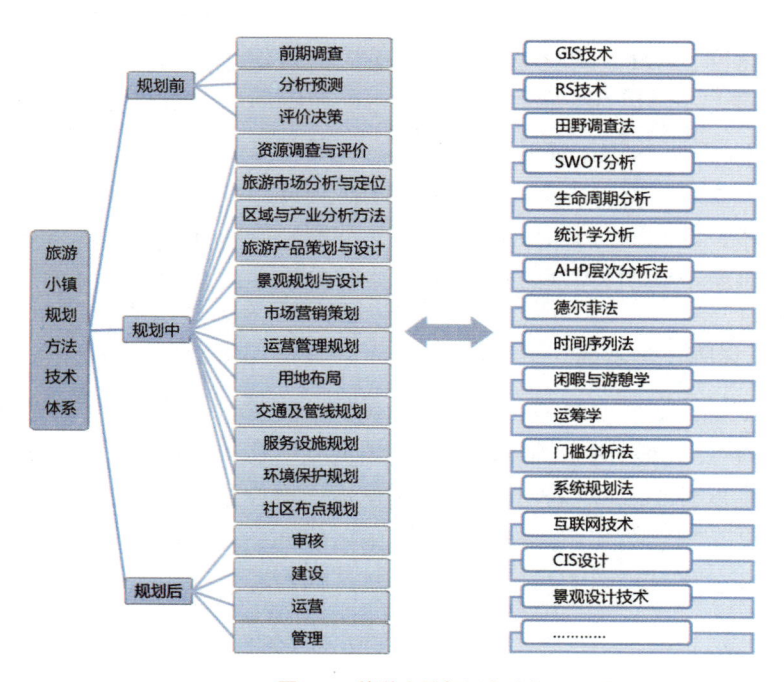

图 6-6　旅游小镇规划方法技术体系

161

（二）基础分析方面

基于互联网形成的百度、新浪等大数据云信息库为旅游小镇规划的编制提供了更加翔实和实时的消费市场信息，实现了旅游小镇与市场最新数据的对接，为旅游小镇规划的落地奠定了坚实的市场基础。但由于互联网数据的庞杂、数据挖掘技术及算法的缺陷，以及单个平台或某一种类型平台数据的局限性，现阶段我国旅游大数据的应用还处在初级阶段，随着"互联网+"时代的到来，这一领域将迎来快速发展。

（三）功能产品规划方面

O2O 线上线下互动的发展思维增加了旅游小镇的社交属性，因此在其旅游规划中首先应增加旅游小镇项目的社交空间功能，包括与老朋友同游增进感情的社交属性、结识具有共同爱好新朋友的社交属性等不同维度，通过策划桌游、网吧、酒吧、俱乐部、会所等以互动、社交为主题的个性化、互动性产品，丰富休闲配套，延长停留时间，带来商气。

其次旅游小镇的规划，不应只考虑线下的产品规划，同时还要注重线上平台（官网、APP、第三方平台合作等）的搭建。一是通过运用虚拟体验技术将旅游小镇以 3D 形式在线上平台向游客展现，游客可提前通过线上虚拟 3D "身临其境"体验旅游小镇，实现旅游小镇产品可感知化，改变旅游产品无形性的特点。二是建设线上平台虚拟社区，以旅游小镇线上平台为纽带，建立社交圈、旅游小镇游览攻略、游玩评价、社区讨论等功能，促进旅游小镇相关信息的发布、收集与分析。

（四）保障体系方面

旅游小镇互联网时代转型面临两个挑战，一是专业知识和人才挑战，二是资本挑战。面对两大挑战，旅游小镇规划应在保障体系中提出应对方案：一方面旅游小镇应积极开展信息化建设，增设互联网及运营部门，从互联网专业市场制高点引入技术人才；另一方面适时开展投资运营的超前布局，预测转型过程中的挑战，形成资本前期预案。

（五）落地实施方面

第六章 旅游小镇的规划方法

　　网络众筹模式为旅游小镇规划的落地实施提供了新的方向。面向社会个人资金或企业组织资金开展网络众筹，既解决了开发资金短缺的问题，又调动了社会闲散资金，同时分散了项目开发风险。旅游小镇可采用债权众筹、股权众筹等多种网络众筹模式，在众筹基本收益基础上增加旅游度假权益，为旅游小镇的初期运营增加人气。据《中国众筹行业发展研究》(2017) 中相关数据显示，旅游项目众筹的超募率最高，达 237.06%，说明旅游众筹项目得到了市场的高度关注和参与。旅游小镇应利用众筹模式在线上与投资者实现互动、招揽投资，在线下为投资者提供服务体验、实现收益，建设众筹旅游小镇。

第二节
旅游小镇规划思路

一、旅游小镇的开发思路

（一）旅游小镇应走景区化发展之路

旅游小镇的开发，从某种意义上，要具备景区的功能及配套。因此，从打造综合景区的角度来考虑，旅游小镇必须进行：

（1）具有吸引力的旅游项目（景区、景点）设计：这是旅游小镇发展的基础。吸引点设计应依据小城镇的特色资源或优势，比如温泉、冰雪等自然资源；历史文化、地域文化等文化资源；当地的民俗风情、名人等社会资源；当地的特色产业资源；区位优势等。

（2）特色化的风貌景观打造：旅游小镇比一般的小城镇更注重景观打造，且其景观要更具有"品牌文化及标识性"。即在确定整体定位的基础上，深挖当地文化特色及民俗风情，利用本土化的一些元素，结合当地的自然及气候条件，打造具有品牌代表性的风貌系统。包括自然山水、景观绿化等基础系统；建筑景观、公共空间及景观节点、街道景观等主体系统；城镇色彩、城镇亮化等辅助系统。

（3）合理的导引系统及游线安排：旅游小镇不仅面向当地居民，更多的时候面向外来的游客。因此在城市标识的设计中，要考虑到旅游者的需求，为他们提供最大的便利。比如，将具有价值的一些核心景区串联起来，开发旅游风景道，并配套相

第六章　旅游小镇的规划方法

应的服务设施。

（二）旅游小镇应成为旅游集散中心

交通是旅游发展的命脉。旅游小镇要根据游客规模和居民的交通需求，建设相应的机场、火车站、客运中心等设施，对外形成连接各主要旅游客源地的交通中心；对内要形成辐射各主要景区（点）的交通网络。

（三）旅游小镇应积极发展休闲消费聚集区

以休闲体验为主的旅游消费，是我国近期旅游发展的重要方向。旅游小镇也应紧跟这一趋势，大力发展餐饮、商业、娱乐、演艺等休闲业态，尤其是以夜景观光、夜间活动、夜晚休闲为核心的夜游项目，形成消费集聚区。一方面，增加了游客消费，带来了人气，促进了城镇经济的发展；另一方面，也延伸了旅游产业链，形成以旅游为主导的产业集群，推动了城镇化的进程。

（四）旅游小镇应完善旅游休闲导向下的服务

提供银行、商业、医疗等社会服务是城镇必备的功能。旅游小镇不同于一般的城镇，其服务对象应指向于城镇及旅游产业两个方面。在服务配套类型上，要考虑旅游咨询、旅游投诉、旅游监管等旅游需求；在服务配套规模上，要结合当地居民及旅游者的数量，设置合理。

（五）旅游小镇应打造休闲度假居住

旅游小镇中的土地开发，是紧紧与旅游产业发展结合在一起的，旅游产业的价值，决定了土地的价值。因此，建议开发商，除开发当地居民的住宅地产外，还应利用旅游带来的人气，发展旅游接待和旅游度假地产。比如，接待方面的酒店、客栈、商务会议接待设施等；度假地产方面的养生养老地产、分时度假酒店、休闲居住（第二居所）、度假居住（第三居所）。

二、旅游小镇规划路径

（一）旅游小镇打造七步曲

绿维文旅认为，旅游小镇是一个活着的生命体，城镇的肌理结构是小镇的骨骼，建筑风貌是小镇的相貌，业态是小镇的血脉，生活和旅游活动是小镇的呼吸，文化是小镇的灵魂。旅游小镇的开发应与一定的文化密切相关，离开文化的旅游小镇就缺少了生命力。绿维文旅在旅游小镇项目实践及研究的基础上，提出文化导向下旅游小镇打造的七个基本步骤。

1. 文化挖掘，主题定位

文化是旅游小镇的灵魂，旅游小镇的文化又可以透过肌理结构、建筑风貌、民俗风情、生活习惯、传统工艺、商业业态等表现出来，文化挖掘就是要确定旅游小镇的地域背景、历史背景和文化主题，为小镇的打造寻找文化支撑，确定主题方向，挖掘差异化优势和独特性内涵。文化也是旅游小镇的核心吸引点所在，因此在旅游小镇的打造中，文化点的选择和主题定位是第一步，也是至关重要的一步。

绿维文旅在嵩山旅游小镇的打造中，通过对文化的梳理研究，确定了小镇以"天地之中"宇宙观下的大嵩山文化和中原文化为基点，以河南民俗和少林功夫文化为主题的文化定位，目标是将其打造成为大嵩山旅游圈重要的文化休闲基地。

2. 肌理打造，搭建骨架

肌理结构是小镇的骨架，结合文化主题的历史和地域特征，打造旅游小镇的肌理结构。以中国古典小镇为例，街道、商铺、大宅院、祠堂、书院、祠庙、戏楼等构成了古镇最核心的肌理要素，青石板的路面、临水而建的蜿蜒的街道、公共建筑与住宅紧凑有序又疏密结合的布局构成了江南小镇主要的肌理结构。欧洲中世纪的小镇的肌理特征则是以教堂为中心向外进行自然布局。符合文化主题的肌理结构是旅游小镇人文底蕴的重要组成部分。

绿维文旅在嵩山旅游小镇的打造中，通过研究北方古镇的肌理结构特点，将现代功能与古典肌理结合，通过对仿古街道、商铺、大院落、坊、戏楼等单元进行组合，赋予其现代的旅游和生活功能，打造成符合"天地之中"文化特点的仿古旅游小镇肌理结构。

3. 风貌选择，塑造外观

小镇的风貌主要通过建筑和景观体现出来，建筑风貌是小镇的外观，

第六章 旅游小镇的规划方法

是小镇文化要素的重要体现，根据旅游小镇文化主题的不同，小镇的建筑风貌也具有不同的特点。如结合地域文化打造的仿古型旅游小镇，在建筑风貌的选择上往往重点结合本地古民居建筑特点，形成具有明显地域特色的建筑风貌和景观风情。而结合异域文化打造的旅游小镇，如东部华侨城的茵特拉根小镇，以瑞典风情为特色，在建筑风貌的选择上选取瑞典小镇的建筑特点，使小镇表现出典型的文化印记。

绿维文旅在十堰市黄龙古镇的打造中，通过对地域文化的研究，选取了仿古型旅游小镇的打造方向，在建筑风貌上以鄂西北民居为基础，结合江南水乡特色，打造具有鲜明十堰地域文化符号的建筑风貌。

4. 业态设计，输入血脉

商业业态是旅游小镇的血脉，旅游小镇规划之初就要对小镇的商业业态进行科学合理的设计。小镇的商业业态类型通常有餐饮、住宿、娱乐、文化休闲、纪念品和特产销售、非遗工坊等，业态是旅游小镇文化的重要展现方式，不同地域和民族文化下的餐饮、住宿和特产都有不同的特色，业态设计要体现小镇独有的文化特色。另外，旅游小镇的业态设计要结合旅游小镇的功能定位、文化定位和市场定位来展开，餐饮、住宿、购物、休闲、体验等各种业态在旅游小镇中的比例应根据小镇的功能来确定，如，对于以观光和文化休闲为核心功能的旅游小镇，应扩大休闲和文化体验等业态所占的比例；以接待功能为主的旅游小镇，要根据游客接待量来测算餐饮、住宿等业态的配给量。根据市场细分确定各种业态的内部配置，如住宿业态中的客栈、商务酒店、星级酒店、休闲度假酒店如何配置就需要通过对市场进行深入研究来确定。业态关乎小镇的经济效益，具有小镇文化特色且符合功能定位和市场消费规律的业态设计才能给小镇带来浓郁的商气。

绿维文旅在嵩山旅游小镇规划中通过对文化的挖掘，结合功能定位和市场需求，打造了中原美食街、酒吧街、中州民俗街、功夫街等商业街区，形成了具有中原和嵩山文化特色的食、住、休闲、娱乐业态，并通过对市场的分析，对各业态的配置进行了合理的量化设计。

5. 功能规划，注入活力

观光休闲主导型、集散服务主导型和度假型三种不同类型的小镇在具体功能规划中有所区别，但旅游小镇本身又是一个复合的综合体，无论是何种类型的旅游小镇都应具备最基础的接待服务和旅游休闲功能。以观光休闲型旅游小镇为例，要具备观光、休闲、住宿、商业、娱乐、生活六大功能。功能是旅游小镇产品设计的依据，满足观光功能要设计核心的吸引点即观光节点；满足休闲娱乐功能要有休闲产品，如酒吧街、美食街、文化演艺等夜生活类产品；满足住宿功能要进行住宿类型和住宿方式的设计；满足商业功能要进行商业业态的设计；满足生活功能要进行小镇居住和生活配套的设计。需求导向功能，功能导向产品。

6. 产业整合，良性互动

旅游小镇是一个以旅游产业和文化产业为主导的集休闲农业、房地产、商贸、会展业等多个产业于一体的复合型系统，产业是支撑小镇发展的动力，在旅游小镇的规划中，需要以文化旅游为主导对小镇进行泛旅游产业的整合，形成文化和旅游主导下的休闲农业、特色物产加工、房地产开发、商贸、会展等产业的协调发展架构，在小镇功能规划中融入产业整合思路，以多产业的良性互动推动旅游小镇可持续发展。

7. 城镇配套，景镇合一

旅游小镇开发，实际上就是以旅游产业为主导产业的小城镇建设。因此，在旅游小镇的规划中，既要尊重旅游规律，也要遵循城镇规划规范，以小镇的旅游发展来引导城镇化进程，并以城镇建设配合旅游功能，实现产业发展与城镇建设的系统整合。在功能上小镇旅游与镇区生活并重，小镇既是旅游区又是居住生活区，生活与旅游互补发展，景区为镇区居民提供就业，镇区为旅游提供服务，形成旅游休闲与社区生活互利共生的"景镇合一"系统。

绿维文旅在十堰黄龙古镇的规划中，以"景镇合一，城乡一体"的理念，将黄龙小镇打造为具备古镇旅游和社区生活双重功能的旅游小镇，以小镇旅游推动黄龙古镇城镇化建设，成为旅游小镇"景镇合一"模式开发的典型案例。

（二）旅游小镇理想模型

田园城市是一种理想化的城市形态，在其指导下，可以构建一个理想

第六章 旅游小镇的规划方法

化的旅游小镇模型,但是具体的设计方案受制于地形地貌、城市现状,甚至于文化风俗等现实条件。绿维文旅在这一理论基础上充分考虑旅游小镇构成要素,提出了旅游小镇理想模型,并将其列入旅游小镇规划设计的方法体系之中。

旅游小镇的理想模型,大体可以概括为:宜人的小镇尺度;以文化广场、夜间演艺为核心;商业轴线连接公共中心与居住区;大片的景观绿地穿插于城市之中;步行街区连接中心与节点广场;有富于活力的滨水岸线;城市外围是合院式的村落。详见图6-7。

旅游小镇的构成要素,可以概括为:若干个景点、若干条主题街区、中央广场、若干文化或集散广场、客栈民宿集群、分散式社区、分散式学校医院、城市商业、智慧化城市管理系统。整体上形成以游线引导动线,以观光带动商业,以休闲支撑度假,以人气引爆地产的开发逻辑。

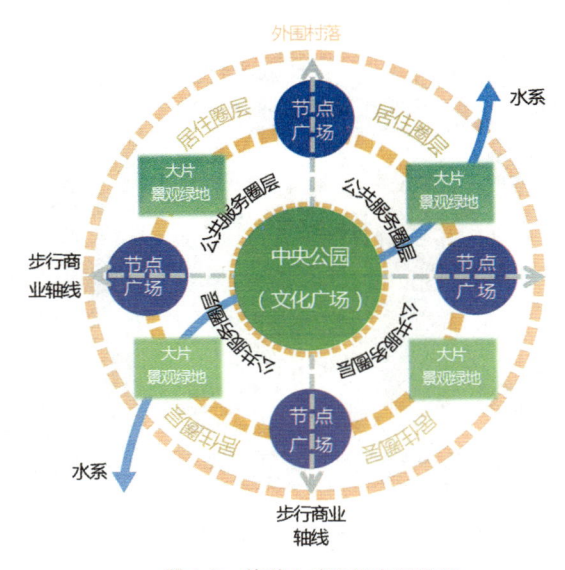

图6-7 旅游小镇理想空间模型

第三节
小镇功能分区与布局

一、旅游小镇功能布局

按功能对空间进行系统划分和布局，是充分发挥旅游小镇观光、休闲、度假、游乐、夜间娱乐、居住、集散、养生、运动、教育等综合性功能的基础。详见图 6-8。

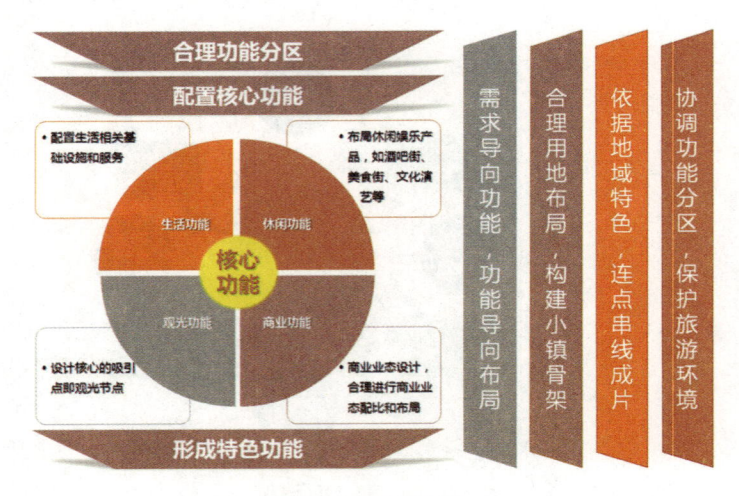

图 6-8　旅游小镇功能布局

（一）旅游小镇功能区划分

1. 合理功能分区

在规划区域内进行合理的功能分区，不仅可以实现对区域内旅游资源和土地资源的优化配置和合理布局，使旅游开发战

第六章 旅游小镇的规划方法

略、资源保护与开发以及容量控制等规划理念具体落实到空间上，从而保证旅游区的可持续发展，还可以方便管理者对游客的活动进行有效控制和分流，避免旅游活动对保护对象造成破坏，以保证核心保护区的资源与环境得到有效保护。

2. 配置核心功能

核心功能是支撑整个旅游小镇发展的基础，是每一个小镇都应该具备的功能。通过对多个小镇案例的研究，绿维文旅将其提炼为：由特色风貌、特色民俗或其他核心吸引点构成的观光功能；由游乐、演艺、养生、住宿等形成的休闲度假功能；由餐饮、工坊、旅游商品、娱乐等业态支撑的商业功能；由学校、银行、医院等基础设施与公共服务设施构筑的生活功能。

3. 形成特色功能

除核心功能外，每个旅游小镇根据其特定主题，一般会配置特有的功能。特色功能可以体现在核心功能中，也可以独立于核心功能，形成特有的功能片区。比如，以休闲运动为主题的旅游小镇，应对相关体育运动场所、比赛场所和路线等进行设计，形成休闲运动区；以农业休闲为主题的农业旅游小镇，往往会设置满足游客需求，进行农业种植、农业观光、农事体验、农业休闲娱乐的休闲农业区。

（二）旅游小镇功能区布局

旅游小镇功能布局的结构模式可以参考景区的功能布局结构模式，如图 6-9 所示。

在功能区布局的过程中需要把握四个方向：

1. 需求导向功能，功能导向布局

旅游小镇具备观光、休闲、商业、生活四大核心功能，在此基础上又延伸出住宿、娱乐、教育、医疗等多种功能。旅游小镇的特色功能，对分区起到主导性的作用，是小镇分区、用地布局及旅游产品设计的依据。旅游小镇的功能分区、用地布局要围绕着旅游小镇的核心功能和特色功能展开。旅游产品、休闲活动及休闲游线则在功能分区、用地布局的基础上进行规划、设计。

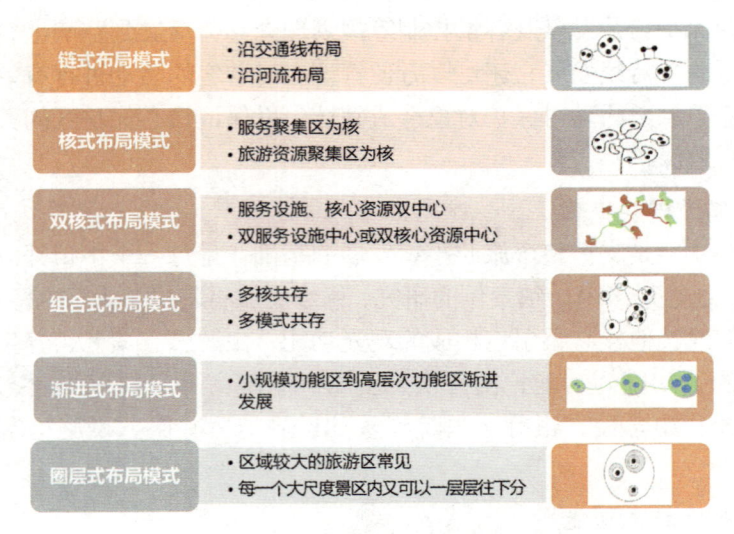

布局模式	特征	
链式布局模式	・沿交通线布局 ・沿河流布局	
核式布局模式	・服务聚集区为核 ・旅游资源聚集区为核	
双核式布局模式	・服务设施、核心资源双中心 ・双服务设施中心或双核心资源中心	
组合式布局模式	・多核共存 ・多模式共存	
渐进式布局模式	・小规模功能区到高层次功能区渐进发展	
圈层式布局模式	・区域较大的旅游区常见 ・每一个大尺度景区内又可以一层层往下分	

图 6-9 可供借鉴的景区功能布局结构模式

2. 合理用地布局，构建小镇骨架

合理的功能分区、用地布局，搭建出小镇的骨架，塑造出小镇的形态；在功能分区和用地布局基础上，完善产品体系，打造核心项目，形成小镇的血肉，并因地制宜的进行景观设计和建筑设计以打造旅游小镇的视觉效果，提炼旅游小镇历史文化内涵，形成小镇的精神和灵魂。通过这一系列的打造形成小镇独特的肌理结构和独特魅力。

3. 依据地域特色，连点串线成片

影响旅游小镇功能分区的因素有：历史因素、经济因素、社会因素等。其中历史因素是旅游小镇功能分区的形成基础，经济因素对功能分区分化影响显著，社会因素主要影响原有住宅区的分化。在旅游小镇规划过程中，要调查原有的地域特色和自然地理条件，形成新的项目节点和路网规划，连点串线成片形成新的空间布局和功能分区。其中游线的规划要符合旅游者的心理感受和人体工程学，景观的设计则要有层次性，建筑的设计要注重地域特色和与当地文化的协调统一。

4. 协调功能分区，保护旅游环境

各个功能分区要协调发展，要充分考虑各个功能区与环境的关系、功

第六章 旅游小镇的规划方法

能分区与管理的关系、功能分区与居民区的关系、核心区与功能分区的关系、各功能分区之间的关系。提倡可持续的发展理念，保护旅游小镇内的环境特色，注意环境可承载力，协调好功能开发与环境保护之间的关系。

二、旅游小镇基础设施配置

旅游小镇的基础设施与公共服务设施要兼具服务旅游和城镇生活的功能，有明显的全民性、外部性、公共性等特征。绿维文旅对旅游基础设施与公共服务设施的架构体系进行了梳理，并基于旅游小镇发展的新需求，提出了相应的提升路径。

（一）旅游基础设施

旅游基础设施是指为旅游者提供基础服务的物质工程设施，是用于保证旅游活动正常进行的公共服务系统，包括能源供应系统、供水排水系统、交通运输系统、邮电通信系统、环保环卫系统、防卫防灾安全系统六大体系。详见图6-10。

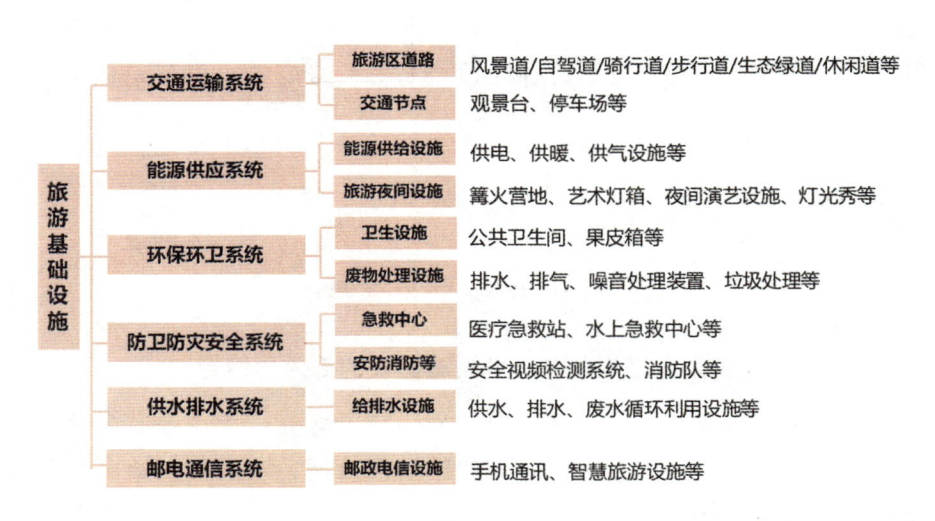

旅游基础设施	子系统	设施	内容
旅游基础设施	交通运输系统	旅游区道路	风景道/自驾道/骑行道/步行道/生态绿道/休闲道等
		交通节点	观景台、停车场等
	能源供应系统	能源供给设施	供电、供暖、供气设施等
		旅游夜间设施	篝火营地、艺术灯箱、夜间演艺设施、灯光秀等
	环保环卫系统	卫生设施	公共卫生间、果皮箱等
		废物处理设施	排水、排气、噪音处理装置、垃圾处理等
	防卫防灾安全系统	急救中心	医疗急救站、水上急救中心等
		安防消防	安全视频检测系统、消防队等
	供水排水系统	给排水设施	供水、排水、废水循环利用设施等
	邮电通信系统	邮政电信设施	手机通讯、智慧旅游设施等

图6-10 旅游基础设施体系架构

（二）旅游公共服务设施

旅游公共服务是指由政府和其他社会组织、经济组织为满足游客的共

173

同需求，而提供的具有明显公共性、基础性的旅游产品与服务的统称，是提供社会性结构的设施。它以增强游客体验感、满足游客公共需求为核心；以整合资源、配置产业要素平衡、突破薄弱环节为导向，以旅游产业发展及旅游目的地的快速打造，以及全域旅游的夯实发展为目标。其体系架构包括旅游交通服务体系、旅游公共服务中心、国民旅游细线网络、公共信息服务平台、安全保障服务体系、公共行政服务体系六大类。详见图6-11。

旅游交通服务体系
- 旅游驿站
- 道路标识
- 汽车营地
- 观光巴士/旅游专线
- 配套服务设施（如维修站/加油站）

旅游公共服务中心
- 区域旅游服务中心
- 微型旅游服务中心
- 服务站
- 服务点

国民旅游休闲网络
- 城市休闲公园/体育公园
- 休闲街区
- 休闲广场
- 慢行系统/环城游憩带

公共信息服务平台
- 旅游网站
- 旅游电子商务平台
- 旅游数据中心
- 智慧旅游业态（智慧城市、智慧景区、智慧乡村）

安全保障服务体系
- 旅游安全制度
- 紧急救援体系
- 旅游安全保险
- 旅游安全教育培训

公共行政服务体系
- 旅游信息发布
- 惠民便民服务
- 旅游重点领域和环节监管
- 旅游人才培训
- 旅游执法

中心：六大旅游公共服务体系

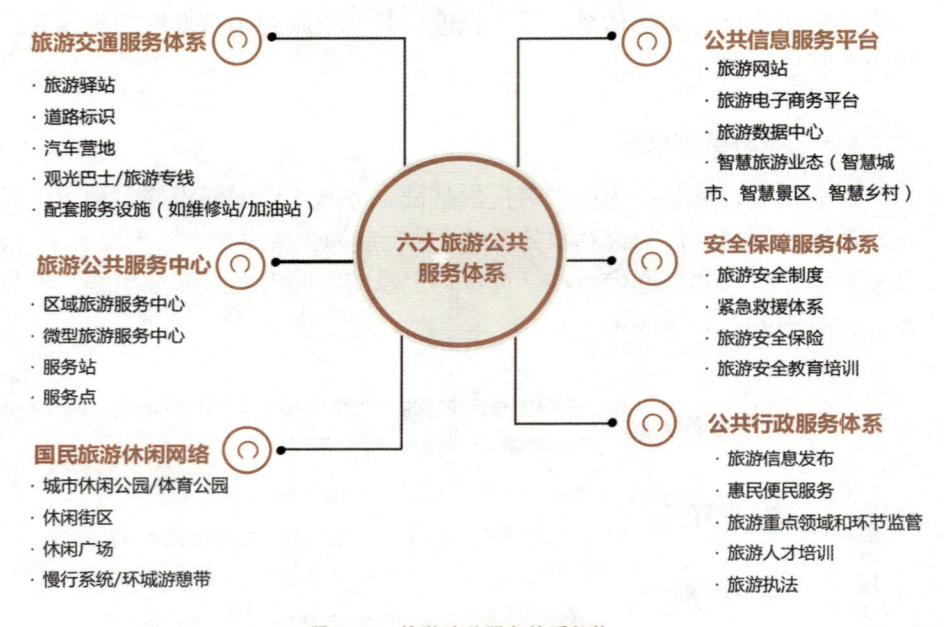

图6-11 旅游公共服务体系架构

（三）旅游基础设施与公共服务设施建设的五大思维导向

旅游基础设施与公共服务设施的建设提升应充分考虑旅游小镇"增加产业、文化、旅游、社区"一体化的功能特征，以满足市场需求的供给侧改革思维、镇域的全域化思维、游客居民共享的主客共享思维、旅游的产品化思维，以及政企合作的市场化思维作为设施建设的指导方向。详见图6-12。

第六章 旅游小镇的规划方法

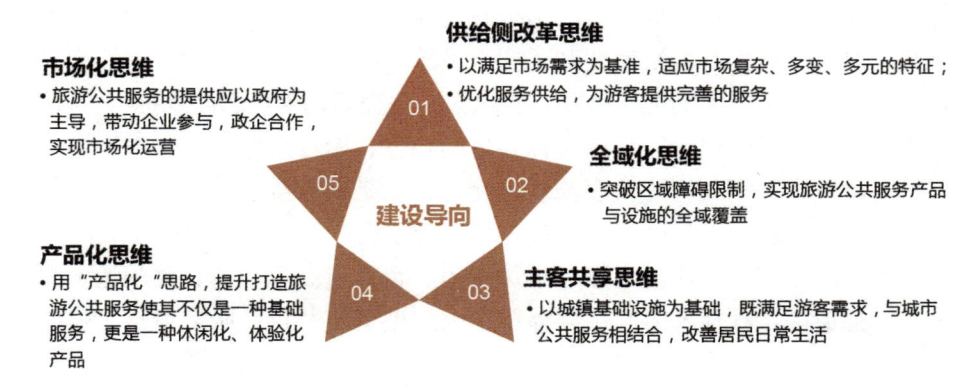

图 6-12 旅游基础设施与公共服务设施建设的五大思维导向

在五大思维导向中，主客共享思维是旅游小镇打造基础设施与公共服务设施的思维起点。主客共享思维即以城镇基础设施建设为基础，在设施布局、功能设置、外观设计等方面统筹考虑游客与当地居民需求，从人性化角度打造公共服务产品，实现外来游客与常住居民对设施的共享、乐享，从而全面提升旅游小镇的发展水平。供给侧改革思维是以满足市场需求为基准，适应市场复杂、多变、多元的特征，在此基础上，优化设施供给，为游客提供完善的服务。全域化思维即突破区域障碍限制，实现旅游公共服务产品与设施的全域覆盖。产品化思维即用"产品化"思路，提升打造旅游公共服务，使其不仅是一种基础服务，更是一种休闲化、体验化产品。市场化思维是以政府为旅游公共服务提供的主导力量，带动企业参与，整体合作，实现市场化运营。

（四）五大思维导向下的核心设施提升方法

绿维文旅在五大思维导向下，重点对旅游交通设施、旅游卫生设施、夜间娱乐设施、旅游公共服务设施、信息化智慧化设施五方面提出了相应的提升方法。

1. 旅游交通设施——道路 + 节点构成收益结构

旅游小镇的旅游交通体系包括外部交通与内部交通两方面。外部交通指连接小镇外部区域的公路、铁路、机场等国家或区域交通设施，是国家或区域战略层面的一部分，外部通达性对旅游小镇的发展至关重要。内部交通主要包括以快速交通为目的的公共交通体系以及以绿道为基础的慢行系统，前者强调出行的快速便利，要求设施对内部重点节点的连接能力；后者强调交通过程中的独特体验，要求旅游与交通创新结合，或称为"行"和"游览"之间的结合。从旅游体验休闲角度，慢行系统可以分为三类：一是以索道、低空飞行为代表的观光交通，二是以雪橇、马车、轿子为代表的体验式交通，三是以多人自行车、观光小火车为代表的游乐性交通。

在旅游小镇中，旅游道路包括风景道、自驾道、运动道、休闲道、文化道、赛道等，其提升方向主要体现在大尺度景观节点、服务节点、软性活动等三个方面。大尺度的景观节点，是基于道路构成的重要旅游内容，可以沿路打造大面积、大尺度的景观结构；服务节点，包括从游客集散中心到多样化服务平台构建的道路服务体系，可遵循"道路是硬件，节点是重点"的原则，针对市场形成度假村、营地、驿站、餐饮、户外活动区等多样化的服务节点产品；另外还可依托承接赛事等软性活动来促进交通设施的提升和道路功能的复合化与经济价值。

2. 旅游卫生设施——基于以人为本的商业模式创新

随着旅游厕所革命在全国的展开，旅游厕所的功能也在不断拓展，除了满足旅游者的使用需求之外，更承担着以人为本的"形象工程"，同时还衍生了商业经营的功能。

旅游厕所的人性化供给、生态化处理、科技融合是卫生设施的重要提升方向。旅游厕所由卫生服务、公共免费服务模式转化为收益型、全国统一监控型、连锁持续经营型的生态驿站、旅游驿站模式，在未来的5~10年一定会成为重要的创新。具体提升方面包括：规划角度注意从文明、文化、风水考虑，建设上注重美学和细节，功能上增加人性化多元服务创造商业利润，生态处理上运用新型技术。

另外，营地、码头、驿站、风景道、观景台等可以利用"厕所革命"所创造出来的创新商业模式，来进行基础设施建设的创新与服务。

如德国瓦尔公司运营的厕所，被称为"免费公厕的商业化奇迹"。公司提供普通公厕的免费服务，并负责公厕的设施维护和清洁，但却创造了盈利能力极强的商业模式。其主要的收入来源为广告费，公司充分利用厕所墙体作为广告载体，赚取广告费；同时与各领域企业合作，在厕所中推

第六章　旅游小镇的规划方法

出合作产品,赚取提成;在高档厕所中,瓦尔公司提供个人护理、婴儿尿布、擦拭皮鞋、后背按摩、听音乐、阅读等服务,以满足部分人的特殊需求。

3. 夜间娱乐设施——夜间演出和灯光打造是关键

随着旅游小镇带来大规模游客,夜间娱乐设施的提升逐渐成为其重要突破点,既能带来大规模的游客停留,又能形成强大的商业效应。

夜间娱乐设施主要依托文化内涵进行包装,形成广场水秀、灯光秀、影妆秀、主题演出秀等各种秀场产品,再通过灯光效果的提升,赋予城镇、建筑、景观、街道、商业空间以主旨、风格、深度、情感、色彩及氛围。

绿维创秀即是在此理念下,开创了"千戏百秀"的模式,通过灯光打造夜观光、夜景区、夜市、夜演艺等产品,在夜间演出形式上灵活混搭,形成夜间吸引核,实现周边客栈、酒店等服务设施的升值,形成商气、人气、消费聚集的休闲聚集中心,真正实现旅游小镇的"夜间革命"。

4. 旅游公共服务中心——分级设置,结合公共服务与商业化服务

从旅游集散中心、游客咨询中心、公共标识系统到服务节点体系,由此形成的旅游公共服务远远超出了门票和导游的范畴。旅游公共服务设施包括游客集散、导游导览、自驾服务、骑行服务、跑步赛道服务、自主性探索旅游服务等六大服务功能。

特色小镇的旅游公共服务中心应根据小镇实际情况,进行综合型服务中心、二级服务中心、旅游咨询体验馆、服务站、服务点的分级设置与合理布局。同时,基于休闲度假节点与旅游交通的结合,旅游公共服务设施的提升,应将旅游服务与旅游交通交融,构建旅游节点服务体系,导入优秀商业机构与模式,最终形成多样化业态服务支撑。

5. 信息智慧化设施——物联网支撑下的管理体系升级

以国家旅游局发布的《关于实施"旅游+互联网"行动计划的通知》为标志,旅游设施的信息化元素渗透开始加速。其中,打造旅游基础数据平台及大数据旅游体系,构建"政府数据+互联网数据+景区酒店数据"的一体化结构都将成为信息化建设的重要内容。

具体而言,未来,旅游物联网将会成为旅游资本市场的宠儿。其在旅游中的作用将逐渐显现,特别是以互联网为支撑形成的服务体系升级,基于物联网的监控、安全,以及管理都将受到资本青睐。实际上旅游物联网

管理体系代表着今后旅游产业服务升级、管理升级和运营收益升级的一个方向。

绿维文旅开发的景管通（旅游管理体系）、景游通（旅游游客服务体系）是一次信息化管理升级的尝试。"景管通"系统是智慧旅游的重要组成部分，是针对景区提供的融合 GIS 技术、物联网技术、网络技术、信息安全等多项信息化技术的管理系统，做到精细化、信息化、智慧化景区管理。"景游通"是一款专门为游客提供旅游区内景点资源的导航、导览、导游、导购等各类度假指引信息的手机 APP 应用平台。游客只需安装 APP 就能够快速获取景区景点距离、酒店概况、线路规划、优惠信息及出行参考。

三、休闲商业街区规划

休闲商业街区是旅游小镇的血管，为旅游小镇的街区规划设计，提供了启发。

（一）街区分类及功能

旅游小镇的街区是旅居混合的休闲街区，可以区分为：

1. 综合商业服务街区

以综合性的商业服务为主，提供购物、餐饮、休闲、商务等综合的生活旅游服务功能，以及酒店、宾馆、客栈等游客居住场所。商业街主要分为以下两类：紧凑型商业街街道一般在 2~20 米，要尽量少种绿植，以免对商铺造成遮挡，要适当考虑休息设施，但不宜过多；舒展型商业街街道一般在 10~20 米，应配置高度在 3 米以内的小型情景或标识雕塑。

2. 商住混合街区

除了旅游商业服务之外，还提供小镇居民常住功能。

3. 休闲养生特色居住街区

街区居住对象多为停留时间较长，具有养生养老需求的特殊游客，商业服务配套应针对这一群体，进行专项设计。

4. 普通居住街区

居住对象为小镇居民，商业配套服务对象多为小区居民。

第六章　旅游小镇的规划方法

（二）街区规划设计理念

1. 交通慢行，人车分离的街区交通

小镇街区主要满足游客步行的需求，应限制机动车穿行，保证人的安全和活动的自由，不受汽车、噪声和其他公害干扰，同时满足消防通行功能。按照车辆管理方式的不同，可将街道分为完全步行街、半步行街和非步行街，对不同的街区实行不同的交通措施。

2. 尺度适当，建筑风格统一

小镇街区的尺度应当较一般城市小，形成怡人的步行尺度，控制在2~20米，街道高宽比保持在舒适的比例，小镇的路网密度应较大。同时，应严格控制两侧建筑，在建筑风格上，应采用当地特色风格，建筑层数一般设置为1~2层。

3. 商业配置合理，空间多变利用

小镇街区在空间营造上，应结合当地地势地貌，富于变化，一方面，通过支路、广场、休闲空间及主题景观等手法，在视觉和感觉上拓展空间范围，增强游客体验；另一方面，通过下沉、延伸、挑台等多种处理方式，增加游憩拓展空间，实现景观价值的最大化利用，以增加游客承载量。

4. 景观细节精致，独具文化魅力

成功的景观会使空间结合更具有个性特点，小镇街区设计应主题突出、文化独特。街区环境除了自身沉积的文化内涵，还要对历史文化元素进行提炼、升华和再创造，以建立景观的可识别性。可以体现街区独特性的景观要素有铺地、标志性建筑（如雕塑喷泉）、建筑立面、橱窗、广告店招、游乐设施、街道设施、街道小品、街道照明、植物配置等。同时要注重夜景系统的打造，夜间氛围的营造应遵循点线面的景观原则，点上注意特定氛围的营造，线上注意主要建筑轮廓线、水岸以及道路的氛围，增加旅游小镇独特的魅力。

5. 旅居结合的设施配置

旅游小镇的设施配套不同于一般小镇，根据街区的不同类型，有不同的配置原则。综合商业服务型街区满足本地居民与游客的商业服务需求；商住混合型街区以居住功能为主，辅以旅游服务功能；休闲养生特色居住街区则提供游客的长期居住服务配套；普通居住街区与其他小镇的居住街

179

区规划原则一致。

(三) 街区设计"五化手法"

旅游小镇商业休闲街区在旅游规划设计中可以运用"五化手法"。

1. 特色差异化

街区设计的过程中要尊重地方差异，体现区域特色，对于旅游小镇而言，要根据每个小镇的特点，充分挖掘地域文化特色，因地制宜进行设计。街区的设计应该充分考虑当地的自然环境特征，如阳光、雨水、河流、植被等，做到街区设计与自然环境的平衡。街区设计也要充分考虑文化特色，做到景观设计与当地文化完美融合。游客在即将开始的街区游历中，最需要的是个性、独特的旅游产品，这也是吸引他们在此处而不是彼处消费的最关键因素。"不开发其特色和特殊的品质，所有城市都可能变得雷同"，因此在对每一个有价值的旅游小镇进行设计时，很重要的一点是考虑其在自然、历史、遗产和经济传承上的独特性。

2. 体验生活化

经济社会的发展正在由产品经济、服务经济向体验经济演进。休闲商业街区在设计的过程中要充分考虑到当地人的习俗和情趣，创造出舒适宜人、具有个性且有一定审美价值的景观，被当地的人和自然接纳；浓郁的生活元素已成为现代旅游产品不可或缺的部件，这也是历史街区的资源特色之一，要注重街区精神和文化上的构成，要满足旅游小镇原住民和第二居所居民对精神的需求和对家的认同和归属感。街区内原汁原味的居民生活原态，可作为旅游资源深度整合成产品。同时，旅游者的参与、社区的参与、与自然人文的交流互动程度，也会成为旅游产品的重要品质。街区的设计应以资源为舞台，以环境为背景，以文化为内涵，以设施为载体，以服务为支撑，为旅游消费者制造独特的体验和经历。通过调动人们的视觉、味觉、嗅觉、听觉、触觉，使游客获得身心愉悦的感觉和感受。

3. 休闲娱乐化

旅游正面临由观光型向度假型的转化升级，休闲娱乐化将成为人们追逐的重点，参与性、体验性、娱乐性越来越受青睐。对商业休闲街区进行休闲化打造，主要包括"业态休闲化提升"和"休闲项目引入"两大方面，并注重休闲设施、休闲活动、休闲空间的布局配置。

街区可以充分挖掘民俗娱乐项目，可依托于当地文化，引入演艺，也可举办各种参与性项目，展示当地特色文化等。如与电视台合作举办各种购物娱乐项目等，举办各种类型的比赛，如美食大赛、摄影比赛等，吸引旅游者参与，提高互动性。

4. 细节精致化

旅游市场趋向成熟的标志，是市场的细分和消费的分层。这必然要求产品的精品化，管理的精细化。产品上注重设计的细节，细节构成完美，从而产生精品。大到一个项目的策划，小到一处景观的设计，无不体现出"精致化"特性，如运用情趣雕塑、建筑风貌、壁画艺术、动感艺术、立体花坛、立体街画、故事连环画等景观小品来体现和营造街区的文化氛围甚至承载街区文化名片的功能，从设计到落地过程中的每一个环节都应贯彻"精致化"的要求。

5. 生态持续化

生态和旅游具有相互促进，相互制约的依存关系。街区由于环境、历史等多方面的局限，承载力较为敏感。因此尤其需要注意环境容量，严格限制流量，控制约束游人行为。街区的生态化设计包括规划的生态化、旅游管理的生态化、旅游设施的生态化、旅游行为的生态化、旅游的生态知识普及以及旅游服务的生态化等。其实，在旅游商业街区设计的过程中也要运用生态材质、本土化植物配置、低耗能技术应用、绿色植物环境、环保材料与技术等，利用旅游小镇的各种资源，使旅游开发商、投资商获得最大收益的同时，又能使其对环境的破坏达到最小，实现旅游小镇的可持续发展。

（四）街区空间设计要点

一个好的街区应该满足不同年龄、不同层次人群各种活动的要求。因此街区必须具有宜人的尺度、合理的步行路线、良好的路面条件和适合的长度。

1. 街区尺度设计

人们在街区中行走，随着时间的增加会产生一定的疲劳度。了解人们的疲劳曲线，进行有利的空间形态组织，可以起到事半功倍的效果。

不同的年龄有不同的疲劳时间和疲劳程度曲线，如青年人步行的速度60~70米/分钟，一般在商店内选购30分钟左右有疲劳感，故第一个休息点可设置在街区入口后400~500米。而老年人步行速度为40~50米/分钟，一般出行20分钟左右需要小憩，故第一个休息点可在200米左右设置。因此在人们容易达到疲劳点的地方设置合理的休息空间，可让人们的体力得到恢复，激起下一轮的"步行行为"。

2. 休憩节点设计

在休息空间处，可根据不同人群的喜好，设置不同的休憩节点。如针对老年人设置茶室、座椅、绿地凉亭等休息设施；针对年轻人设置冷饮店、咖啡屋、甜品店等休息设施；同时，在每个休息点附近可布置小型儿童游戏场，以便家长休息时，儿童也有娱乐场所，这样可兼顾不同年龄层疲劳需求。当街区纵深过长时，可设置一些短小的横向街道与之交叉，使不同方向的人流更加容易进入，而且会增加更多的转角空间场所设计，给人们带来新奇感。

3. 空间拓展设计

步行街区街道不宜过直，应结合当地的地势条件，做相应的空间变化。在户外公共空间设计上，运用多种广场，如景观广场、休闲广场、活动广场等，不仅可以增加游客的体验，还能丰富游客的视觉。拓展空间的规划设计，可多种处理方式相结合，如通过下沉、延伸、挑台等手法，拓展游憩空间，实现景观价值最大化。

4. 街区建筑设计

纵观国内外著名的旅游小镇发现，他们有一个共性，即都设置有标志性建筑。中式的标志性建筑有牌坊、码头、碉楼、钟楼等；西式的标志性建筑有钟楼、雕塑、教堂等。旅游小镇街区适宜采用当地的建筑风格，尤其是核心区域。设置符合不同小镇的标志性建筑，空间上做一定的控制和引领，是构成吸引力的要点之一。

建筑层数：商业街区、特色客栈住区街区建筑的层数一般应设置为1~2层，一层为商业、二层为客栈住宿。当二层也为商业时，为增加可达性，可采取自动扶梯、空中无障碍天桥等。而商业居住混合街区、养生养老街

第六章 旅游小镇的规划方法

区的建筑则以 4~6 层为宜。纯居住街区则以不破坏旅游小城镇天际线为准，合理设置层高。

建筑尺度：建筑尺度与业态密切相关。开间方面，景观好、展示类的建筑可以做 8.4~16.8 米的大开间，而景观一般、展示内容少的建筑可以做 6 米左右的开间，小型紧凑的建筑开间可以是 3~4.2 米；进深方面，大型酒店进深可达 16.8 米甚至更深，中等商铺或小型餐饮进深可做 9 米，而小型冷饮店进深也可做 3 米；在层高方面，小型餐饮类、作坊类层高在 3.3~3.6 米之间比较恰当，大中型在 3.6~4.2 米之间比较好，其他大型商业建筑层高可在 4.2 米以上。

第7章
旅游小镇的地产开发

第七章 旅游小镇的地产开发

第一节
旅游地产的再认识

我国经济的高速发展及城镇化的不断推进，一直伴随着地产的高热度开发。中国围绕地产开发，已经形成了一条财富价值链。房地产市场形成了一条由土地开发、房产开发、城市建设构成的财富价值链，政府（土地收益）、开发商（房产收益）、投资人（资产保值升值）、农民（拆迁款）四方均从中受益。这是房地产发展的基础，也是土地开发的基础，同时也是区域发展的基础。

在前几年，地产还处于黄金开发期的时候，旅游地产也呈现出了蓬勃发展的态势。但由于某些地方缺乏统一规划，旅游地产商之间各自为战，一窝蜂开发，造成旅游地产大量积压，为了销售甚至不惜恶性竞争，既降低了利润空间，更严重损害了商业信誉。基于房地产商低价土地与高价房产的开发追求，当时的地产开发大多数都是脱离产业的恶性开发，而作为第三居所的旅游地产，本身的入住率和利用率也较低，于是，造成了大量的空城与鬼城。更为深刻的现实是，很多地产商打着旅游的幌子，行"伪旅游地产"之实，脱离了泛旅游产业的支撑，既不能聚人气更不能聚财气。

在如今的旅游界，"地产"是一个敏感的词语，大家都对其讳莫如深。尤其是受国家关于"去地产化"政策的影响，"旅游地产"甚至成为旅游开发中避讳的一件事情。绿维文旅认为，旅游小镇的开发离不开地产，只要有游客过夜，就会涉及度假地产的开发，只要旅游产生就业拉动，就会有住宅地产的开发。甚至，房地产产品开发仍然是旅游开发中最盈利的部分。因此，错的不在"地产"本身，而在于如何开发。新形势下，我们需要重新认识地产。

一、房地产是一个"服务整合平台"产业

房地产已经由"制造房子"的工厂模式，发展成为以人为本、以家庭为基础、以服务为核心的产业整合模式。以"家庭·服务"为主要内容的服务结构，包括"三个家"的结构，由三个家庭服务构成三类房地产综合开发构架，是今天房地产发展的必然。详见图7-1。

图7-1 房地产"三个家"的结构

第一个家，是以居住为主要功能的居住之家，是以社区服务为基础的家庭服务结构。第二个家，是指郊区休闲、乡村度假、养生养老等以旅游、休闲、娱乐、养疗、避暑、避寒、度假等为主要功能和服务的第二居所、第三居所，由此构成了第二个家的服务产业整合与服务结构。第三个家是指城市综合体、商业综合体、部分度假接待综合体等相关地产和场所，以公共空间的方式，为家庭提供休闲、娱乐、购物、养生等多元化的公共服务，由此构成第三个家的服务产业整合与服务结构。

二、房地产必然走向"房产融一体化"结构

房地产作为一种平台，与服务产业、金融相结合，才是未来发展的一

第七章 旅游小镇的地产开发

个综合结构。如果没有房地产这种不动产，仅仅以现金流做资本，就轻资产做轻资产，缺少了不动产的要素，是非常难经营的。轻资产公司与房地产企业，都不是资本市场追逐的目标。有效地整合房地产不动产结构、服务产业的现金流结构，以及与投融资的金融关系，是下一个阶段地产发展的核心。房产融一体化，是今天房地产发展的必然结果，是任何房地产企业发展的一种必然走向。因此，房产融一体化和服务整合平台是未来房地产发展的核心结构。详见图7-2。

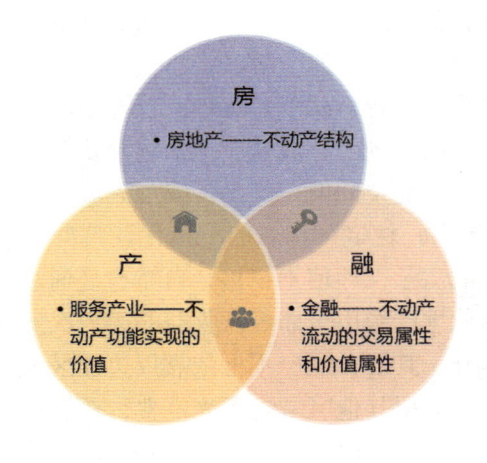

图 7-2 "房产融一体化"结构

三、旅文体康养商多产业融合的综合开发，已成主流

旅文体康养商多产业融合下的房地产综合开发，已成当前及未来地产开发的主流。在这个核心结构下最重要的趋势是产业融合。旅游、文化、体育、健康、养生养老这五大幸福产业加商业，构成了一种多产业融合下的综合地产发展趋势。无论是国外的迪拜亚特兰蒂斯、新加坡滨海湾花园，还是国内的西双版纳国际度假区、万达城、成都新世纪环球中心，都表明旅游地产已经不再是围绕着土地开发和旅游而言了。"五大幸福产业＋商业＋金融"的产房融一体化模式，也将成为新时期房地产发展的新架构——以家庭服务为目标，以旅游为龙头，整合旅文体康养商五大幸福产业，地产是骨架，五大幸福产业是五脏六腑，商业是皮肉，金融是血脉。

189

四、"地产 + 产业 + 城镇化 + 互联网"的地产开发新前提

现阶段，地产已经出现一系列问题。从短时间来看，中国的二线城市在迅速成长中，而从长远来看，快速增长的时期将会逐渐变少，而滞长的时间将越来越多，商业、住宅、旅游、产业地产的问题将集中爆发。商业地产方面，电商消灭大量实体店，购物中心及商业综合体大幅过剩，布局竞争激烈，到 2017 年末，20 个大城市商业项目未来供应将超过 3500 万平方米。住宅地产方面，一、二线城市市场较好，三、四、五线城市过剩。旅游地产方面，旅游与房地产分离，沿海满布鬼楼群。产业地产方面，产业园区难以招商，仅十之一二能持续。

地产出现的系列问题告诉我们，房地产开发已经不再仅仅是开发土地和建设房屋了。过去的房地产，就是土地一级开发销售，房产二级开发销售，住宅、写字楼、商业空间就是产品。发展到城市综合体阶段，其本质也是"写字楼 + 商场 + 住宅"构成的一体化建筑群，面向市场的还是以销售为主的多功能的房子，即使不销售，自持也是通过招商引资，实现房租收益。随后，商业地产经历了靠经营收益的第一次提升和靠多业态主力店经营的第二次提升。其后，地产不再依靠周边社区人口消费，而是谋划旅游休闲产业格局，吸引其他区域客源来消费，在形成人气聚集的同时，形成人口聚集。近几年，在电商大规模冲击实体店之后，如何让实体店不因互联网而关门，而是借互联网引导体验人群线下聚集，增加人气与消费，实现 O2O 体验消费是地产的关键。

虽然互联网使实体店大规模受挫，但是互联网旅游却越来越发达。房地产作为一个服务整合平台，必须是房地产、产业链整合、城镇化升级、互联网运用的叠加。产业开发及产业链整合，是地产商的必修课。新形势下的地产开发，应实现产城融合发展，产业带动城镇化建设，形成居民人口聚集，同时结合教育、商业、金融、文体、卫生及健康服务等，成为一体化结构。以智慧城市为基础，打造"互联网+"，构建"产业 + 互联网""城市 + 互联网"成为区域开发的前提。成功的房地产开发，将成为产业及区域发展的平台！

第七章 旅游小镇的地产开发

第二节
旅游小镇地产开发思路与策略

一、旅游小镇地产开发思路

第一，找准发展方向：旅游开发综合化、旅游地产功能化、旅游地产城镇化。

旅游小镇开发的最根本模式是"以旅游休闲为引擎、以休闲度假地产发展为支撑，以旅游产业聚集为延伸"，三者的良性互动共同推动区域旅游、产业、城镇化的综合发展。在综合开发的背景下，度假地产投资商不再仅仅充当房产供应商的角色，不仅仅是做楼盘和卖房子，而是要注重与城市的结合，成为区域综合开发商、城市运营商和产业运营商，在政府的管理下，以主投资商的身份，通过规划、二级招商、土地一级开发、泛旅游产业项目开发、市政公用建设开发、商业地产开发、住宅和度假地产开发，推动区域经济社会综合发展，获得区域综合运营带来的巨大升值效益。在旅游小镇开发初期，应以吸引综合地产开发商为主。如果没有吸引到综合地产开发商，也要用政府行为引导旅游地产开发商向区域运营商身份逐渐转变。

第二，创新权益归属：产权酒店、分时度假交换、分权度假、众筹。

由于旅游产业本身的一些属性，旅游地产面临着一些发展困境：一是产权和使用权分离，买了旅游地产却不需要长期居住，闲置房产如何管理经营困扰着购房者；二是度假交换的问题，

191

在一个地方买房，但还要去其他地方旅游度假，怎样保证换住权益；三是经营的问题，目前大多数旅游地产的"回租"经营，实际上是一种融资方式，收益率还不如银行利率高，因此如何实现较高的收益成为很大问题；四是高总房价的问题，可以说高总价挡住了80%的家庭。

面临这些问题，绿维文旅认为，"产权酒店、分时度假交换、分权度假、各类众筹"，是旅游地产销售的解决之道。这一解决之道包含了四个核心，即：众筹理念、时权模式、信托投资、消费回报。众筹理念，即多人共享一套房，通过产权的分拆，降低成本，这是度假时权分割的基础；时权模式包括时权分割、时权交换、时权的货币化。时权是可以分割使用的，基于时权标准化分割，就可以实现时权交换。同时，时权是有价权益，是资产证券化的核心；信托投资是经营价值的支撑者，分时度假一般解决交换使用问题，不能实现投资回报问题。为此，投资者以信托方式，将资产委托给经营者，追求更大回报率，成为一种制度设计；消费回报关注消费的最后一公里，把投资回报转化为消费回报，可以更好地获得消费者的认同。

第三，运用互联网思维：结合业态，整合资源，合作发展。

互联网思维在这两年已经成为对商业和地产业发展影响最大的一个理念。承载着物质和空间具体结构的房地产，如果不能有效地把互联网关系结合进来，不能有效地依托互联网而实现智能化生活方式、智能化购物模式、智能化体验模式、智能化社区交往，那么这个地产一定是落后的。

旅游地产也应该充分地运用移动互联思维的结构价值，用智能化、互动化、社交化的手段去整合土地资源、建筑资源、空间结构关系和产业业态，形成一种发展结构。

房地产与互联网的结合主要包括三个方面：一是与产业业态相结合；二是要用互联网思维去整合；三是合作发展。这就需要旅游小镇的开发商，第一要有互联网思维；第二要将这些技术进行整合；第三要忠于旅游小镇独特的生活方式。只有这样，才能真正实现从土地开发、建筑开发到空间发展的价值，这不仅仅是转型的问题，而实际上是整个社会发展和产业发展的趋势。

第四，创新打造吸引核：包括主题乐园、大型演艺、新建小镇、博览/博物馆聚集群落、酒店目的地、运动聚集等。

旅游地产开发需要依赖文化来支撑，借助吸引核，突出个性、特色，

第七章 旅游小镇的地产开发

从而打造属于旅游小镇独有的内涵、品味、层次和知名度。旅游吸引核是吸引人流、形成人气、提升土地价值的关键，是将人搬运到旅游区的重要动力，是旅游消费产生的根源，其创新打造是旅游及度假地产最基础、最本质的核心工作。随着旅游的飞速发展以及游客需求的不断翻新，旅游吸引核的内涵也在不断延伸。主题乐园、大型演艺、新建小镇博览会、博物馆、酒店综合体、休闲运动项目等都可以作为旅游吸引核，关键是要符合旅游消费者的需求。

核心吸引力的成功打造实现了聚集的需求，从而带来地产的升值。地产的升值又进一步聚集了人气，形成良性的循环效应。旅游引爆项目吸引集聚的游客，被引导进入休闲消费，包括购物、夜间娱乐、参与性游乐、滞留休闲等，是形成商气的关键。因此，从观光游客的人气基础，形成休闲人气，带动休闲商气，是土地价值升值的关键。有了休闲消费，休闲商业地产的价值就形成了，整个区域的土地价值才能够提升。

第五，产品结构创新：形成"持续经营产品+销售型房地产品"的产品结构。

旅游地产最大的盈利，来自二级开发的房产。旅游房产的种类丰富，特别是房地产市场调控以来，具有经营价值的旅游休闲商业房产的品种越来越多，模式创新很快。其中旅游小镇的商铺、客栈、前店后坊的工坊等业态模式，直接带动了旅游小镇地产的火爆。销售型酒店房产产品，花样翻新，销售较旺，包括民宿、精品酒店、产权客房、产权公寓、酒店公寓、私产酒店、时权酒店等。会所庄园房产、会员制房产，各有门道。郊区住宅、景观住宅、郊野别墅、养老别墅、度假别墅等，销售受到一定制约。房产的产品设计，需要全面结合市场需求，符合国家政策方向的产品，才有机会获得销售的回报。

单一的功能，单一的业态已经不再适合时代的发展。旅游地产在开发过程中，要注意业态的多样化，引进餐饮、商业、娱乐等其他消费领域的业态，完善产业链条，未来旅游地产的竞争也将是产业链价值的竞争而不是单一项目的竞争。未来旅游地产开发很难由一家企业独立完成，品牌与业态之间的跨界合作或成为必然。

二、旅游小镇地产开发具体策略

(一)资源开发策略

中国正面临着快速的城镇化进程，在这一高潮中，土地资源的合理分配显得更为重要。解决资源的利用、保护和提升问题是旅游地产开发的重中之重。针对资源开发利用现状和存在的问题，在深入挖掘文化内涵和特色的基础上，绿维文旅认为应以文化特色为吸引核，做好环境和景观。强调尊重资源原生性基础上的有效利用，以主题化为发展方向，将资源的打造提升做到极致，特色的景观环境将带给旅游者、置业者视觉的冲击，而特色的文化将带给旅游者心灵的震撼，达到引领全新生活理念的深层意义。详见图7-3。

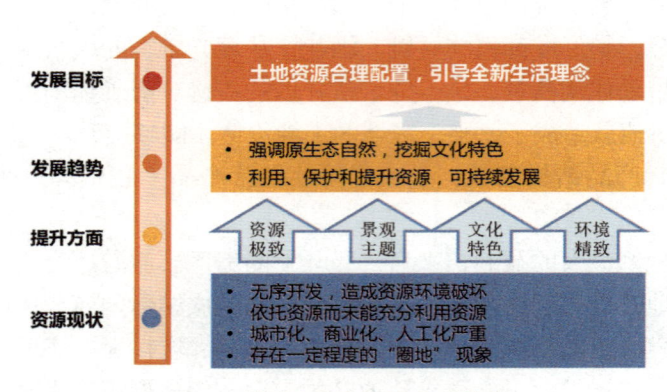

图7-3 旅游小镇地产资源开发策略

(二)产品开发策略

旅游小镇开发中，旅游地产是其有力的基础支撑，新型旅游地产的发展强调旅文体康养商的地产综合开发。针对目前旅游小镇开发的现状，应从四个方面来进行提升（详见图7-4）。第一，合理布局旅游地产产品，结合市场多样需求，将泛旅游产业和泛特色产业模式创新融合于房地产产品开发之中。第二，旅游地产项目不断发展创新，进行有吸引力的产品设计，不断丰富产品的类型，如景观居所、创意主题地产等，项目的创新应该从规划、开发、销售、运营等多个环节入手。第三，强化参与体验，引进多种业态。面对旅游需求个性化和体验性的要求，在旅游地产产品开发的过程中要强调产品的体验性和参与度，丰富提升现有的业态形式，最终达到融休闲、度假等于一体的多效合一的目的。第四，强化服务配套，营造全

第七章 旅游小镇的地产开发

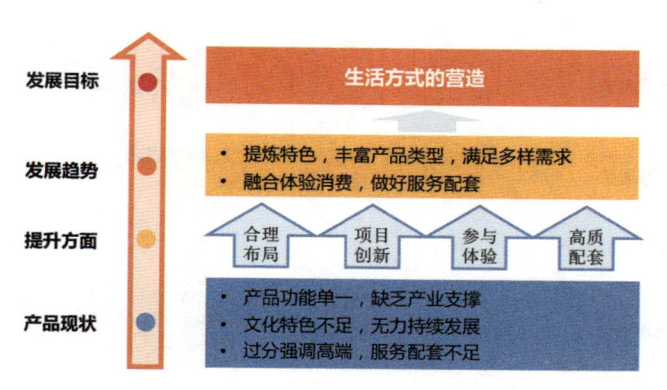

图 7-4 旅游小镇地产产品开发策略

新的生活方式。丰富服务产品类型，加强配套设施的建设，形成旅游地产产业的发展基础及持久的接待能力，最终营造满足市场需求的生活方式。

（三）运营模式策略

基于旅游小镇开发中面临的旅游地产发展现状，绿维文旅提出四个提升方法（详见图7-5）。第一，融资创新。旅游地产项目实现金融化的运用，利用金融工具，实现"消费资产"属性和"资产资本"属性融合。第二，大运营观。开发商正经历从单一的房地产小盘开发到大盘开发，到城市运营商再到区域运营商四个阶段的转变和蜕变，以区域为主体进行综合开发。旅游小镇的开发商要有大区域开发运营的观念，逐步形成从地产投资、地产运营到地产服务的全运营模式。第三，具有品牌意识，转变目前以销售为主导的投资模式为品牌营销模式，在营销的过程中不断地构筑品牌，提高区域知名度，使地产升值，并在这一过程中反哺当地特色产业和旅游业，给予投资者长期的投资回报和持续的收入回报。第四，运营创新。运营过程中要针对旅游小镇的发展阶段，创新有经济带动性的活动，带动小镇发展。长短收益配置合理化，将地产所有权与使用权分离，转化为综合平衡模式，最终运用众筹、时权模式、信托投资、消费回报等理念，通过运营管理，盘活整个旅游小镇的经济，实现企业的长效盈利。

（四）地产商定位策略

从开发居住房产，到居住地产与商业地产结合，到房产与旅游等综合

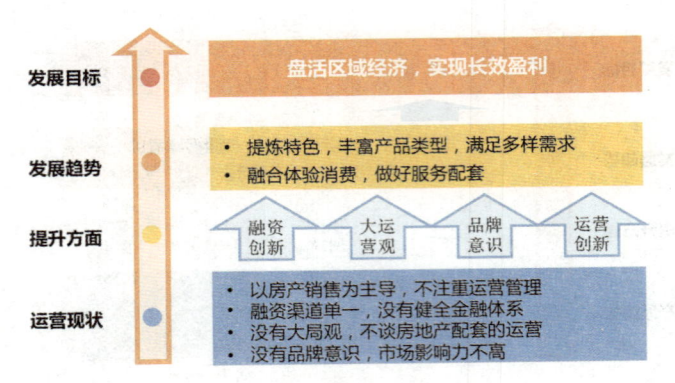

旅游小镇开发运营指南
Guidebook of Tourist Town'S Development and Operation

发展目标：盘活区域经济，实现长效盈利

发展趋势：
- 提炼特色，丰富产品类型，满足多样需求
- 融合体验消费，做好服务配套

提升方向：融资创新 | 大运营观 | 品牌意识 | 运营创新

运营现状：
- 以房产销售为主导，不注重运营管理
- 融资渠道单一，没有健全金融体系
- 没有大局观，不谈房地产配套的运营
- 没有品牌意识，市场影响力不高

图7-5 旅游小镇地产运营模式开发策略

服务结合，旅游地产商在地产开发上的产品层级、综合性以及土地一二级开发间的互动越来越强。而从房地产开发，到旅游项目开发与经营，到区域旅游休闲度假产业链整合，再到区域泛旅游产业综合开发，旅游地产商对旅游产业的参与越来越深，对旅游产业的开发运营能力越来越强，对区域发展的驾驭越来越娴熟。详见图7-6。

旅游房产开发商（旅游住宅+旅游商业房产） → 旅游地产开发商（旅游住宅+旅游商业房产+旅游土地开发商） → 旅游开发运营商（景区景点项目开发经营） → 泛旅游产业开发运营商（旅游农业文化运动泛旅游业态开发运营） → 泛旅游区域开发运营商（旅游住宅+旅游商业房产+旅游土地开发+集区景点综合业态项目开发经营+泛旅游业态开发运营）

图7-6 旅游小镇地产商定位策略

这两个方面结合，形成了旅游地产商自我定位的大幅度升级：旅游住宅房产开发商——旅游房产开发商（旅游住宅+旅游商业房产）——旅游地产开发商（旅游住宅+旅游商业房产+旅游土地开发商）——旅游开发运营商（景区景点项目开发经营）——旅游区综合业态开发运营商（景区景点综合业态项目开发经营）——泛旅游产业开发运营商（旅游、农业、文化、运动等开发运营）——泛旅游区域开发运营商（旅游住宅+旅游商

第七章 旅游小镇的地产开发

业房产＋旅游土地开发商＋景区景点综合业态项目开发经营＋泛旅游业态开发运营）。从地产楼盘开发商到区域运营商，带动成千上万的人致富，带动一个区域的城市化发展和经济发展，这是一件非常光荣的事情，也是一个实现伟大梦想的好机会。同时又符合产业调整规律，符合如今以内需带动经济发展的趋向，符合构建和谐社会的愿景。

第三节
旅游小镇地产开发形式

一、新型城镇化建设中的旅游地产开发形式

（一）旅游城镇化中的土地一级开发

所谓一级土地开发，通俗指在土地出让前，对土地进行整理投资开发的过程。土地一级开发是土地出让前的运作方式，开发的主体多为当地政府或由当地政府指定的土地开发企业，而土地一级开发的结果是要使"生地"成为"熟地"，达到出让的标准。在大多数城市，土地开发主要是由政府来操作，也可以由政府委托企业来做，政府负责管理和监督，或者由国有企业或事业单位性质的土地储备机构来做。

旅游地产土地开发，属于土地一级开发的范畴。严格意义上讲，国内外的土地使用性质都不存在"旅游地产用地"这个类别，而对于国内出现的"旅游地产土地开发"概念，其实质是一级土地开发经划拨或转让后，针对房产开发商建设的项目是否用于与旅游行业相关的居住和休闲娱乐方面的经营活动来定义的。

旅游小镇中的一级土地开发，涉及很多不同类别，包括城镇中旧街区改造为休闲商业或休闲娱乐街区，成本往往很高，风险较大。但是城市休闲聚集核如果设计得好，可以有效地提升旅游小镇区域地价，实现一级开发盈利。非城市中心的旅游

第七章　旅游小镇的地产开发

小镇，特别是偏远区域，环境好、旅游资源好、地价很低，如果政府对大交通解决得比较好，一级开发空间就很大，这是绝大多数房地产商参与旅游地产开发的关键。

旅游地产商参与土地一级开发，与城市土地开发的差别在于，旅游地产开发不仅仅是项目地的征地补偿、拆迁安置、七通一平等基础设施和社会公共配套设施建设，重点是要形成真正的旅游产业。因为旅游地产的核心，在于依靠旅游，形成游客搬运，实现消费聚集。只有人气形成，才有可能形成商气，才进一步可以发展出多样化的居住产品，才有城镇化的发展。因此，旅游产业的价值决定了土地的价值，开发商必须结合旅游产品开发，结合旅游地产二级市场开发，才能真正获取一级市场的利润。

当然，在旅游小镇的建设过程中，存在旅游综合体、新农村社区、配套酒店、度假公寓等各类项目的开发建设，如果房地产商与政府形成补偿性合作，参与进行土地一级开发，相对风险较小，盈利更有保证。这一时期的运营要点在于顶层设计和政策法制层面，顶层设计层面，做好城市规划和产业规划，确定小镇未来的发展方向；政策法制层面出具土地、奖惩、税收等方面的政策条件以及监管机制，保证小镇的顺利推进。

（二）PPP 模式下的旅游公共设施建设与旅游项目开发

以 PPP 模式为主导，通过与政府合作，打造旅游休闲的公共工程项目，不仅可以形成旅游相关的公共设施建设，而且还能形成一批旅游产品，由地产商经营一段时间，再交回给政府管理，或者长期由地产商经营，或者地产商完全建成以后交给政府经营。这类项目包括旅游交通、游客中心、城市休闲区、展馆博物馆、旅游景区、大型旅游娱乐项目等，以及与之相配套的综合性公共基础设施和功能开发，如道路、通信、水电等综合管网系统。其开发建设，需要大量投资，但是市场回报相对来说比较困难，通过 PPP 或者通过政府的优惠扶持，结合土地开发与旅游项目开发，使得地产商积极地参与进来。

PPP 作为公共基础设施建设中发展起来的一种优化的项目融资与实施模式，其得天独厚的优势，也吸引了众多旅游城市通过这种模式，对包括餐饮、宾馆、酒店、旅游交通以及各种文化娱乐、体育、疗养等各项旅游公共设施以及城市休闲项目进行开发建设。完善的旅游公共设施，不仅为旅游发展提供了有力的保障，同时也强力带动了旅游项目的长足发展。

（三）泛旅游地产产品开发

旅游地产产品开发，不同于一般商业地产或住宅地产产品，其与旅游产品的结合非常紧密。因此，我们一般把旅游地产产品开发，纳入区域综合开发的结构之中，深度设计，形成五大类运营模式不同的产品：自持型经营产品、出租型商业房地产产品、销售型商业房地产产品、销售回租型商业或住宅产品、销售型住宅产品。

面向旅游小镇的地产开发，必须以区域综合开发为理念，运用泛旅游产业集群化发展模式，开发泛旅游架构下的地产产品。

二、旅游小镇地产开发产品类型

根据承载功能的不同，绿维文旅将旅游小镇中的地产产品类型，归纳为五大类：休闲商业地产、民宿、度假酒店、享老居住地产、文化创意地产。

（一）休闲商业地产产品开发

休闲商业地产是旅游小镇中的重要类型，是旅游体验的重要空间载体，是旅游与城市发展中，集聚人气的最好选择。同时还可优化城市商业格局、充实城市休闲娱乐、形成新的城市功能区、提升城市形象、增强城市吸引力以及提升城市土地开发价值。休闲商业地产可以分为面向游客的旅游休闲商业地产以及面向居民的社区休闲商业地产。

旅游休闲商业地产具有一定的文化特色与主题特色，可以有效地实现旅游产业要素的聚集，同时对各类游客有着强烈的吸引力，是旅游小镇发展实现突破的特色抓手。其开发类型主要为商业街区，包括旅游商品购物街区、民俗特色休闲街区、滨水休闲街区、酒吧休闲街区、餐饮休闲街区等多种形态。这类商业在开发中，应以文化的特色打造为着力点，以景区化为打造手段，以休闲化为活力激发的催化剂，实现"特色化、体验化、休闲化、生活化、精致化、娱乐化、生态化"打造。

社区休闲商业一般业态齐全、交通便利。开发形态包括商业街区、大型超市、公共服务设施。一般聚集了各式快餐店、小吃店、电影院、儿童乐园、健身中心、社交空间、文化馆、图书馆等各种休闲娱乐设施。旅游

第七章　旅游小镇的地产开发

小镇内的社区休闲商业也不同于一般城市的休闲商业，同样需要用景观化的手法，与整个小镇的主题保持高度一致。

（二）民宿产品开发

随着全民休闲度假时代的来临，人们对度假居住的需求越来越个性化。最近几年，民宿呈现井喷式增长态势，以杭州地区为例，根据西湖风景名胜区民宿行业协会的数据，2010年6月底，西湖景区民宿数量仅为41家，而到了2016年6月底，这个数字已经变为210家。比起5年前，足足翻了5倍多，近半年就增长了四成多。根据网络资料显示，全国客栈民宿截至2015年共有42658家。详见图7-7。

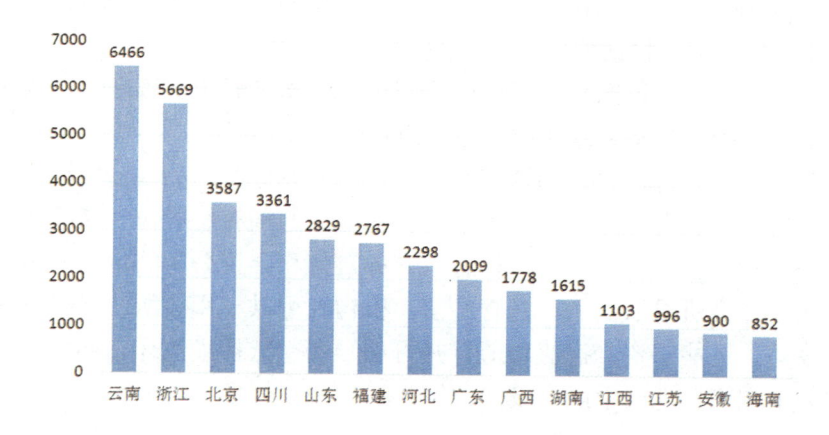

地区	数量
云南	6466
浙江	5669
北京	3587
四川	3361
山东	2829
福建	2767
河北	2298
广东	2009
广西	1778
湖南	1615
江西	1103
江苏	996
安徽	900
海南	852

图7-7　全国民宿客栈重点区域分布

目前的民宿主要有两种类型，一种是由传统民居改造，在保持民居原汁原味乡土风情的基础上，进行内部提升，包括设施的提升和风格的提升，主要目的是让游客既能感受到原乡风情，又能享受到现代化的居住设施，其投入成本相对较低，主要在于软环境的营造。另一种是以花间堂为代表的将高端精品酒店与特色民宿合二为一的精致化民宿，这一类民宿将高端精品酒店的服务理念与地方民居、民俗等人文特色高度融合，并且通过书店、酒吧、艺术空间等多元化休闲业态的植入，本身就成为一个吸引核或是度假目的地。以花间堂为例，除配备茴香小酒馆、书烩小厨等餐饮业态外，还拥有复合型创新业态，如多多的面包树社交业态、草木一村SPA美体业态、花间市集等商业零售业态以及各种美学课堂。

虽然目前的民宿市场竞争比较激烈，但随着渴望释压、追求品质生活的中产阶级的崛起，民宿未来的发展前景依然可观，关键是定位准确。

（三）酒店地产产品开发

度假酒店是为休闲度假游客提供住宿、餐饮、娱乐与游乐等多种服务功能的酒店。酒店作为旅游地产产品，是一种销售与经营结合的产品。在房地产调控政策实施之后，售后回租型酒店产品，已经成为旅游地产中最好销售的产品之一，成为市场的宠儿。度假酒店单元、度假公寓、度假会所，是三种主要的类型。

度假酒店单元，销售回租模式的运用，保证了业主持有产权，可以每年消费一定时段，同时享受经营收益。

度假公寓，可以回租，也可以不回租。但享受酒店式管理，个人可以进行出租。因此具备经营性质，也是比较受欢迎的产品。

度假会所，是以机构为销售对象的度假商业地产产品。会所比一般别墅大，处于酒店管理之内，对于中国极其庞大的国有、股份、私营机构而言，是一种商业物业，又是机构进行商务接待和会议公务的场所。最大的优点在于，会所可以由酒店托管经营。机构既可以享用会所，又可以获取经营收益，还能够资产保值增值，并可用于资产抵押或运作。会所地产正在成为中国旅游地产中最有吸引力的产品。

（四）享老居住地产产品开发

旅游小镇一般生态环境较好，远离城市，适合养生养老人群，因此享老地产往往也成为其中一种重要的产品类型。养老地产，是以"养老+地产"为开发模式的一种复合型地产产品。复合型地产产品往往具有鲜明的主题，以及围绕主题所产生的服务价值链条。对于享老地产来说，主要以居住地产产品为载体，结合医疗、康复、休闲等养老服务。

享老居住地产产品是指可以为老年人提供经济供养、生活照料、精神慰藉等服务内容的居住场所。在旅游小镇中其基本存在形式有以下几类：老年社区、老年公寓、老年住宅等。而一个成功的享老居住地产项目，除了满足基本的居住功能，即提供公寓、套房等产品外，还需要满足生活服

第七章 旅游小镇的地产开发

务功能、文化娱乐功能、医疗护理功能、商业功能等,向老年人提供公园、健身区、棋牌室、医疗室、紧急呼叫、日常护理、超市、洗衣理发等服务配套产品。根据蓝城养老地产的成功案例来看,一般居住用地与服务配套用地的比例约为 1∶2。详见图 7-8。

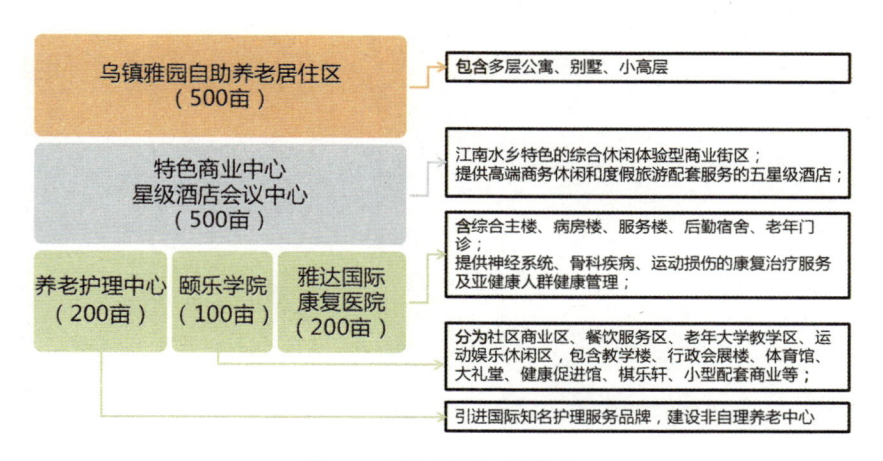

```
乌镇雅园自助养老居住区(500亩) → 包含多层公寓、别墅、小高层

特色商业中心 星级酒店会议中心(500亩) → 江南水乡特色的综合休闲体验型商业街区;
                                    提供高端商务休闲和度假旅游配套服务的五星级酒店

养老护理中心(200亩)  颐乐学院(100亩)  雅达国际康复医院(200亩)
→ 含综合主楼、病房楼、服务楼、后勤宿舍、老年门诊;
  提供神经系统、骨科疾病、运动损伤的康复治疗服务及亚健康人群健康管理;

→ 分为社区商业区、餐饮服务区、老年大学教学区、运动娱乐休闲区,包含教学楼、行政会展楼、体育馆、大礼堂、健康促进馆、棋乐轩、小型配套商业等;

→ 引进国际知名护理服务品牌,建设非自理养老中心
```

图 7-8 乌镇雅园的功能构成

(五)文化创意地产产品开发

文化创意地产是指以文化为主题,具有文化创意产业价值链的地产模式。文化与旅游产业都是高效益、无污染、发展可持续、能对周边经济发展形成强大辐射力的高效产业,他们的融合发展能够对地方经济产生强大的带动作用。在旅游小镇中,文化创意地产主要有文化创意产业园区、艺术集聚区、影视城(基地)、文化主题园四种类型。

文化创意产业园是一系列与文化关联的产业集聚后形成的特定地理区域,是具有鲜明文化形象,并对外界产生一定吸引力的集文创生产、服务、商贸、居住为一体的多功能园区。园区内形成一个包括生产、发行、消费产供销一体的文化产业链。

艺术集聚区是一个创意产业聚集地,聚集的是一批优秀的创意人才以及产业。它在区域社会发展中,不仅仅表现为经济的带动核,更是现代生活理念、城市文化的传播中心。它为城市带来的是人气的聚集与城市软实力的提升。比如北京的 798、上海苏州河畔的莫干山路艺术集中地。

第 8 章
旅游小镇的景区化设计

第一节
旅游小镇景区化设计

目前国内旅游小镇在规划设计和建设经营上存在很多问题，归根结底是因为小镇旅游主题化差异不明显，文化特色不鲜明，或休闲产品不够创意创新，旅游核心产品不具有吸引力。

一个好的旅游小镇本身就是一个景区，当休闲已经成为城镇、村庄的一种生活方式时，会吸引大量的游客驻足观看、游览、体验，形成城在景中，景在城中，城景两相宜的意境。因此旅游小镇的打造，关键在于景区化打造手法的运用和景观设计手法的创新升级。

在旅游小镇中，入口景观、公园景观、节点广场、大型中心广场或者集散广场，这些都是景点。这些景点之间的关系、景点布局、游线关系，构成了整个小镇的景区概念。旅游小镇也正是通过一个个节点的景观设计，通过水系、绿植、林荫道、游步道等把景点串联起来，整体形成一个具有旅游小镇特色的环境体系，形成了旅游小镇独特的性格特点。这种性格体现在一花一木、一砖一瓦、一灯一座之中，生活在其中的人们和外来的旅游者，徜徉其中，能够通过一个个节点和景观小品，感受到小镇不一样的魅力。旅游小镇要实现景区化打造，前提是要通过资源的整合及文化的挖掘，明确小镇的旅游总体定位及产品谱系，在总体规划布局及功能分区的框架下，按照传统景观打造手法进行景观核心及景观节点的设计。

一、八大景区化设计理念

（一）旅游设计是全感设计

旅游设计对人的感觉系统的满足应该是全方位的，视觉、听觉、嗅觉、味觉、触觉，缺一不可。美景与华乐，或是一顿美食，或是一缕清风，都会带给游客满足，甚至升华为精神的愉悦。

（二）旅游设计是空间设计

旅游设计是有明确主题的，对于场地独特空间属性的理解应该是确定的。山野、湖泊、大海、田园，不同的场地有着不同的场所意义。要使旅游过程有意义，就必须遵从场所精神，人们面对一个独特的旅游区，带来的感受是具有场地意义的。因此，旅游设计要显现场所精神，应创造一个有意义的场所，使得游客能诗意地感受、个性地体验。

（三）旅游设计是关怀设计

旅游设计应该建立在人体工程学、设计心理学的基础上，旅游小镇的基础是服务，要在服务的过程中体现出对游客的关怀，特别是针对特殊游客。如对残疾人、老人、妇女、儿童等有特殊需求的群体，设计上要注入更多的热情。

（四）旅游设计是快乐设计

旅游设计体现在物性上，抑或是人性或神性上，给人的感觉应该是快乐的。快乐体验是旅游可持续发展的动力，游客旅游如果没有获得快乐，就失去了意义。从物性需求看，快乐体验源于感官的刺激；从人性需求看，快乐体验表现在获取关爱、获得知识、体验价值等方面；从神性需求看，体验神圣、感受终极关怀等都可以带来快乐。

（五）旅游设计是审美设计

设计都应该是尊重美学的，旅游设计更应该如此。如旅游小镇的标识系统设计，就是通过标志、标准字、标准色、象征图案、材料等视觉符号及要素，形成一个最直接的视觉形象，并在景区应用系统中加以广泛应用，

第八章　旅游小镇的景区化设计

统一而充分地表达景区理念和内在特质，以获得广大游客的认同。

（六）旅游设计是生态设计

旅游设计必须以人与自然和谐发展为前提。在旅游设计时必须关注环境，因为旅游产品在整个生命周期，都以某种方式影响着环境。因此在旅游设计过程中，要给予环境与利润、功能、美学、形象等传统的旅游价值相同的地位，形成生态设计理念。

（七）旅游设计是体验设计

旅游设计应该提供给人多方位的体验。体验设计的典型特征是：旅游是一个过程，游客消费是这一过程的"产品"，因为当过程结束的时候，游客记忆将长久保存对过程的"体验"。游客愿意为这类体验付费，因为它美好、难得、非我莫属、不可复制、不可转让、转瞬即逝，它的每一瞬间都是"唯一"。

（八）旅游设计是高附加值设计

旅游是近年来高速发展的产业，旅游设计以满足个性化、特定场所生活感受为目的。旅游设计的体验性使其产品往往具有唯一性，应该体现出较高的设计含量和体验价值，因而也具有极高的附加值。

二、六大景区化设计手法

景区化打造的关键，是要将旅游要素有机结合到旅游小镇的环境当中，这首先需要将景区化设计手法加以总结，形成基本方法论并加以运用。绿维文旅在丰富的实践基础上提出了创新的六大景区化设计手法。

（一）生态化

随着"人与自然和谐共处"理念的进一步深入，人们对"景观"，尤其是"旅游景观"，越来越强调生态模式，更加注重对原生态环境的保护、原生材料的运用，以及原生文化的保护。旅游小镇的生态化设计包括建筑生态化、景观生态化、游憩方式生态化，以及系统生态化。

建筑生态化强调挖掘当地独特的文化和资源，采用乡土材料，运用环保与低耗能技术，除了建筑本身达到绿色建筑的标准外，还要与当地的自然生态环境相融合，达到"建筑像是从土地里长出来"的感觉。

景观生态化，即在尊重当地文化、采用当地材料的基础上，充分整合自然资源，进行本土化植物配置，对于人工景观的打造应强调遵循中国古典园林"虽由人作宛自天开"的设计理念，最终形成城景共融、人在景中、景在城中的氛围。

游憩方式生态化是指通过生态环境及整体休闲氛围的营造，结合旅游过程中吃、住、行、游、购、娱、商、养、学、情、奇、体、宗、农、创、村等游憩活动，在为游客带来安全性、便利性、舒适性的同时，又能将对环境的破坏降到最低。

这一手法，尤其适合处于独特的地形地貌区、拥有得天独厚生态景观资源的旅游小镇。

（二）主题化

主题，是旅游小镇实现整合开发的核心。从旅游小镇的空间布局上来说，主题起到的是一个统领全局的作用，从游憩方式上来说，主题是一根联系各个具体单项设计的纽带，在旅游区的整体形象提升上也是不可或缺的关键因素。因此，任何旅游小镇，都需要进行主题整合，形成鲜明的主题内容，树立独特性，并达到品牌的统一性和特色化。

旅游小镇在设计上，必须服务于小镇的"主题"定位，并将主题元素创新应用到游憩方式设计、建筑设计、景观设计中的各个环节，从大门、游乐项目、标志性建筑到接待设施、休闲项目、引导系统等，都应该体现主题内容，整体上形成鲜明的主题形象，达到整体的最佳效果。

这一手法适用于拥有独特旅游资源的小镇，如滑雪小镇、温泉小镇、滨海小镇等。

（三）情境化

情境化，就是让小镇环境成为制造情境的手段，让景观环境成为体验过程中的道具和工具，围绕主题定位，对旅游十六要素"食、住、行、游、购、娱、商、养、学、奇、情、体、宗、农、创、村"的每个环节，进行"情境"氛围设计，达到游客在情境之中体验和感悟的效果。情境化设计，

第八章　旅游小镇的景区化设计

可以将自然与文化资源，转变为人性化的观赏过程，转变为具有吸引力、使游客兴奋的产品。

旅游活动中情境体验设计的类型大致分为五种：在游客的内心世界里再现某一特定历史情境的历史情境体验设计；满足人们对于生活方式转换的向往以及想要体验旅游地原汁原味生活方式的异地风情情境体验设计；注重游客的可参与性，同时注入快乐元素的猎奇情境设计；让每个人都能完全融入自己角色中，能追寻到一种情感完全释放的剧情体验设计；显现场所精神，使得游客能有诗意感受、个性体验和释放的空间属性体验设计。

这一手法对于以艺术文化体验为主的旅游小镇尤其适合，如中国传统的古镇古村，或是现代的壁画小镇、动漫小镇等。其空间体验的尺度可以小到一条休闲商街，也可以大到整个空间环境，从建筑的文化符号到整个小镇的肌理形态，构成了完整的文化情境体验氛围。

（四）游乐化

游乐化，主要表现为将旅游小镇中的功能型消费项目融入游乐的趣味，使得该小镇具备更强更独特的吸引力。从游憩方式上讲，它主要强调为一种体验，注重游客的参与性。游乐化设计需要考虑以下四点：第一，满足游客的出走心理，主动变换场景；第二，研究游客的求异心理，创造时空轮回；第三，满足游客的体验需求，注入快乐元素；第四，满足游客的审美需求，体现艺术性。

这一手法适合于以某项大型活动或赛事为主要吸引物，以协调人与主要的活动场地关系为主，游客参与性强的旅游小镇。绿维文旅在"宁夏兰一山庄"的规划设计中，因在餐厅和总统套房的景观打造中融入了很多游乐性元素，使得来吃饭和住宿的游客，不太介意食物的口味，而更在意消费的环境，愿意付出普通消费一到二倍的价格，目前已经成为当地的时尚消费场所。

（五）动感艺术化

动感化是在原本静态的项目中，引入鲜活的、互动的、动态的主观感受，从而赋予项目生命活力、活泼健康的意味。"动感"不是运动本身，而是以人的感觉为主导的，是"运动的感觉"和"互动的感觉"。因此，引入"动感"，就成为对传统静态产品进行创新的一个有效手段。

自然环境的动感化打造，需在充分论证动感化提升有其需求和必要性，且不破坏优势资源的基础上，运用大地景观艺术、夜间灯光等手段，结合休闲场所的搭建来实现；人工构筑物的动感化打造，则可以运用动态艺术（如立体动感街画）、声音、光影、科技等手段来实现；游憩方式的动感化打造，则注重互动化的设计，比如表演者与观众的互动、环境与游客的互动等。综合运用不同类型的动感艺术游憩，创新设计游憩方式，可以为旅游小镇提供独特的游憩乐趣和游客吸引力。

（六）本土化

本土化即密切结合当地现有资源，发挥地方特色，从而形成有别于其他的地域性风格。所谓本土化的旅游设计，就是要将本土化的元素融入设计之中，追求返璞归真的设计风格，开发本土化的游憩方式，创建本土化的建筑和景观环境。

通过选择独具当地特色的建筑和景观材料，还原当地的建筑和景观风格，游憩方式和生活习惯相结合，把本土化作为旅游设计的一大方向，可以让每个旅游区都有个性，有特色。具有鲜明本土风格的旅游设计，可以让地方文明通过旅游进行传播。

三、旅游小镇景区化打造要素

旅游小镇所包含的要素多种多样：小镇入口广场、形象大门、游客服务中心、教堂寺庙、博物馆、主题广场、商业步行街、公园绿地、游乐场、滨水空间，除此之外还有配套服务设施，诸如主题餐厅、购物卖场、主题住宿、特色交通等。

旅游小镇的景区化打造，应在总体布局下通过入口形象、核心广场、休闲商街、景观小品、游线组织这五大方面进行展现。在这些要素中，入口是小镇展示的窗口、核心广场是公共活动的主要区域、休闲商街是休闲业态的聚集区、景观小品是环境品质的细节、游线设计是景区规划的重要依据。

（一）小镇入口

旅游小镇的入口一般是整个小镇主题风格、品质、特点、内容的集中

第八章　旅游小镇的景区化设计

体现。它带给游客进入小镇的第一印象，因此是很重要的内容，包括入口广场和入口大门。

入口广场连接市政道路，是进入大门前的形象空间。其选址尤为重要，要考虑通达性、安全性、开放性。另外，作为进入小镇的空间营造和氛围营造，中心或两侧要设置核心雕塑和核心标识物，整体氛围上要能够体现小镇的主题及风格。详见图8-1和图8-2。

图8-1　河北邯郸广府古城入口广场效果图 　　图8-2　河南鄢陵某养老小镇入口喷泉广场效果图

入口大门选址一般靠近入口广场处，是进入小镇的第一构筑物或建筑，能够给人形成第一印象。一般大门首先考虑交通功能性，其次要展现小镇的文化特色。详见图8-3和图8-4。

图8-3　甘肃临夏八坊十三巷细巷出入口效果图 　　图8-4　江西宝峰镇秀峰路"明心门"实景照

（二）核心广场

核心广场包括演艺广场、主题广场和旅游集散广场三种。

演艺广场是旅游小镇景区化打造的一项生动、有趣、参与性强的内容。它将民俗、文化及生活习惯与故事情节、人物表演相结合，形成游客互动、人气聚集，再将人群及游客向周边消费或参与区域进行引导。

主题广场是满足休憩、商业、仪式等功能的开放空间，包括纪念性广场（具有明确时间、人物、事件的记载，具有主题事件，对小镇历史及文化具有重要传承意义）、仪式性广场（为举办某项活动、会议、论坛等内容设计的，需要满足讲演、剪彩、开幕、闭幕仪式等基本功能）、商业性广场（具有明显的商业聚集，能够形成围合性结构，主要服务配套于休闲消费人群的短时间休憩，形成节点性景观）。它的选址，一般位于车行道路右侧，或者步行道路的两端或中心处，实现人流疏散及聚集的功能，可围合可开阔，体现主题内容，体量和尺寸相对合理，不宜太空旷太大。

旅游集散广场通常是与游客集散中心配套结合的，规模按照游客接待量来界定，一般只需满足旅游集散场地及服务设施（如洗手间、邮局、商品售卖等）的需求。详见图8-5和图8-6。

图8-5　宝峰镇禅韵文化主题广场效果图　　图8-6　甘肃临夏神泉山庄中庭广场效果图

（三）商业街

旅游小镇的街道是休闲业态的聚集区。根据路网规划，每条街区及街道的形态也有所不同，通过对街道的命名以及主题定位，形成不同业态结构的街道主题风格，如酒吧街、客栈街、民俗街、演艺街、餐饮街、购物街、杂耍街、字画玉石街等。其选址一般要遵循小镇规划中的交通要求，靠近小镇入口或者旅游集散广场位置，有很好的识别性，有明显的导视系统，交通进入方便，强化商街的主题特色。

紧凑型商业街街道一般在2~20米，要尽量少种绿植，以免对商铺造成遮挡，要适当考虑休息设施，但不宜太多。

舒展型商业街街道一般在10~20米，应配置高度在3米以内的小型雕塑（人物为主或情景雕塑）。商铺如果有断点，可以配置活动性较强的绿植，

第八章 旅游小镇的景区化设计

另外,在节点处要设置休憩设施,并加入景观小品。详见图 8-7 和图 8-8。

图 8-7 江西瑞金沙洲坝风情街立面改造透视图 　　图 8-8 重庆万盛夜郎古镇休闲水街效果图

(四)景观小品

景区化打造要把基础设施做好,旅游小镇需要在主要游线上配备导视系统(三级导视系统)、夜间照明系统(路灯、景观灯、地灯、射灯、草坪灯)、花钵、树池、垃圾桶、公用电话亭、休息座椅等,并对这些设施进行主题化、景观化包装,使其符合整个小镇的风格。详见图 8-9 和图 8-10。

图 8-9 江苏盐渎明城"盐城志"效果图 　　图 8-10 西宁商业巷公主巷景观效果图

(五)游线设计

游线设计应根据小镇整体布局,考虑游客游览时间及在游览过程中的兴奋期和疲劳度,根据不同游客需求,设计不同主题及功能的游线。主游线设计需要整体考虑串联各种类型业态,如观光、购物、餐饮、演出、体验、住宿等,并将白天项目和夜间项目结合考虑。

四、传统景观设计手法的创新升级

215

（一）小镇入口的设计

小镇入口的大门是小镇的第一个展示点，是旅游小镇建筑群体空间序列的起点，赋予旅游者直观的第一印象，也能从一定程度上反映景区的文化表征和景区的美学价值观，起到"点题"的作用，让旅游者直观的感受旅游小镇的主题意境。

1. 四大设计要求

（1）突出小镇主题。

旅游小镇的入口在打造和设计时，首先应该用特有的文化元素突出和强调小镇的主题。例如，绿维文旅在景迈山大门的设计中，以其最核心和最具凝练性的旅游价值——"文明山"为中心理念，以"哎冷遗训"为主要素材，以象征着景迈山的景石为载体，用帕哎冷像、七公主像和遗训雕刻，来体现景迈山的价值，用树化石的群组小品为装饰，体现景迈山的古老文化。详见图8-11。

图8-11 云南景迈山大门设计效果图

（2）融入当地环境。

旅游小镇入口的设计要融入当地自然环境，选用和小镇内风格一致的

第八章 旅游小镇的景区化设计

建筑材料和色彩,保持整体形象的统一,同时还要方便小镇的管理。例如,蒙山大洼旅游度假区的核心资源是生态环境,因此在进行项目设计时,应以生态文化为切入点。大门整体以自然生态的园林景观表现手法,追求人与自然和谐的境界,建筑景观设计主打乡土化的简约中式风格,与景区环境风貌融为一体。该项目已于2013年建成并投入使用。详见图8-12。

图8-12 景区大门改造效果图

（3）重视视觉效果。

重视视觉效果又不能哗众取宠,在主题的基础上与环境相协调是基本原则。可以通过设计元素增强大门的视觉效果,比如可以采用大的尺度运用到小的节点上,凸显视觉冲击;也可以运用风格化的材料和有层次的绿植,强化景观效果;也可以运用建筑本身的色彩与周边环境形成一定的对比;夜间可以运用灯光形成独特的夜晚景观;也可以运用"水"元素,增加设计的动感。

（4）强化总体布局。

总体布局要考虑入口与周围环境之间的相互影响和作用,考虑道路交通、人流、车流、疏散等多方面因素,将大门建筑与周边环境融为一体,主要从大门位置的选择、大门与周边环境的空间结构以及功能性等方面来综合考虑。

2. 五大设计形式

总结起来,旅游小镇入口可以采用以下六大设计形式:

第一，单体建筑式大门。入口通常会以建筑及构筑物搭建一个围合空间，形成门户感，有明显的界线，这种做法一般适合用地比较紧张，周边有一定的建筑规模，需要用建筑主题特点去强化大门形象的小镇。

第二，雕塑式大门。以主题人物、情景、故事或者代表元素形成主题性突出的工艺型大门，如浮雕、圆雕、透雕等。

第三，古建式大门。东方或西方代表性建筑物大门，如欧式罗马柱、中式的明清牌楼等。

第四，建筑群落式大门。以建筑组群形成围合，强调空间体量。

第五，广场式大门。以开放空间广场搭配主题标志性景观，如喷泉、绿植和吉祥物，形成开放式入口大门。

第六，生态景观式大门。

（二）核心广场的设计

广场是旅游小镇的核心节点，也是休闲游憩活动的重要休闲吸引核，白天可以通过休闲设施、景观小品等的布局，使其成为旅游者休憩和观赏的场所，夜间可以通过激光水秀和篝火晚会等形式，激活旅游小镇夜间氛围，形成人流的聚集。

1. 广场设计核心思路

旅游小镇在广场设计的过程中，要充分考虑文化导入、空间布局、景观设计、服务配置和照明的配置。详见图8-13。

第一，广场设计之前要进行文化的导入，对于广场整体要有文化性和特色性的定位。广场应突出其地方社会文化特色，即人文特性和历史特性。广场应该传承旅游小镇的文化脉络，拥有地方民俗风情，有利于开展地方特色的民间活动。广场设计过程中要适应当地的地形地貌和气温气候等，广场应强化地理特征，尽量采用富有地方特色的建筑艺术手法和建筑材料，体现地方山水园林特色，以适应当地气候条件。

第二，按照旅游小镇发展总体规划的要求，在关键节点布局广场，广场的空间布局要考虑规模大小、场地外形设计，要进行合理的功能分区，广场主要分为休闲区、阴凉区、活动区等。旅游小镇在设计的过程中，不仅要考虑广场的美观性还要充分考虑广场的功能性，要使广场成为真正的

第八章 旅游小镇的景区化设计

图 8-13 广场设计核心思路

客流集聚地，发挥广场吸引核的效能。广场要有足够的空间供人活动，同时也应保证不少于广场面积 25% 比例的绿化地，为人们遮挡夏天烈日，丰富景观层次和色彩。广场之中道路力求通顺、流畅、方便、实用。广场中需有座椅、饮水器、公厕、电话亭、小售货亭等服务设施，而且还要有雕塑、小品、喷泉等充实内容。

第三，广场要有与主题文化相匹配的景观设计。广场无论大小如何，首先应明确其主题。围绕着主要功能，广场的规划设计就不会跑题，就会有"轨道"可循，也只有如此才能形成特色和内聚力与外引力。首先，绿植是重要的景观设计要素，合理配置，对其进行适当的修剪，既可以体现树木的阴柔之美，又可以体现其秩序性。根据不同地区的地域条件，如气候、土壤等选择合适的植物花卉品种并与其观赏周期相配合，这样可以在不同的季节欣赏到不同的景致。其次，景观小品的建设，如现代化的通信设施、雕塑、座椅、饮水器、垃圾筒、时钟、街灯、指示牌、花坛、廊架，应与总体的空间环境相协调；小品的主题和造型确定纳入广场的总体规划作为衡量标准；小品应以趣味性见常，宜精不宜多，讲求得体点题，并不

219

是新奇与怪异。

第四，灯光的配置。旅游小镇的广场兼具娱乐休闲功能，往往在夜间的使用频率较高，需要创造良好的夜间形象，因此，灯光设计尤为重要。中心区域照明可以亮一些，休闲区的照度一般即可。广场照明的灯具可分为三种：第一种，高杆灯，用于主要的活动空间；第二种，庭院灯，用于休闲区域；第三种，草地灯，用于园林绿地照明，创造特殊意境，常常布置在草地当中，创造繁星点点、绚丽迷人的景观效果。

第五，除了静态的美感之外，广场还需要配套服务设施、娱乐设施等实现动态的吸引力和听觉的吸引力。动态的水体，如喷泉、瀑布、跌水、导水墙等可在视觉上保持空间的连续性，配置音乐，可以分割空间，丰富广场的空间层次，还可以活跃广场的气氛。伴随小镇活动的需要，还可以把广场变成大型秀场，比如布置激光水秀、演艺秀场活动等。

只有做到设计新颖、布局合理、环境优美、功能齐全，才能充分满足旅游者高雅艺术欣赏、健身娱乐休闲的不同需求。

2. 不同分类下的旅游小镇广场打造要点

根据广场的设计目的可以把广场分为三类：休闲演艺广场、主题文化广场、旅游集散广场。

（1）休闲演艺广场。

此类广场以休闲、演艺为主要功能，既要满足旅游者休闲的目的又要满足日常演艺的需要。其设计包括三大内容：

第一，氛围设计。将休闲核心引爆，用演艺的方式做足现场气氛，强化旅游小镇人群聚集的功能，形成动态的吸引核心；

第二，场地设计。通过舞台、集散通廊、休闲设施、场地隔离带，形成有明显场地边界的围合空间，在不表演的时候可以作为公共活动区域；

第三，规模设计。根据整体旅游小镇规模，预留出合理的广场面积。

（2）主题文化广场。

其建设一般是为宣扬某种文化，展现某种主题，运用一项或多项建设物来展现，或抽象，或具体。这类广场以某种建筑为重点，其他附属设施较少，面积一般较大，可以举行大型人员聚集活动。主题文化广场的设计，要根据小镇不同区域的不同主题，将文化主题元素景观化，通过对雕塑、

第八章 旅游小镇的景区化设计

小品、廊架、座椅、花坛等小品，在造型上采用艺术设计手法，在平面表达上运用图案，在空间表达上运用情景雕塑、主题雕塑、浮雕墙等，形成开放式活动场地。主题广场的三大表现重点为：

第一，强化主题。围绕核心重点刻画，形成主题概念，使旅游小镇整体主题更加强化、形象化、美观化、情景化，使文化表达的具体内容更加深化。

第二，细节体现。通过地面硬质铺装、草坪、模纹绿篱及绿化隔离带、水面、喷泉、座椅、垃圾桶、景观灯等小品体现细节之美。

第三，空间衔接。满足不同区域间的交通联系，各个空间之间景观表现元素要统一，满足不同人群休憩方式。

（3）旅游集散广场。

这类广场一般由展览性建筑结合雕塑、水体绿地形成，一般布置在旅游小镇中心交通干道附近，便于人流和车流的集散。其景区化的打造有两个重点：

第一，集散快捷性。位置要处在重要出入口处，满足人群导向清晰、方便、快捷的需求；要有清晰的导视系统，能够明确导向各个景点，快速指引人群和游客到达目的地；地面铺装要简洁、平整。

第二，服务方便性。在周边配套一些服务设施，将基础功能和集散广场有效结合，体现旅游小镇的人性化。

旅游小镇开发运营指南
Guidebook of Tourist town'S Development and Operation

第二节
旅游小镇建筑的创新手法

旅游创意建筑不仅要满足建筑的功能要求，还需具有独特艺术效果，打造旅游吸引力。其与一般建筑的区别，一是服务功能的独特要求，二是吸引力的创造。

绿维文旅做旅游产品设计，力求将创意策划最终落地到建筑设计上，创新是设计价值提升的第一原则，这不仅适用于旅游开发，同样适用于其他领域。经过十几年的探索，绿维文旅将创意建筑与景观的设计总结为三要素、四特点、五领域。

一、创意建筑设计三要素

创意建筑需要突破一般设计限制，从空间、材质和文化符号三方面充分开发休闲性、本地化、民俗文化的价值。

（一）空间设计的创新

空间设计的功能性。无论是游客中心、集散中心、度假酒店、观景亭台楼阁还是餐饮建筑，都涉及空间结构上如何满足建筑功能并符合旅游特点的问题。由于游客流量大，且集中在高峰时间，这就形成了对旅游建筑空间的特殊要求：层高高、空间大、人群容易集中和疏散。

空间设计的休闲性。旅游具有休闲性，因此，与此相关的建筑也要凸显这一特性：空间更通透、更通风、光照更充足、

第八章 旅游小镇的景区化设计

和自然更融洽，能充分互动且实现最大包容。在这种环境下，休憩座椅、摇摇椅、石桌石凳、遮阳伞，及一些遮阴树木的设置条件会更充分，从而，与建筑之间形成互融互动的关系，实现建筑休闲性的提升。

空间设计的多样化。餐饮、购物街区、购物柜台、土特产品销售点等休闲空间，特别是厕所、洗手间等服务性建筑与环境的融合，对景区建设是特别重要的。它容量大、需求量大、相对集中，涉及环卫清洁等条件的提升，从而应形成功能建筑上更符合景区和旅游要求的空间特点及功能布局。

（二）材质利用

材质利用本土化。本土化是设计所有旅游建筑的第一原则。本地化的优点：第一，价格优惠；第二，更能体现自然环境下自然材质的本土性和独特性；第三，更容易形成利用本地资源进行文化塑造的价值。详见图8-14。

图8-14 新疆鄯善蒲昌村实景照

（三）文化符号

文化符号对旅游建筑具有特别重大的意义。旅游小镇大多数是自然与文化相结合的，具有非常丰富的文化元素，比如历史文化、民俗文化、人物文化、专项文化、产业文化、民族文化等。所有这些元素都可以转化为旅游资源，我们称之为文化体验化、文化景观化。建筑就承载着这一重任，因此，如何有效地把文化价值通过建筑符号体现出来是重中之重。

我们的方法就是用大的文化理念构筑建筑物的创意和目标，通过文化符号化来实现细节。把文化融入建筑的空间结构、表皮肌理、建筑造型、互动结构的空间安排等各方面，从而形成文化建筑的特色。

二、创意建筑的四特点

从旅游角度来看，创意建筑是依托于自然景观和风景名胜资源所形成的，属于风景型建筑。这类建筑要融于自然、风景以及景区环境，这是建筑设计的第一前提和要点。

我们往往把生态作为旅游的本底，四季不同色彩的植物景观、动物景观、山石景观、水景观，以及各种气候景观，都成了建筑景观的大背景。在这一背景下，创意建筑与景观设计需要考虑四个角度，并由此形成四大特点。

（一）从地上长出来——融于环境

与环境融洽，是创意建筑与景观的基本前提。融洽，不仅包括绿色背景、土地颜色、岩石颜色、社区建筑、天空、水环境，还包括小环境，比如地势、天然植被基础、水与地势利用等。

当建筑和景观与环境融为一体时，我们感到创新的人工作品，好像是从地上长出来的一样，就是在那块土地，那么自然地形成了美丽而融合的建筑景观。详见图 8-15 和图 8-16。

图 8-15　游客中心（一）

第八章　旅游小镇的景区化设计

图 8-16　游客中心（二）

（二）那方的水土——就地取材

我们常说，一方水土，养一方人。

这一方水土，就有其本土的岩石、沙土、泥土、树木等不同于别处的材质。这方水土的颜色、材料质感、使用方式、建造模式，都有其自身的特色。就地取材，凸显地貌、地势、地色、地质，可以形成创意建筑的独特性，完全区别于常规标准用材。详见图 8-17。

同时，使用本地化材质也是与当地环境风貌相融洽的一种手法。

图 8-17　木屋会所

225

（三）仿生与覆土——人造自然

仿生即模仿自然环境，又不同于自然环境，形成建筑与景观的创新表现。可以模仿动物、植物等生物，也可以模仿地貌、岩壁、树丛、土丘、山石等。覆土建筑，就是把建筑与原生自然草地结合起来，模仿草坡，形成地层空间。详见图 8-18。

图 8-18　生态石屋

（四）那方的民俗

一方水土，养一方人。那一方的人，就有那方的民俗。以民俗为依托进行的建筑与景观特色打造，是最生动最文化的。

建筑外观的设计、景观意境的营造，如果能在材质、文化符号和空间形态方面与当地的文化、民俗、自然、环境融为一体，共同形成那方的人文气质，独特性马上就凸现出来了。详见图 8-19 和图 8-20。

图 8-19　徽派养生村落

第八章 旅游小镇的景区化设计

图 8-20 夜郎民居

三、从五大应用领域看创意建筑

（一）从旅游发展和旅游产品设计的需求上看，创意建筑具有其独特的价值

我们之所以提出创意建筑，很重要一条就在于要通过这种独特建筑来构筑旅游小镇的核心吸引力，打造旅游项目的吸引核，这已经成为绿维文旅旅游设计的主要手法。实践证明，这种手法非常成功。最典型的例子就是贵州黄果树度假小镇的建筑设计，在地块中央核心制高点，以民俗、时尚、震撼、多元组合为主导，打造"云顶餐厅"，形成本项目的核心吸引物。山顶核心建筑屋顶，选取苗族服饰中最具代表性的纹饰——凤凰和银冠作为主导元素，将其与建筑融合并创新，形成当地核心吸引景观——苗头宴舞。详见图 8-21。

图8-21 核心吸引景观——苗头宴舞

（二）创意建筑对休闲商业具有特别重要的支撑价值

休闲商业超越传统购物商业的方面就在于，前者把休闲环境和休闲时段的持续滞留以及消费作为主要业态特征和市场模式。这种市场模式，就要求休闲商业街区、休闲步行街区、大型商业综合体等，不仅在空间上，在功能上也要形成休闲项目来支撑。在环境、文化和休闲平台上要构筑大量的自然、文化相融合的休闲环境及休闲模式，从而形成休闲商业街区和休闲商业综合体的发展架构。详见图8-22和图8-23。

第八章 旅游小镇的景区化设计

图 8-22 黄果树度假小镇

图 8-23 夜郎水街

（三）创意建筑与创意景观，是创意产业发展的支撑

基于创意产业自身对于产业发展、休闲空间、社交空间的个性化需求，作为产业载体的建筑或营造环境的景观，往往超越了旅游和商业，在功能

上将创意产业、商业、旅游和休闲游乐集合在一起，形成一种综合架构，在外观上，以小镇主题为基础，通过大胆创意，甚至夸张的造型，在满足功能的基础上，形成核心吸引力。详见图8-24。

图8-24 沙石建筑

（四）标志性建筑必须是创意建筑

大型标志性建筑及公共建筑的创意型外观，是城市的重要景观，也是城市吸引核及城市名片打造的重点。绿维文旅在做这种项目时也正是贯彻了这一指导思想，南昌大剧院、南昌群艺馆、盘龙城博物馆等项目里都大胆使用了一种我们称之为文化意象的手法，即具象文化与抽象文化相结合。这种手法对大型公共建筑的打造具有重要意义。详见图8-25。

图8-25 "孤鹜映霞"大剧院

（五）低碳创意建筑

现代人类的发展，把生态文明提高到前所未有的高度。低碳、生态理

第八章　旅游小镇的景区化设计

念，使创意走向有了新的技术结构。清洁能源、低耗能、循环水利用、低碳技术指向下的创意，形成了全新的时尚。

我们理解的创意不仅仅是文化的创意，还包括技术的创意、建筑艺术的创意，是多层次创意的结合，因此，弘扬创意建筑，把握创意模式、创意手法，在空间关系、功能布局、材质利用、建筑技术等多个方面进行创新和创意整合，是绿维文旅追求的目标，也是我们不断总结和研究的重要方向。详见图8-26。

图8-26　低碳建筑——康疗中心、培训中心、生态总部基地

231

第9章
旅游小镇的运营模式

第九章 旅游小镇的运营模式

第一节
旅游小镇运营管理创新

旅游小镇的运营管理既需要借鉴"城镇运营"的概念，又必须遵循"景区运营"的规律。"城镇运营"是在城镇化、城乡一体化背景下，以城镇为开发对象，以政府部门为主导、以企业为经营主体，以市场化为手段，对构成城镇的空间载体及资源进行重组、集聚、运营，从而实现资本的动态发展、多方共赢的过程。城镇运营是一个系统工程，包括了土地、产业、建筑设施、生态环境等有形资产的市场化经营；提供优质公共环境、管理秩序、人文风气等无形资产的经营；城市定位基础上的城市品牌运营。需要的知识包括规划、建筑、经济、市场、营销、资本、管理等。

按照市场化程度，我国小城镇运营分为非市场化、半市场化、全市场化三种主要形式，每种形式都有成功的范例，但是最近几年，随着新型城镇化的推进、原有竞争优势的消失以及城市发展理念的转变，重在短期利益的土地发展模式难以为继，而产业和项目运营所产生的长期收益，成为政府关注的重点。因此，对于市场化机制下产生的旅游小镇来说，其运营更需要站在新的高度，提出新观点、新模式，架构新的运营体系。

一、旅游小镇运营理念的转变

旅游小镇运营理念的转变源于城市发展理念及开发建设主

体的转变。几十年来，政府一直是城镇建设的推动者与核心运营主体，既是所有者，又是经营者，还是管理者和监督者。随着市场取代政府成为资源配置中的决定力量，这也就决定了城市运营必须在理念上发生转变，同时运营主体、运营客体以及收益模式也要随之转变。

第一，核心运营主体的转变——从政府主导转变为多种形式并存。

（1）政府仍然为主导力量，或者政府全权负责投资建设运营，或者政府负责投资，委托运营商建设运营。这一模式适合财政力量雄厚，运营能力或把控能力强大的政府。优势是政府拥有绝对的控制权，推动进展快；劣势是政府财政压力大，同时也面临着后期运营的大量投入。

（2）政府与企业联动发展。即政府负责小镇的定位、规划、基础设施和审批服务，并通过市场化方式，引进社会资本投资建设，许诺投资方在一定时间段内拥有经营权，到期后再归还政府。这一模式适合于财政相对有困难的政府，优势是缓解了政府的财政压力，劣势是所有权与经营权的分离，导致参与企业的短视行为，同时回收后对政府来说仍然是一个较大的包袱。

（3）以企业为主导。由某一企业或多家企业联合完成投资建设运营，通过政府购买或用户付费获取收益，受政府的管理和监督。这一模式适合于资金及运营能力均强大的企业。这类企业目前也伴随运营的需求由以前单纯的地产开发商转型为以资源整合、金融投资、运营管理、产业支撑等创新服务为一体的新型城市运营商。由企业为主导的优势是减轻政府财政压力，激发市场活跃度，劣势是需要有持续的盈利模式。

（4）以非营利的社会组织为主体。比如在国外的一些城市，由市民组建一个管理委员会，进行管理。这也是以后旅游小镇运营可借鉴的一个模式。

第二，运营客体的转变——从土地为重转变为产业为重。

长期以来，土地一直是城市运营中的主要对象，也是政府财政收入的主要来源。但这一模式为城市发展所带来的弊端，逐渐凸显。随着国家对地产行业政策的收紧，越来越多的地产商都瞄准了向城市运营商、产业运营商转型。不仅要开发土地，还要开发配套服务设施、旅游项目、产业项目，要进行房产开发，最后进行产业整合和运营整合。因此，新形势下的旅游小镇的运营客体可以概括为，以泛旅游产业为主导，以土地为基础，

第九章 旅游小镇的运营模式

以旅游项目和房产项目为重点的全方位体系。

第三，收益模式的转变——从土地收益转变为综合收益。

以土地为经营客体的模式决定了政府以土地出让为主要来源的收益模式。而新形势下，多条运营线的展开，已经使得特色小镇的收益除了来自土地一级、二级开发之外，还包括产业项目的运营收益、二级房产的运营收益及城市服务的运营收益等。这一收益模式已经不再依赖于土地财政，而是一种可自我供血、可长期持续的合理架构。

二、旅游小镇运营体系

旅游小镇的运营是一个系统工程，是在"顶层设计"基础上，以政府主导、市场化运作，实现旅游城镇综合资源优化配置，最终达到资产增值的一种经营行为。这一系统，包括旅游产业运营、休闲商业运营、景点景区运营、度假地产运营及城镇运营五大内容。

（一）旅游产业运营

旅游产业是旅游小镇发展的基础，是集聚人口，形成就业的关键。在城镇化体系架构下，旅游产业运营应以泛旅游产业体系为构建重点，发挥传统旅游产业的联动作用，实现旅游产业与农业、工业、养生、运动或当地特色产业的整合，形成泛旅游产业集群。并在此基础上，实现产业发展与城镇发展的融合。

1. 战略及目标定位

旅游发展战略及运营计划的制定，是保证目标实现的前提。这里所说的战略与计划，指的是完全可操作的三年战略及三年计划。首先应该选择合适的小镇主题及市场目标，并以产品及市场为基础，配置完整的要素支撑，确定政府需要投入并解决的问题，确定社会资金及居民群众参与的程度与方式。主题的选择，以资源基础及市场需求为前提。市场目标，则需要考虑交通、时间、区位、竞争关系等。其次，是要进行实现目标路径的选择，是以政企合作的PPP模式为主，还是以企业为主，还是以政府主导。

2. 产业升级与整合

产业升级即在审视现有产业发展的基础上，通过产品转型、产业规模升级及主题产业聚集，实现旅游产业本身的升级发展。通过观光升级、休闲延展、度假深化，实现产品转型升级，从根本上改变单一门票经济的收益模式；加大投资和营销力度，为旅游业营造良好的发展环境，促进旅游产业规模升级；通过对场地资源的把握，确定各区块主题，实现各地块之间既相对聚集化，又相对差异化的发展。

产业整合是建立在旅游产业自身升级发展基础上的，即以旅游产业为核心，利用整合手段，使旅游产业及其他相关产业通过某种方式彼此衔接，打破各自为战的状态，构建一个有价值有效率的产业集群，实现产业联动，从而推动区域经济发展。主要通过三种方式实现：

第一，产业链延伸。通过整合旅游资源，塑造旅游品牌，开拓旅游市场，升级旅游产品，配套旅游服务，围绕旅游要素，完善并延伸旅游产业链，促进旅游产业转型升级，并拉动产业链上其他产业的发展。

第二，产业融合。旅游产业与其他相关产业进行融合，形成新的产业或业态，拓展旅游产品和市场，形成旅游产业发展的新动力和新方向，同时也促进相关产业的发展。

第三，消费与产业聚集。以旅游消费为核心，形成泛旅游产业聚集，形成产业聚集区。一方面能带来良好的规模经济效应，具有显著的产业规模和发展潜力，成为区域经济的支柱或者主导；另一方面，产业聚集带动城市化发展，推动城市化进程，从而实现区域的综合发展。

3．泛旅游产业集群构建

旅游产业集群化，是旅游引导的新型城镇化模式的基础，是以旅游为主导，由旅游带动或与旅游活动相关的上下游产业和横向相关产业组成的产业体系与产业群体的聚集与集成，包括旅游核心产业、旅游相关产业和旅游支持产业三方面。详见图9-1。

4．管理、投资、引资、营销四大运营

旅游产业运营管理，不同于旅游行业管理，必须由政府一把手挂帅，否则无法保证资金、政策的落实。政府在运营管理的过程中要充分利用财政手段、公共工程建设手段、土地运营、国有资产运营等多种手段在财政、融资、税费优惠、土地出让、公共工程等方面，形成较大的推动运作能力。

投资，一方面靠政府自有财政及各类直接的扶持资金，如开发银行贷

第九章 旅游小镇的运营模式

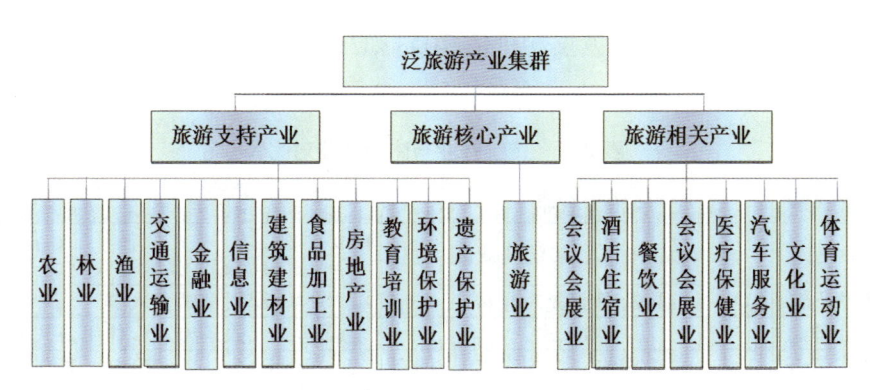

图9-1 泛旅游产业集群

款、红色旅游资金、农业资金、生态建设资金、水利资金等。另一方面靠社会资本。

招商引资工作的背后是政府的选择判断、投资商的投资能力和运营能力、市场时机等所有条件的齐备。投资商的运营能力，对招商引资成功极为重要。要吸引和选择合适的投资商、运用规划权，对资源进行统一规划控制，避免投资商过分以自身利益为导向，避免短视开发行为。市场引爆对投资商的运作信心、银行及其他投资商进入前的评估、整个旅游目的地带动有着非常重要的作用。

旅游产业及目的地的推广，必须站在整合营销传播的高度，才能达到最佳的运作效果，这也就要求旅游小镇做好旅游营销工作。

5. 产业主导下的城镇发展

产城一体化是对旅游小镇发展的基础要求。旅游产业作为第一主导产业，决定了其理念要融入旅游小镇建设的方方面面，以旅游业发展的理念来建设并运营城市，从城市精神塑造、城市行为引导、基础设施建设、公共服务设施建设、城市风貌打造、品牌形象塑造等方面入手，建设有品质、有气质、独一无二的旅游小镇，实现就地城镇化。

（二）休闲商业运营

休闲商业运营是旅游小镇运营中的一大主体内容。旅游小镇里的商业不同于城市商业，其核心有两个要素：第一，吸引力要素。第二，业态创新。旅游小镇里的休闲商业，是用来消费与体验的，因此打造核心吸引力、运用业态创新形成持续发展和价值，就形成未来休闲商业发展的重点。详见表9-1。

表9-1 传统商业与休闲商业对比表

比较内容	传统商业	休闲商业
区位	城市中心区、传统商业区	城市次中心区、大型居住社区、都市旅游区、景区商业
消费人群	目的型消费人群	即兴型消费人群
商业理念	购物方式	生活方式（娱乐方式、休闲方式）
业态组合	零售为主，餐饮、娱乐、休闲为辅	餐饮、休闲、娱乐业态为主，零售为辅
消费模式	目的化、生活必需化	休闲化、体验化、高端化
商业空间	提供消费空间	空间成为商品被消费
空间特性	功能性、舒适性	主观性、体验性
空间形态	点状、团状；空间形态相对封闭	带状、街区状；空间形态相对开放，设置灵活

绿维文旅认为，休闲商业的运营，关键是要通过活动引爆，借助现代科技，融入时代创意元素，凸显商业行为的休闲娱乐化。这一过程中，娱乐元素广泛地渗透到诸如购物、餐饮、养生、交通等消费活动中，成为产品与服务竞争的关键，而休闲娱乐也从一种无意的设置，转变为有计划地建设。其中，商业建筑与景观的创新是商业运营的基础，通过当地文化与风情的凸显，构建鲜明形象甚至是核心吸引力；特色商品的文化创意是商业运营的核心，创意的设计、精美绝伦的装潢、文化内涵的融入，已经成为休闲商品的标签与特征；商业品牌的人文营销是休闲商业运营的重要手段，人文营销可以让休闲商业的品牌富有长久的生命力与吸引力，这也是关乎项目长期效益和可持续发展的关键；商业活动作为休闲商业的特色构成，是休闲商业运营的重要引爆点，也是营造休闲氛围、提供休闲体验、丰富商业消费必不可少的手段。

（三）景区、景点运营

旅游小镇中一般包括了若干景区景点，作为小镇的独特吸引核，形成游客动线，由游客动线带动商线，从而形成商业价值。旅游小镇内的景区景点周边容易形成休闲商业的高度聚集。对于开放式的旅游小镇来说，这

第九章　旅游小镇的运营模式

些景区景点往往组合形成一张门票，作为小镇的重要观光结构与盈利点；对于封闭型景区来说，大部分景区景点为免费结构，主要作用为引导游线以及丰富游客体验。景区景点运营一般以企业为主导，或由开发企业自营，或通过招商引资实现。

（四）度假地产运营

1. 去化经营

度假地产与普通住宅地产不同，由于旅游的一些特性，其本身存在着经营上的难题：一是产权和使用权的分离，买了度假地产却不需要长期居住，闲置房产如何管理经营等问题困扰着购房者；二是度假交换的问题，在一个地方买房，但还要去其他地方旅游度假，怎样保证换住权益；三是收益的问题，目前大多数度假地产的"回租"经营，实际上是一种融资方式，收益率还不如银行利率高，因此如何实现较高的收益成为很大问题；四是总房价高的问题，可以说高总价挡住了80%的家庭。在大众度假时代下，对于年收入达到10万元以上的家庭，每年7天以上的度假需求是很现实的，谁能提供大众买得起的房子，谁就能获得大众市场。因此分权度假在这个时候显现出独特的魅力和价值，分权度假模式是大众度假时代旅游度假地产的运营之道。

利用分权度假模式，实现去化经营，有三个重点：第一，突破现有度假地产项目单一的瓶颈，深入挖掘区域现有的优势资源，打造度假综合体，实现综合服务功能结构完善，通过自身的服务价值提升，实现项目的升值价值，从买房子转变为贩卖生活方式。第二，产权与使用权分离——产权共享化。即将度假房产转变为酒店式经营管理房产，并在物权法的保障下，将一份度假酒店的产权划分为 N 份，每人购买其中的 1/N，获得享受该产权继承、转让、买卖及增值的权益，从而降低投资门槛，全面实现项目快速去化。第三，实现全国乃至全球交换。购买 1/N 产权后，购买者可通过"全球换住"平台，实现全球旅行。

2. 度假服务与会员制

大众度假时代下的度假地产运营，是一个开放式综合经营结构，涉及精神创建、功能创建、盈利创建等多个层面，其核心在于度假服务和会员社群。

第一，互联网时代度假服务模式创新。通过物联网、网上平台、大数据等互联网平台，整合导入旅游、休闲、养生、运动等周边服务形成聚集，社群化打造度假生活圈（业主生活圈、交友圈、事业圈、亲子圈、老人圈等），实现会员聚集与资本升值。如花样年彩生活服务关注社区一公里微商圈、度假生活300千米业主社群等，都是互联网时代下度假服务模式的创新表现。花样年彩生活，打造"社区一公里微商圈"，用互联网基因重组传统物业，将实体社区变成一个基于大数据的互联网平台，并启动推行基于信息化基础上的物业服务2.0模式，以彩空间作为客户需求体验与交易实体终端，扩大对社区周边商业资源的开拓与整合，优化线上服务与交易平台，以消费积分方式回馈社区住户，提升用户综合体验。

第二，会员制的黏性运作。度假社区模式的构建离不开会员制，度假不同于观光旅游的最大特点是群体性，老年群体希望跟团游，年轻人希望和朋友一起去度假，一个大家庭希望整个家族一起去度假，这就需要一种社会型黏性结构来组织和服务于他们，因此会员制是度假结构中非常重要的运营模式。

其中，"GO服务模式"也是度假生活圈一种流行的运营模式，简单来说，就是度假生活的供应方以东道主和伙伴的角色，带着游客一起体验度假的乐趣，带动大家一起跑步、一起打网球，指导休闲娱乐。它将运动达人与公关技能叠加，是一个有发展潜力并持续走热的模式。GO是度假生活的灵魂人物。

第三，精神、功能、盈利的三大创建。度假是人类的第二家园，讲究的是一种生活方式。因此对于度假综合体来说，"产品"仅是其中最基础的层次和载体。在产品之上，还需要心灵净化、认同归属、文化体验、社交关系等精神需求，进而形成一整套可持续发展的生活方式及其配套服务体系，最后达到某种特定价值观的形成。度假还要求功能的创建，要求回报率、经营性、吃住行游购娱商养学等多功能服务的接地气的结构。度假还要盈利，必须打造经营性结构和合理营利性结构。

（五）城镇运营

第九章　旅游小镇的运营模式

城镇运营是一套复杂的有机体系，完整的城镇运营是从土地开发权的获取、土地一级开发、二级房产开发、基础设施与公共服务设施开发至城镇持续维护运营等一系列工作。这里所说的城镇运营偏向于后期的维护运营，是一种狭义的城镇运营概念，主要包括：城市形象推广与宣传、基础设施运营与公共服务、城市运营的监督监评、智慧城市运营、政策与法规的制定等。相较于一般城镇来说，旅游小镇的运营体系更加复杂，需统筹考虑城镇居民及游客的需求，并进行有机融合。

首先，在城市管理与旅游管理上，打破部门限制，实现两者之间的协调与互相促进。旅游是一个综合概念，游客来旅游，不仅仅是游玩，涉及食住行游购娱等各个领域，很多都不是旅游部门的管理范围，比如经常曝光的天价菜单、黑出租，分别是工商部门、交通部门来进行规范和管理的。因此，对于旅游小镇的运营来说，必须要加大各部门之间的协调能力，实现综合管理。

其次，在城市基础设施、公共服务与旅游基础设施、公共服务上，城市基础设施和服务设施是旅游基础设施和服务设施的发展条件和重要保障，旅游基础设施和服务设施是城市基础设施和服务设施的重要构成和有效促进，两者要实现高度协同融合。主要表现在以下两个方面：一是共建共享，即坚持城市基础设施、公共服务与旅游基础设施、公共服务融合共享，城市设施积极响应和普及旅游的要求；二是休闲融合，在城市基础设施、公共服务中，支持中央游憩区、环城游憩带等大型旅游休闲设施的共建共享，既拓展城市运动休闲空间，又改善旅游休闲整体环境。

最后，在城市形象上，以旅游为主导，实现特色化打造。即以优势资源及传统文化的深入挖掘为基础，通过城市风貌、城市景观、城市建筑、城市休闲空间的特色化打造及城市精神、城市居民行为的塑造，实现小镇形象的全方位营造。从而使得城市形象与旅游之间相辅相成：城市形象为旅游发展提供基础，成为吸引游客的核心动力；旅游一方面助力城市形象的美化与完善，另一方面推动城市形象的宣传。

三、旅游小镇运营的各方角色

旅游小镇的运营，需从政府、企业、居民三个角度综合考虑，实现多维度运营。详见图9-2。

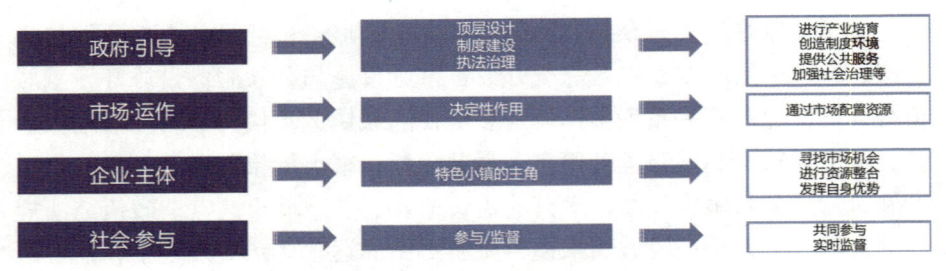

图 9-2　旅游小镇多维度运营模式

（一）政府运营角色

旅游小镇不仅是旅游开发，还涉及城镇建设。其运作不能像竞争性工业产业一样完全靠市场的力量进行，而需要政府出面，结合城市发展，进行产业培育，整合行政管理、公共工程、土地与资源、税费优惠、营销促进、招商引资、制度保障、户籍改革等，以商业化的理念，按照经济规律，结合长远发展目标，围绕综合效益最大化，开展经营运作，形成有效推进旅游小镇发展的运作架构。

1．以产业培育为重点

产业是小城镇建设的内在因素和主要内容。镇区人口、基础设施建设、镇区规模为小城镇的主要指标和考核"硬件"，而产业培育不仅为其"软件"，更为其灵魂。产业发展不起来，软件没有特色，则小城镇不但没有发展动力，也势必缺乏自身魅力。

对于旅游小镇来说，旅游产业的培育应注重以下两点：

第一，产业定位——即依托资源优势和区位优势，将旅游业定位为第一主导产业，通过配备合理的产业链，与其他产业形成联动关系。

第二，产业体系构建——形成以旅游产业（或"旅游产业＋特色产业"）为主导，以交通运输业、房地产业、食品加工业等产业为支持，旅游产业与文化产业、休闲农业、运动产业、休闲商业等相关产业互动整合发展的产业集群。

总体上实现，以旅游产业为龙头，一方面在做强做大旅游业的基础上，充分利用泛旅游业极强的关联作用，带动并协调相关产业的发展，另一方面通过旅游的发展提升城市的硬件和软件水平，为其他产业建立良好的投资发展环境以促进其他产业的发展，从而实现区域经济的全面发展。

第九章 旅游小镇的运营模式

2. 以公共工程建设为基础

公共工程,是小城镇建设发展的基础,对区域整体发展作用显著。对于旅游引导的小城镇,在公共工程建设方面,主要侧重以下三个方面。(1)交通建设——可进入性,是旅游资源开发的基础,也是开发价值的最大影响元素。有无便利的交通,是社会投资商介入旅游项目的主要评价前提。因此,旅游小镇要形成一个集散中心,为游客提供便利的对内对外交通。(2)城市风貌建设——旅游小镇本身即为旅游吸引物,其风貌打造要实现本土化、特色化、品牌化,形成鲜明的城镇特征。建筑风貌方面,要运用本地的建筑风格、形态、材料、符号等,形成创意建筑的独特性;景观风貌方面,要在区域定位的指导下,通过标志性景观设计、城市家具设计、元素装饰、植物配置、绿道建设等景观工程,搭建城市景观识别系统。(3)休闲氛围打造——小城镇旅游已进入了以休闲为主的阶段,休闲氛围的营造体现在两个方面。一是休闲业态的设置,比如特色餐饮、休闲商业、民俗演艺等;二是休闲设施的建设,比如活动广场、滨河休闲带、环城游憩带等。

3. 以公共营销为推动

营销是城镇建设和发展过程中的重要一环,是一个复杂工程。政府在其中扮演着管理者、推动者的角色。主要体现在四个方面:(1)品牌与形象的定位及传播——旅游是一种预消费和异地消费产品,因此,品牌和形象对其作用要远远大于一般的消费品。政府应结合整个小镇的旅游发展思路及方向,进行品牌塑造、包装、传播、管理,以及包括视觉、理念和行为等识别系统在内的形象识别系统设计。(2)游线开发设计——需要进行跨地区的政府合作,根据游客的旅游习惯,设置合理的游线。(3)活动促销——从平面媒体、网络媒体、电视媒体、节事活动、公共活动等各方面,构建完善、有侧重的促销活动。(4)智慧营销——顺应科技发展及游客需求的新趋势,从旅游信息查询、促销活动提供等各方面实现营销的智慧化。

4. 以扶持政策为支撑

政府应从政策上为旅游小镇的发展创建一个健康、宽松的政策环境:(1)产业政策——给予旅游产业及其相关产业以政策倾斜,使旅游业逐渐成长为小镇的主导产业。（2）土地政策——在明晰产权和确立集中统一管理体制的基础上，进行科学的用地布局，正确处理建设用地、旅游用地与保护耕地之间的矛盾，防止打着旅游的幌子，进行房地产开发的现象。（3）金融及税收政策——融资方面，加大国家银行对小城镇建设贷款资金支持范围，并在土地开发成本、税收、投资回报等方面给予投资商以优惠的支持，实现投融资方式的灵活性、多样性。

（二）企业运营角色

只靠政府还不能盘活旅游小镇的建设与发展，还应寻求一些有能力的投资商深入参与到城镇化建设中。从现实情况来看，主要有全面运营和版块运营两种模式。

1. 全面运营

一些大型的投资商，站在区域发展的高度，将城镇建设、城镇居民转型、农民搬迁、城镇发展、旅游产业等全面结合起来，形成产业发展、景区发展、城市发展相结合的产城一体化模式，构建企业投资、运作与项目开发的架构。在这一过程中，企业全面运营小城镇，扮演着区域运营商的角色。

2. 板块运营

更多的投资商选择旅游小镇中的某一个板块来进行运营，这样相对来说风险较小。其中最能吸引企业进行投资的，集中在特色项目与旅游地产两方面。

特色项目是旅游小镇发展的动力基础，包括观光景区、文化体验区、特色街区、民俗演艺等，可以集聚人气，形成消费，实现旅游收益。

旅游地产是旅游小镇发展的支撑，包括度假酒店、度假别墅、养生养老地产、庄园等，可以平衡旅游的高投入，并进一步促进旅游的发展。

（三）城市与农村居民角色

旅游小镇的开发建设对城市居民，农村居民转化为城市居民以及城乡统筹都有着重要的意义。

对于城市居民，基于城镇建设和产业发展，可以寻找到更多更好的就业机会、享受到更加完善的公共服务、分享城镇发展的利益分配。

第九章　旅游小镇的运营模式

对于农村居民，在城镇化过程中，通过搬迁或务工等方式进城，进行消费、旅游或其他创新业态的经营，实现职业转换，并进一步通过培训，增强自身技能。

另外，在旅游的带动下，小城镇周边会形成一些休闲农业、休闲度假、郊野休闲公园等项目，有效提升了农业与城市之间的互动，将美丽乡村纳入了旅游小镇架构中，发挥了"城市尾，农村头"的价值。

所谓城镇运营，就是在城镇化、城乡一体化和新农村建设过程中，以政府为主导，以企业为经营主体，集体参与、农民入股，进行市场化运作，加快城乡统筹发展，实现多方共赢的一个动态发展过程，就是以城镇为开发对象，利用市场化手段，对构成城镇空间的载体及构成城镇的资源进行重组、集聚、运营，从而实现资本的动态发展过程。

第二节
旅游小镇品牌打造

品牌的建设并非一朝一夕之功，而是一个循序渐进的过程，但是品牌一旦构筑成功，其本身的价值加上带来的凝聚力和扩散力，将成为旅游小镇发展的强劲动力。除此之外，品牌的打造还可以带动本地就业，提高居民的物质生活质量，带动围绕品牌发展的产业结构改善，将为旅游小镇带来声誉、效益的双丰收。旅游产业及目的地的推广，必须站在整合营销传播的高度，才能达到最佳的运作效果。

在现代营销理念中，品牌可以说是营销的核心和灵魂，品牌作为吸引消费者购买的重要因素之一，应该全面简捷地向消费者传递本身所代表的独特形象和旅游产品吸引力。品牌是产品和服务与消费者各种关系的总和，它既是某种标志、符号又是消费者消费某种产品的体验和感受。每个品牌的背后都有一系列产品和服务支撑其形象与理念，但同时品牌又必须超越这些产品或服务，而相对独立存在。

一、品牌塑造三大阶段

旅游小镇品牌的建设需要通过"三个阶段、六大路径"来完成，以下将围绕旅游小镇品牌的规划定位阶段、包装传播阶段、输出延伸阶段，重点阐述如何挖掘地域文化及市场，确定品牌定位；如何提升产品和风貌体系，形成品牌支撑；如何包装品牌，

第九章 旅游小镇的运营模式

塑造品牌形象；如何找准爆点多渠道营销，吸引客群；如何品牌输出，提升品牌价值；如何品牌延伸，创造衍生价值。详见图9-3。

规划定位阶段
- 挖掘地域文化及市场，确定品牌定位
- 资源挖掘　市场分析　品牌定位

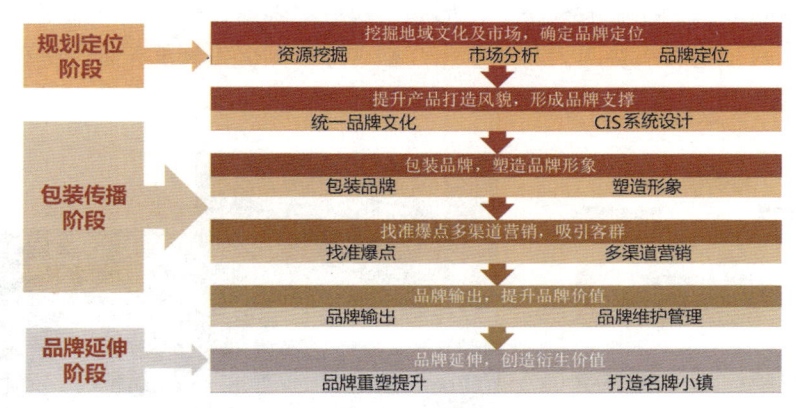

包装传播阶段
- 提升产品打造风貌，形成品牌支撑
- 统一品牌文化　CIS系统设计
- 包装品牌，塑造品牌形象
- 包装品牌　塑造形象
- 找准爆点多渠道营销，吸引客群
- 找准爆点　多渠道营销
- 品牌输出，提升品牌价值
- 品牌输出　品牌维护管理

品牌延伸阶段
- 品牌延伸，创造衍生价值
- 品牌重塑提升　打造名牌小镇

图9-3　旅游小镇品牌塑造三大阶段

（一）规划定位阶段

旅游小镇开发初期，应该对品牌进行良好的规划，规划的首要目的是制定正确的品牌战略定位。旅游小镇的品牌建设，必须结合小镇特点和历史文化背景，先对现状进行诊断，找出品牌建设中的问题，总结出优势和缺陷，制定正确的符合小镇实际情况的品牌战略定位。在品牌定位的基础上进行品牌的总体规划，包括品牌属性、品牌愿景、核心价值、结构、识别等。品牌规划阶段的重点在于"挖掘地域文化，抢占品类"。

在品牌规划阶段有三项重点工作需要特别关注。

1. 挖掘文化和资源

旅游小镇往往依托一个区域进行发展，这个更大范围的地域资源是旅游小镇赖以发展的根基，地域范围内的地理环境、风俗特产和历史人文等都是旅游小镇可以提炼成为品牌核心价值的要素。旅游小镇要优先挖掘出核心资源在区域范围中的价值，抢占所在区域的地域品牌价值。如四川稻城县利用当地特产藏香猪，走出了一条"扶贫＋客栈化度假小镇＋藏香猪养殖＋景区"的特色化旅游小镇之路。稻城县在旅游小镇的建设中，当地最有价值的特产资源就是藏香猪，稻城县深度挖掘藏香猪资源，延伸藏香猪的产业链条，申请其为"稻城藏香猪地理标志产品"，并形成了藏香猪养殖基地建设——藏香猪猪肉加工处理——藏香猪餐饮业态——藏香猪养殖培训等产业链体系。通过藏香猪产业与泛旅游产业的深度融合，在稻城独特的度假客栈服务构架下，形成了藏香猪养殖、养殖技术服务、特色小镇度假、猪肉消费四大商业业态互相支撑、共促发展的产业形态。详见图9-4。

图9-4 四川稻城县旅游小镇发展架构

2. 市场分析和定位

在充分挖掘当地资源的基础上进行市场调查，对旅游小镇可能的目标市场进行分析，进行旅游小镇的市场定位。市场分析是塑造旅游品牌的第一步，方法是通过对客源地市场状况、当地历史文化、民俗、资源状况等进行深入的研究和对比，进行总结和提炼，为品牌定位做准备。

3. 品牌精准定位

品牌定位是塑造品牌过程中的关键步骤和难点所在，在市场分析的基础上通过使用定位方法提炼出特定旅游目的地的主题定位。在定位的过程中，要注意旅游小镇与周边资源的区别，最好可以抢占独特的品类，争取在众多的旅游小镇中脱颖而出。目前知名的古镇就各有特色，如果想了解票号文化和汉代民居就去山西平遥；想了解江南水乡就去同里和周庄；想了解感受少数民族的风情和地域文化就去凤凰和丽江。

（二）包装传播阶段

1. 统一品牌文化

第九章　旅游小镇的运营模式

对于旅游小镇而言，品牌建设的第一步就是统一品牌文化，要推出一个强大而统一的品牌文化，一个品牌对外界传达只需要一个单一的形象和单一的理念。当今社交媒体和病毒式营销成为主流，小镇在宣传用语等方面都要保持鲜明特色但是又统一的语调。

2. CIS 系统设计

CIS 企业识别系统更多运用于企业，其实作为助力品牌培育的重要武器，对于旅游小镇而言也是发展的利器，同时也是旅游小镇统一品牌文化的行动纲领。理念识别（MI）助力旅游小镇统一文化和战略；行为识别（BI）助力规范经营者形象和员工形象等；视觉识别（VI）则从品牌标志、标准字、标准色、小镇造型、小镇象征图案、小镇宣传标语、口号、吉祥物等进行视觉的统一。详见图 9-5。旅游小镇首先可以通过视觉识别，统一形象标识、口号、吉祥物等形式来加深游客的印象。

图 9-5　CIS 系统的组成

3. 找准爆点

当今宣传的爆点可以是一部电影、一个动画人物、一个热点事件也可以是一个热点人物，旅游小镇在营销的过程中，除了在规划阶段挖掘特色 IP 之外，还需要寻找营销爆点，进行爆点营销，从而引发轰动效应，达到高效的营销效果。比如，中国台湾的妖怪村，9.21 大地震后，蜜月度假产业受到重挫，为了重振当地经济，居民通过挖掘当地神怪传说，提炼出"妖怪"一词，并给予其"KUSO 搞怪萌"的个性定位，从而通过"妖怪+萌化"营造了极具特色的文化创意品牌形象。

4. 多渠道营销

旅游小镇在发展的过程中，除了规划建设到位之外，进行高密度宣传也很重要，"酒香不怕巷子深"的营销已经成为历史，宣传营销将成为品牌建设的重要内容。传播度是考验品牌的重要指标，在信息技术发达的今天，宣传工作看似简单其实出现了很多新的难题，旅游小镇要把握时代营销的脉搏，找准宣传的时机做好宣传工作。

信息时代下，随着通信技术的发展、社交媒体的出现，宣传渠道和方式越来越多样化，如何让真正的受众从众多的垃圾信息中搜寻到旅游小镇的信息，如何精准营销，进行真正有效的宣传，还需要创新智慧化的宣传工作方式。

旅游小镇建设的过程中应该逐步建立智慧旅游系统，形成智慧旅游管理平台、智慧旅游服务平台、智慧旅游营销平台。详见图9-6。

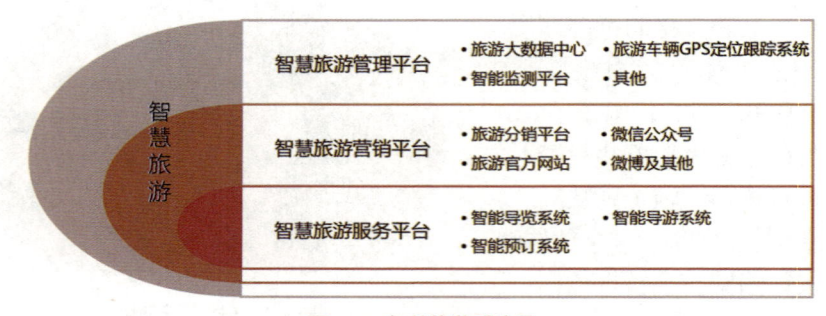

智慧旅游	智慧旅游管理平台	·旅游大数据中心 ·智能监测平台	·旅游车辆GPS定位跟踪系统 ·其他
	智慧旅游营销平台	·旅游分销平台 ·旅游官方网站	·微信公众号 ·微博及其他
	智慧旅游服务平台	·智能导览系统 ·智能预订系统	·智能导游系统

图9-6 智慧旅游系统图

（三）品牌延伸阶段

1. 品牌输出

当旅游小镇的品牌经过长时间的推广和宣传拥有一定知名度和美誉度后，就进入了品牌打造的第三个阶段——品牌延伸阶段。这个阶段旅游小镇拥有了稳定的客流量，旅游者对于小镇品牌有充分的信任。这一阶段，旅游小镇最重要的事情就是要做好品牌的维护和管理，培养旅游者的忠诚度，形成口口相传的口碑效应。品牌传播按照目标受众可以分为对内传播、对外传播两种。针对旅游目的地内部市民进行的传播活动我们称之为对内传播，目标主要是增强市民的认同感，提升市民的自豪感和参与感，促使市民与政府共同为建设小镇品牌做出贡献。针对潜在市场和游客的传播活动我们称之为对外传播，目标则是使旅游者产生一种追求感和购买欲望，进而驱动旅游者前往该旅游目的地。品牌传播的工具有节事活动、

第九章　旅游小镇的运营模式

媒体宣传等。

2. 品牌延伸

旅游小镇形成良好的品牌，也意味着旅游小镇成为品牌小镇。一个品牌小镇的价值主张、发展远景等更具有高度、延伸性和包容性。在长期品牌塑造过程中要注意服务质量和旅游者参与感受，注重对小镇整体环境营造的不断提升，并且要不断地保持强势的营销活动和文化体验活动。

3. 品牌管理

品牌主体在市场研究的基础上塑造品牌、包装品牌、传播品牌，反过来游客对品牌的反馈信息又促使品牌主体对品牌的再塑造、再包装和再传播，形成良性互动系统。游客在完成旅游过程后，往往会形成一些改进意见或问题投诉，这其实反应的是游客与品牌主体之间的互动关系。因此旅游小镇应建立专门的品牌管理机制，针对游客、市场对品牌产品、服务的改进要求，完善和修订品牌的整合营销传播过程。

二、旅游小镇可导入 IP 类型

（一）IP 的概念

IP（Intellectual Property），传统意义上是指"知识产权、知识财产"，是一种无形的智力成果权。我们所说的 IP 已不仅仅是"知识产权"四个字可以概括得了，其含义可以理解为"核心吸引力 + 全产业链"。"核心吸引力"是 IP 的主体内容和品牌形成的基础，全产业链则是后续开发的延展性。绿维文旅认为，IP 必须拥有从概念、到产品、到卖点、到盈利模式的完整体系，具体要求如下：第一，具有独特的核心吸引力及主题，对市场能够形成一定的激活效用；第二，知识产权独立，不涉及产权纠纷问题；第三，有一定的品牌知名度及客户黏性；第四，拥有较成熟的产品支撑；第五，有清晰的商业模式；第六，IP 方拥有一定的咨询、运营及投资能力；第七，具有一定的延展能力及消费迁移能力。

（二）旅游小镇中可导入的 IP 类型

根据 IP 在旅游小镇开发中所起的作用，可分为旅游小镇主题特色、项目IP、运营IP及服务IP四种类型。其中项目IP按照十六大业态"食住行游购娱商养学体宗农奇情创村"具体分类详见表9-2。

表9-2 旅游小镇可导入IP类型

IP类型		细分领域	IP类型
小镇主题特色		—	宝石小镇、紫薇小镇、玫瑰小镇、3D画艺术小镇、光影小镇、体育小镇、健康小镇、温泉小镇等
项目IP	食	餐饮活动、餐饮招商、互联网餐饮、餐饮集群	中华美食文化节、袁家村小吃等
	住	民宿、高档酒店、精品度假酒店、高奢酒店	酒店品牌（喜来登、雅高等）、民宿品牌（皇家驿站、久栖、原乡里、山里寒舍、首旅寒舍等）、互联网住宿平台（途家、Airbnb等）
	行	邮轮、游艇、热气球、休闲交通和特种交通	北京皇家御河游船、热气球巡回赛·热气球节、自行车赛、三特索道等
	游	主题公园、文旅综合体、文化创意农园、大型主题景区、小型主题乐园、生态农业、市民农园、主题乐园、儿童乐园、特色游览项目等	绿维城市海景水上乐园、绿维稻草大地艺术园、绿维绿梦工场、绿维飞行体验舱、绿维儿童探索乐园、萌宠乐园、彩色熊猫剧场、鲜花迷宫、航天体验馆等
	购	体育用品、手工纪念品等	宜兴紫砂、新疆和田玉、四大名绣等
	娱	综合娱乐体验、音乐演艺、实景演艺、活动庆典等	EDM音乐节、华侨城娱乐体验馆、实景演艺（印象系列、宋城千古情系列等）、大业传媒《奔跑吧兄弟》、"小镇爆点光影水火电设备设施"、迪士尼舞台剧、太阳马戏团等
	商	商务旅游、会议会展等	中国国际数码互动娱乐展览会、体博会等
	养	健康养老、美容美体、生命健康金融服务、互联网平台等	四圣心源、蓝卡健康、生命公社、亲和源等
	学	研学旅行、教育培训、互联网研学平台等	小海燕夏令营、曲阜国学院、太极禅院、上海东方绿洲研学基地、国际机器人教育大赛等
	闲	休闲运动、赛事活动、健身会所等	乡创酷玩、卡宾滑雪、约跑·马拉松、雪山之王、浩沙健身等
	奇	文化探奇、体育探险等	藏地密码、亚马逊探险乐园、飞亚达等
	情	特色活动、情感服务等	千人婚礼、名猫空间、摩卡婚礼策划馆等
运营IP		景区运营、商业运营、房产运营、会议运营、营销创新等	二次元界、会点网、绿维智美、智宅宝等
服务IP		社区教育、亲子、社区商业、装修服务、创意家居、社区金融、母婴服务、绿色食品、物业管理及其他社区生活类服务等	金牌管家、乐生活、家生活科技、中正物业、好停车、乐宜嘉、新世纪智慧家居、爱彼此、塞纳春天、无忧良品等

三、旅游小镇营销创新

旅游目的地营销已经进入品牌竞争时代，品牌力成为现代旅游业的核

第九章　旅游小镇的运营模式

心竞争力。旅游小镇的竞争也进入了品牌竞争的阶段，旅游小镇营销的根本目标就是：采取卓有成效的营销战略和策略，着力打造旅游小镇的知名度、美誉度和忠诚度完美统一的强势品牌。旅游小镇打造旅游品牌营销有六大创新方式：整合营销、热门IP+新媒体营销、事件营销、"泛娱乐"营销、网络营销、主题节庆营销。详见图9-7。

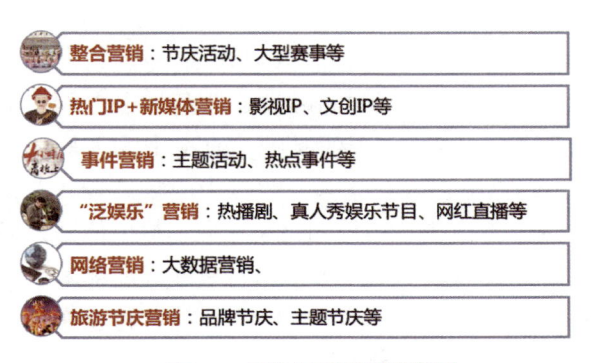

- **整合营销**：节庆活动、大型赛事等
- **热门IP+新媒体营销**：影视IP、文创IP等
- **事件营销**：主题活动、热点事件等
- **"泛娱乐"营销**：热播剧、真人秀娱乐节目、网红直播等
- **网络营销**：大数据营销、
- **旅游节庆营销**：品牌节庆、主题节庆等

图9-7　旅游小镇营销创新类型

（一）整合营销创新

旅游市场竞争日趋激烈，旅游营销策略日益创新，整合营销作为一种全新的营销策略，既是市场营销变革的大趋势，更是旅游市场竞争的核武器。整合营销就是宣传广告、公共关系、人员推广和业务等促销要素的综合运用，是新闻炒作、软硬广告、节事活动、展览推销等多种营销形式的整合利用。从当前的现实情况看，加大各种形式旅游广告的宣传是必不可少的，提高整合营销水平迫在眉睫。

在旅游小镇的营销过程中，比较有效果的整合营销方式有：节庆营销和赛事营销。节庆营销在造节的过程中，切记不能脱离当地文化为造节而造节，不能与品牌定位背道而驰。节庆营销必须服从和服务于品牌营销，与其自觉地走向融合统一。赛事营销需要借助赛事本身的吸引力，借力打力。能够打造和吸引有影响力的赛事活动，并形成定期举办，这对于旅游小镇本身来说就是成功。

例如，同里古镇面对江浙其他古镇的竞争，通力打造一系列的营销活动和独具声色的景区IP，提升同里古镇的形象。第一，同里面对消费者的变化改变了形象定位。提炼出了全新的品牌核心价值"同里自然有故事"，成功转换"千年古镇·世界同里"的传统表达方式，为品牌注入年轻、时尚、活力的基因。第二，同里古镇革新营销策略，制定了全新"故事营销"推广计划。在"同里自然有故事"的品牌核心价值引领下，同里全面进行营销系统的完善和提升，实现"形象做创新、产品做融合、传播做突破、节庆做提升"，以四个板块共同承载品牌转型的使命。第三，Emoji 表情营销轰动效应明显。2015 年中秋，同里打造妙趣横生的"中秋 Emoji 灯会"，结合线上线下的活动，取得了良好的营销效果。据统计，自 9 月 24 日上线截止到 10 月 8 日，"同里中秋 Emoji 表情动画"总点击量逼近 400 万次，"同里中秋灯会"活动传播 20 天的时间，直接影响人群 520 万人，覆盖人群 5000 万人。仅在 10 月 8 日当天，"同里中秋灯会"微话题登上了新浪微博 24 小时热榜，阅读量冲到了 1686 万次。整个传播效果远超预期，在社会化营销层面大大增加了"同里自然有故事"新品牌形象的曝光度。第四，利用同里的美景、人物、美食、民俗风情进行创作，通过同里时光节目定制、同里播客大赛、声音邮局、同里直播间、同里文创空间等多个项目，让景区形象更为立体饱满，并通过年轻的播客社群，使同里古镇实现了年轻化，使景区的魅力由图像延展到声音，最终通过声音邮局、声音代言人选拔、同里时光文创空间活动落地实现线上线下联动，使此次传播奠定了"同里自然有故事"品牌内涵在消费者心中的位置。

（二）文创 IP+ 新媒体营销

新媒体因为其移动性、便利性、及时性、互动性，逐渐成为消费者使用频率最高、依赖性最强、获取咨询最便捷的媒介，旅游小镇建立自己的新媒体平台势在必行。"热门 IP+ 新媒体营销"将成为未来旅游营销的创新趋势，其中文创 IP 是近年来新媒体营销的成功模式。故宫研发旅游文创产品八千多种，经过微博、微信、淘宝、微表情、APP 等新媒体营销走红网络，并在社交网络上卖萌，构建起自己的文化 IP 体系。构建文创 IP 的重点在于引发旅游者情感的共鸣，在这个基础上构建产品体系和内容体系，一个好的 IP 需要精细的策划包装、商业化经营、产业化运作等。

新媒体营销与体验式活动捆绑的趋势越来越明显，可以增加旅游者的体验感和参与感，例如新世相与航班管家联合推出"逃离北上广"营销活动，引发各界争相模仿，带来近 1500 万曝光，新世相公众号涨粉 11 万；

蚂蜂窝的"未知旅行"营销活动在微信总阅读量超过 500 万次，微博话题的阅读量超过 1.3 亿次。

旅游小镇可以利用自己的形象体系，构建文化 IP 的系统工程；借助新媒体，推出有创意的新媒体营销活动，提高旅游小镇的知名度。

（三）事件营销创新

事件营销是指通过有计划地策划、组织、举办和利用具有新闻价值的事件进行营销组合，运用新闻、公关等手段正面宣传，吸引现实和潜在旅游消费者的注意和兴趣，以达到丰富小镇现有旅游产品、扩大产品销售、增加小镇收入和提升小镇知名度与美誉度的一种现代营销手段。事件营销可以塑造旅游小镇的整体形象，提高旅游小镇的知名度以及增强旅游综合能力，已经成为小镇营销的有效途径之一。

旅游小镇可以借助社会生活中的良性事件作为载体进行营销，策划相关旅游项目和活动来吸引旅游者的眼球。例如，湖南张家界"飞越天门山"的一系列营销活动，让张家界景区成为全国甚至是全世界的焦点。安徽借势杭州 G20 峰会，推出"杭州 G20 畅游黄山"活动，针对杭州市民免门票游黄山 55 个景点的优惠政策，带火了当地旅游。

互联网时代，旅游小镇若擅用事件营销，"一夜爆红"的奇迹还是有可能发生的。事件营销就是巧妙地借助正在发生的重大事件和制造震撼人心的重大事件，以达到营销旅游的目的。成功的事件营销，既可以大大提高品牌的知名度，又可以直接创造和实现品牌价值。因此，要在与品牌营销相统一的原则下，尽可能更多地、更有效地策划和开展事件营销。

例如，瑞士贝尔金小镇的事件营销"禁止拍照"，让当地一度游客如织。贝尔金小镇通过一条新的法律，禁止任何人拍下村庄的风景照，为了配合营销效果，当地立法者表示"如果人们看到如此美景却不能到此一游的话，容易让看到照片的人感到不快。为顾及他人感受，一律禁止拍照留影，违规者会被罚 5 瑞士法郎（约 35 元人民币）。"在 2017 年 5 月 29 日出了"禁拍风波"之后，贝尔金旅游一度火爆，有数据称，游客在得知即将禁拍之后纷纷前往贝尔金旅行，人数一下子增长了好几倍。

（四）"泛娱乐"营销

"泛娱乐"营销分为单向娱乐营销和互动娱乐营销两种。单向娱乐营销就是旅游业通过赞助文化体育娱乐活动来营销自己；而互动娱乐营销则是让旅游者成为娱乐节目的主角，让他们参与到互动的娱乐中，从而对小镇产生深刻的认知。各种演艺活动可以看作是互动娱乐营销的方式，如，张艺谋导演的桂林阳朔的《印象·刘三姐》、杨丽平编导的《云南映象》大型原生态歌舞剧、音乐鬼才宣科主演的丽江纳西古乐等。

赞助文化体育娱乐活动也是"泛娱乐"营销的一种方式，影视IP是近几年快速发展的一种形式，通过影视剧集等植入广告的形式更容易被旅游者接受。从《非诚勿扰》中的北海道、长城、三亚，到《阿凡达》中的张家界景区，再到《爸爸去哪儿》的沙坡头、雪乡，旅游景点因为植入广告一炮而红。旅游小镇也可以通过冠名电视剧场、精彩剧情、设置电影场景等特殊形式，通过电影、电视剧、娱乐节目快速提升当地的影响力。

"旅游+直播"模式是互联网大潮的产物，旅游遇上了直播，遇上了网红经济，产生了奇妙的化学反应，这股浪潮下，也诞生了很多旅游行业营销的创新玩法。很多传统旅游目的地试水了网红直播营销活动，并且取得了不错的效果。如位于西安的华清宫景区在七夕节时召集77对情侣体验传统的大唐婚典仪式，仪式全程被拥有超高人气的美女主播在两大直播平台同时直播，又通过新浪微博话题讨论等功能引发线上数百万人的关注和讨论。"旅游+直播"的营销方式也是旅游小镇可以借鉴的营销方式之一。

（五）互联网营销

旅游是一种移动生活方式，与互联网结合，形成一种智慧化的移动生活方式。互联网作为一切产业融合的主渠道与通路结构，互联网、物联网的盛行，线上线下联动发展，移动APP的出现与发展，都将促进旅游产业融合、旅游体验智慧化、旅游方式转变、旅游消费升级。

互联网技术的融入，催生了旅游大数据获取与分析、移动互联网+旅游、定制旅游或私人顾问、旅游O2O、虚拟旅游、智慧旅游服务及管理等新领域及新业态的产生。详见图9-8。

第九章 旅游小镇的运营模式

手段
- 互联网、物联网
- O2O
- 智慧旅游
- 移动终端APP

改变

旅游是一种移动生活方式 → 通过互联网 → 智慧化移动生活

旅游产业融合（互联网的融合性、无边界性，为旅游产业链上各种业态的整合发展，创造了条件。另外，互联网技术与旅游的结合也催生了各种新业态及产品）

旅游方式转变（互联网使得信息的透明度大大提升，旅游方式呈现出私人订制化、社交化、细分化、自助化特征）

旅游体验智慧化（互联网思维及技术的应用，改变了旅游的开发和运营模式，从行前的信息查询及预订，到行中的游览过程，到行后的分享，游客在旅游过程中的体验感增强）

旅游消费升级（一是互联网延长了消费距离，二是支付宝、微信等支付方式，为游客的支付提供了极大的便利）

互联网助推旅游成为智慧化的全新移动生活，成为一切产业融合的主渠道与通路结构

图 9-8　互联网 + 旅游 = 智慧化的移动生活

互联网下的旅游营销是智慧营销，是创新引领的整合营销，它以大数据带动的精准营销为引擎，以电商的创新发展为机遇，实现以社交化、移动化、定制化、细分化为主导的营销跨平台多元化发展，形成传统营销与互联网营销相融合的全渠道营销路径。

以大数据为基础，结合 CRM（客户管理）、LBS（基于位置服务），通过游客相关数据的积累，逐渐实现用户特征的跟踪描述和精准分析，从而使商家与用户需求更直接、精准、快速的匹配，为私人订制化的精准营销提供基础。详见图 9-9。

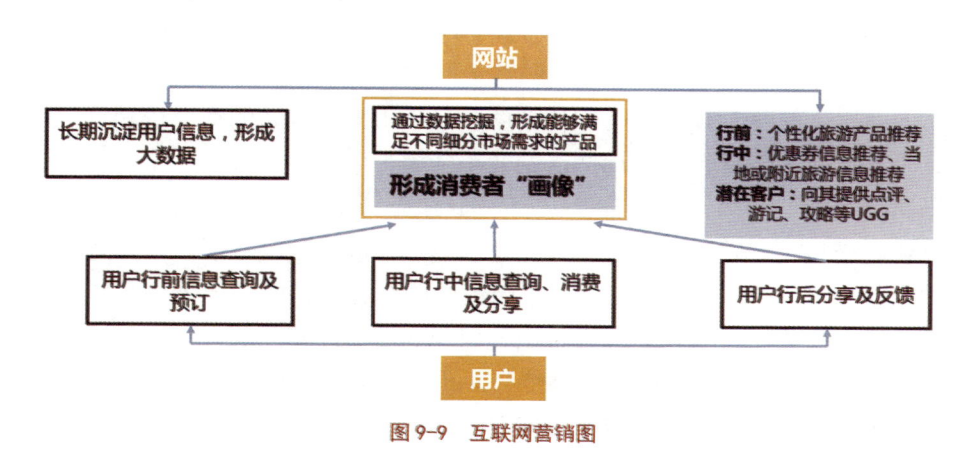

网站
- 长期沉淀用户信息，形成大数据
- 通过数据挖掘，形成能够满足不同细分市场需求的产品 —— 形成消费者"画像"
- 行前：个性化旅游产品推荐
- 行中：优惠券信息推荐、当地或附近旅游信息推荐
- 潜在客户：向其提供点评、游记、攻略等UGC

用户
- 用户行前信息查询及预订
- 用户行中信息查询、消费及分享
- 用户行后分享及反馈

图9-9　互联网营销图

（六）旅游节庆营销

旅游节庆对于旅游小镇来说在时间和空间上分布相对集中，可以在短时期内营造出浓厚的节日氛围，形成运转良好、高效迅速的旅游节庆运作机制，积累丰富的办节经验，推动旅游小镇迅速崛起，是一种有效的旅游营销手法。

绿维文旅认为在进行小镇旅游节庆开发的过程中，主要有六个关键点：第一，节庆品牌化。以长时间的品牌塑造为目标。第二，时间安排序列化。将其分散于各个季节，避免节庆聚群现象。第三，空间分布协同化。一是在同一区域内，要注重对区域内各"点"旅游资源的挖掘开发，并最终按照某一思路将他们组合起来，实现在这一区域的共同有序发展；一是不同区域间，具有相关性文化的节庆举办地可以进行整合策划，加强各地之间的相互配合。第四，节庆活动主题化。举办旅游节庆活动必须要有明确的主题，有了独特的旅游节庆主题，才会目的明确、层次清楚，各节庆活动间互不冲突，从不同方面突出、加深主题，给游客留下强烈的印象。第五，节庆时间区分化。在节庆策划上，我们常说"大节造势、小节造市"，就是要通过举办一个或两个较大规模的经典节庆在旅游市场上形成强大的宣传声势，在小节的策划过程中，要充分运用多种营销手段，充分利用当地的各种旅游资源，寻求节庆本土化。第六，节庆内容体验化。旅游节庆的开发不仅应从形式上、内容上加以丰富，更要从活动体验上加以重视，要设计丰富、生动的体验活动，让游客从视觉、听觉、嗅觉、触觉、味觉等方面与旅游产品进行相互交流，满足个性化旅游需求，提高旅游节庆对游客的吸引力。

例如，乌镇利用节庆营销使其旅游风生水起，乌镇的营销成功首先归功于其文化的挖掘，其次乌镇借助各种营销手段，以文化带动旅游，以活动传播形象。早些年，乌镇因一部《似水年华》声名鹊起，2014年又通过综艺节目《奔跑吧兄弟》，成为全国追星一族的地标场所。乌镇还注重"文化+音乐"，2013年创办了乌镇戏剧节，这是中国内地首个以戏剧为主题的文化旅游平台，一经推出就引起高度关注和广泛好评，乌镇戏剧节现在已成为中国知名的戏剧盛会。乌镇因为戏剧节聚集了国内戏剧名人，最终形成国内乃至世界都很罕见的戏剧表演群居空间。乌镇因为戏剧节更

第九章 旅游小镇的运营模式

加为世人所知,也实现了从传统观光旅游、度假小镇向文化小镇的真正过渡,乌镇的文化形象越发突出。2014年,乌镇举办首届世界互联网大会,并且成为世界互联网大会的永久举办地。借助世界互联网大会的契机,乌镇在互联网、移动互联网等新兴领域中不断充当先行实践者的角色。举办世界互联网大会,是乌镇一次成功的国际活动事件营销。此外,乌镇还通过线上与线下、现场与远程的积极互动,使其知名度和旅游收入均大幅提高。

第10章
绿维文旅经典案例

01 案例

重塑生态空间、延续农耕文脉
——新疆葡萄沟景区带动下的新型城镇化之路

葡萄沟，位于新疆吐鲁番市区东北11千米处，系火焰山西侧的一个峡谷，沟谷狭长平缓，因盛产葡萄而得名，是新疆吐鲁番地区的5A级旅游景区，每年都有几十万游客来这里观光旅游。虽其知名度较高，也具有鲜明的地域特色，但当地城镇化程度不高，存在基础设施薄弱、公共服务设施不完善、建筑与景观不太协调、旅游产品单一、农民参与度低等问题，影响了当地的可持续发展。在这一背景下，绿维文旅受葡萄沟管委会委托对其进行改造提升，并以此带动周边区域的三农问题解决及城镇化发展。

一、核心思路

项目组经过长期、仔细的现场考察、走访以及历史资料翻阅后，对葡萄沟景区的发展症结进行了分析，并结合其文化背景及资源特质，以增强游客体验为重点、延长游客停留时间为目标、提高农民收入为根本，提出了"重塑生态空间、延续农耕文脉"的提升思路。这一思路在传承生态文明、体现农耕文化与民俗文化的基础上，围绕解决农民就业、提高农民收入、改善农民生活环境的问题展开，使得整个项目不仅仅是简单的景观提升，更是为旅游小镇就地城镇化提供了一套解决方案。

具体来看，即实现景区、文化消费聚集区、乡村就地城镇化区三位一体发展。葡萄沟景区提升以观光游憩改造为主，通过游线、分区、环境整治、景观特色化、节点游憩化，实现观光价值提升；文化消费聚集区，以业态引导，调整经营业态，形成文化消费的体验化、商品化、经营提升、消费价值提升，实现文化消费产业的聚集效应，扩大产业价值；葡萄沟是行政村，又是旅游区，又在城郊和城市规划区域，应依托景区，推进农民住宅提升改造，进行卫生环境整治，加大公共设施配套，走出了新型城镇化之路。

二、设计语言的转化及落地

怎样将策划思路落实到设计上，促成项目的真正落地？我们认为，首先要进行设计语言的转化，这是实现策划与设计对接的第一步。

（一）建筑改造设计

建筑改造设计注意四个方面：材质上，融入地域文化特色，着重突出生土文化；空间上，遵循"上下有层次，前后有进退"的原则，形成错落有致的布局；功能上，遵循功能性与实用性相结合的原则，将旅游接待、住宿、购物、餐饮等功能与民居建筑、庭院结合。详见图10-1和图10-2。

图 10-1　民居改造效果图

图 10-2　民居改造实景照

第十章 绿维文旅经典案例

（二）景观提升

庭院景观：在尊重、延续居民生活习惯的基础上，提取当地民族、文化符号，进行提升，并融入旅游功能及业态。

街道景观：硬化路面，材质采用红砖铺地，选择跟环境协调的色彩，绿化采用当地果树种植，道路落差较大的路段，进行卵石加固。详见图10-3和图10-4。

图10-3 街道景观改造实景图

图10-4 街道景观改造实景图

广场景观：在满足集散与休闲功能的同时，体现葡萄沟地域特色，广场中心设置景观雕塑，形成景观核心吸引物。详见图10-5。

图10-5 集散广场及主题景观标志物

景区大门：去除原来的宗教因素，充分挖掘葡萄元素，利用仿生设计及环保材质，提取民居上的一些元素符号，重新包装，使之更符合景区定位。详见图10-6和图10-7。

267

图 10-6　大门设计效果图

图 10-7　大门改造实景图

停车场景观：考虑当地的气候因素，将停车位与葡萄架结合，形成独具葡萄沟特色的生态停车场。

夜间景观：在行车道路和步行空间主要采用功能性照明，在民居建筑局部及重要景观节点设施上采用装饰性照明。详见图 10-8。

（三）游憩节点设计

结合道路沿线的开敞空间，按照人体工程学原理，营造景观休憩节点，在功能上考虑到游客休闲娱乐的需要，增加休息凉亭、公园、会所、滨水

第十章　绿维文旅经典案例

图 10-8　夜间景观效果图

休闲节点、主题景观小品，在业态上结合旅游发展，营造符合葡萄沟地域特色的休憩设施。详见图 10-9～图 10-12。

图 10-9　北入口改造效果图　　　图 10-10　北入口实景图

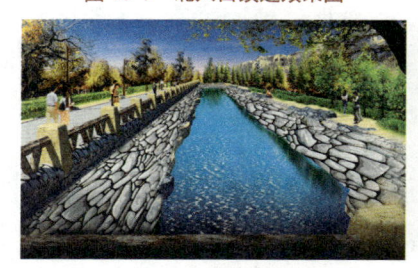

图 10-11　滨水节点改造效果图　　图 10-12　滨水节点实景图

（四）服务配套设施提升

换乘点：结合交通及旅游业态设置换乘点，景观设计以满足换乘功能

269

为主，同时体现生土建筑形式及葡萄沟文化。

卫生间：按照旅游景区四星级卫生间建设标准，结合地域文化特色，除满足功能需求外，在建筑形式上融入整体环境景观。

果皮箱、休息座椅：结合葡萄沟文化内涵，设置具有独特文化表现形式的景观服务设施。详见图10-13。

图10-13 休闲座椅落地实景图

三、改造提升助力产业升级

葡萄沟不仅是旅游景区、文化消费聚集区，还是乡村就地城镇化发展区，通过景区景观提升、业态调整、住宅改造、环境整治、配套建设等，进一步推动了旅游景区创新发展和就地城镇化建设。改造提升后的葡萄沟，村民生活环境更加美好，基础设施更加健全，村民也摆脱了落后的农耕时代，通过大力发展餐饮、住宿等旅游延伸产业，大大提高了经济收入水平。此外，通过调整休闲商业、休闲游乐、手工制作等业态，不仅实现了观光型旅游向娱乐、休闲一体化旅游的转换，提高了景区核心吸引力，也为村民提供了更多的就业机会，调整了当地农民产业结构。

现在的葡萄沟旧貌换新颜，成了旅游主题鲜明、游客体验舒适、景观建筑令人陶醉、居民幸福安康的幸福家园。2015年，景区吸引了知名亲子娱乐节目《爸爸去哪儿》剧组的关注，依托节目的拍摄，其知名度大幅提升，吸引了更多游客。2015年7月，国家旅游局局长李金早特地奔赴葡萄沟调研考察，深切感受了当地浓郁的民族风情文化。未来，以葡萄沟为核心的区域影响力必将辐射整个新疆，实现新疆的旅游产业整体更上一层楼。

第十章 绿维文旅经典案例

02 案例

以商业模式聚集，打造温泉度假小镇
——辽宁思拉堡温泉小镇

项目位于辽宁营口市盖州双台子镇思拉堡村，交通区位优势明显，山体曲线优美，拥有丰富的地热、森林、农业等资源。根据《营口市旅游发展总体规划》，项目地被定位为温泉商务花园，属于五大分区中的"西部滨海温泉旅游区"。思拉堡温泉小镇的开发成为实现营口市旅游发展目标的重要组成部分，受到了地方政府的高度重视和支持。在这一背景下，盖州市思拉堡温泉小镇开发有限公司委托绿维文旅对项目地进行了策划、规划和设计。温泉设计鸟瞰图见图10-14。

图10-14 思拉堡温泉设计鸟瞰图

一、难点聚焦

作为一个新开发的温泉小镇项目,如何依托温泉项目快速树立品牌,形成小镇的核心竞争力,并通过旅游产业发展带动项目地发展?如何跳出传统温泉市场的行业壁垒,在高强度竞争的红海领域塑造自己的独特性和优势,形成与竞争者的产品差异?如何充分利用复杂地形,打造温泉景观的层次性?这些都是本案亟待解决的难点和重点。

二、核心思路

经过分析,绿维文旅跳出"就温泉做温泉"的局限,瞄准当地市场空缺,利用"温泉+X"的开发模式,提出将思拉堡打造成为一个以温泉产业为核心,以高尔夫和滑雪等运动产业为引擎,以旅游聚集人气、带动地产,以地产反哺旅游的综合性温泉度假小镇。总平面详见图10-15。

图10-15 思拉堡温泉小镇总平图

三、开发策略

温泉小镇作为资源主导型小镇需要依托地热资源,进行大规模的综合性旅游开发,如何确保低风险、快回报、大投入、大产出,核心问题就是商业模式的设计。本案提出从旅游项目商业聚集、旅游地产、旅游与地产的整合几个方面来设计思拉堡温泉小镇的商业模式。

(一)"资源+智力"打造旅游项目商业聚集

思拉堡温泉小镇现有的地热、森林和温泉资源只具备三分先天的"姿色",若仅仅依靠这三分的魅力,是很难产生良好市场效应的,这就需要

第十章 绿维文旅经典案例

我们凭借专业技术、丰富经验、高效创意能力在旅游地"三分姿色"的基础上，进行科学大胆的构想。项目组运用游憩方式创新的策划理念，并通过景观游乐创新设计和商业模式创新，为温泉小镇策划了"资源＋智力"的开发模式。

1. 基础资源聚集促进商业聚集

思拉堡小镇位于营口一小时城市圈内，距离鲅鱼圈城区仅需十分钟车程，项目规划面积达3平方千米，规划区域丘陵地形地貌特征明显，高低起伏多变，山体曲线优美，适于开展山地运动类项目；景区还拥有森林、温泉、农业资源，形成了一定程度上的资源聚集，资源类型的聚集是产品聚集的基础（详见图10-16），而产品聚集又是形成商业模式聚集的基础。

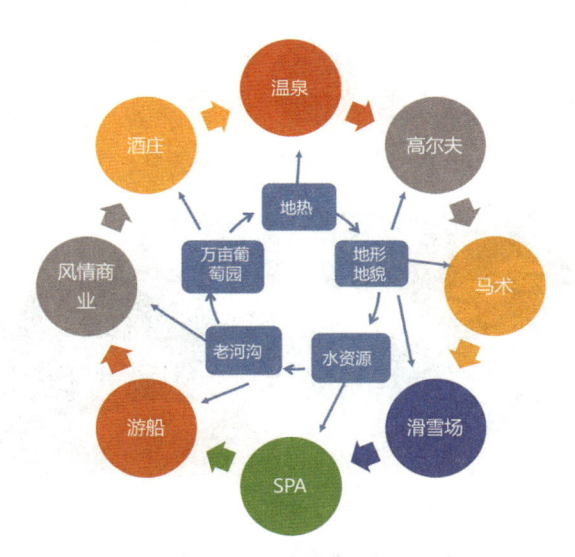

图10-16 思拉堡温泉小镇的资源类型与产品导向

2. 游憩方式创新点亮资源价值

旅游资源的三分姿色离不开策划创新对它的"七分打扮"，旅游产品的包装成功与否直接关系到旅游资源开发的成败。在思拉堡小镇项目中，绿维文旅运用主题化景观与温泉相配合，打造"山海八泉"，应用"一泉一品"的打造手法丰富温泉游憩体验（详见图10-17～图10-21），并以养生为主题创新个性化健康管理的温泉住宿度假；将干涸的水沟蓄水成风情水街，既有灵秀的景观，又丰富了区块的商业功能；利用地形开发36洞高尔夫，依托良好的球场景观及自然环境建设高尔夫别墅……

图10-17 "山海八泉"示意图

图10-18 海水浴场设计效果图

图10-19 海水浴场实景照

图10-20 琴台堡设计效果图

图10-21 琴台堡实景照（建设中所拍）

第十章 绿维文旅经典案例

3. 旅游项目的商业聚集

旅游产业是一个多产业互动的特殊产业，其发展不仅促进旅游业的进步，更能带动产业链上其他产业的联动发展。从某种角度来说，纯旅游产品并不是整体项目盈利核心之所在，因而，我们需要在旅游产品本身销售的同时，融入其他商业经营方式，这种理想的经营元素，既可以利用旅游环境打造形成的人气效应，又可以解决旅游投资的长线回报问题，这个具有双重功效的元素就是"旅游地产"。

（二）"旅游+地产"实现温泉小镇商业模式聚集

1. 地产是转换旅游潜在价值的高效手段

"旅游+地产"的效应即是旅游"带靓"环境，环境带旺地产，地产反哺旅游的良性循环效应，其核心是"旅游聚集人气、景观提升品位"，这种独特的循环经济模式，不仅解决了大量人员的就业问题，还拉动了交通、餐饮、酒店、零售等服务业发展。

2. 开发时序设计与商业模式整合

思拉堡小镇旅游开发项目，是旅游项目和地产项目聚集的综合体，它遵循边开发旅游项目边建设地产的时序原则，先将"生地"靠温泉、高尔夫、酒庄等旅游项目逐步培育成"熟地"，然后在"熟地"上开发地产，从高星级温泉酒店到温泉酒店公寓、商业地产、滨水公寓；在高尔夫带动下建设高尔夫会所、高尔夫别墅，再随之开发酒庄及养生类别墅地产、SPA 会所，最后就整个区块炒热的时机，在景区南端推出虽景观较差但距城区较近的小高层生态居住社区。从而形成了具有思拉堡小镇特色的旅游与地产开发的五个台阶，十年计划。

阶梯一（两年）：温泉游乐、景观营造；高端运动、引爆市场。

阶梯二（两年）：商务推进、休闲配置；周边地产，顺次开发。

阶梯三（两年）：高尔夫、马术、滑雪、高端运动再炒地产。

阶梯四（两年）：水景、商业街结合，完善配套，提高居住环境。

阶梯五（两年）：节庆推动，品牌营销，促使旅游小镇形成规模。

从思拉堡小镇开发的五级台阶可以看到，温泉小镇这种综合型旅游度假区，其商业模式是在旅游项目和地产项目的交互运作中形成的，其具有链条式动力机制，环环相扣，互为前提，互为结果。旅游产品的商业聚集与地产项目的聚集共同构成了整个项目的商业模式聚集。

绿维文旅在思拉堡小镇良好的区位及资源条件下，创新性的将商业模式聚集方式作为其商业运营手段，在项目刚投入开发建设时便得到社会各界的热切关注。2011年10月24日，思拉堡温泉正式开业，吸引了众多游客，为温泉小镇地产的开发积聚了大量人气。思拉堡小镇必将成为旅游与地产联姻的成功商业模式聚集实例。

03 案例

嘉陵江上的码头古镇
——周子古镇

  周子古镇坐落在汉代大辞赋家司马相如的故里蓬安，地处四川东北部、嘉陵江中游，北与朱德故里仪陇相邻，东南与邓小平故里广安毗连。周子古镇兴于唐宋年间，千年积淀，蕴育了厚重独特的码头古镇文化。古镇与相如故城（今锦屏镇）隔江相望，被誉为嘉陵江上最后的码头古镇。

  古镇所在区域汇集了嘉陵江流域最经典的诗画田园、巴蜀文化发源地、千古浪漫爱情圣地、天地人合一理念展示台、嘉陵江农耕文明等五大品牌资源，但空间布局上不能很好的满足游客游览的需求，产品吸引力不足，建筑和景观都不能将优质资源的美感完全体现出来。早在 2006 年，绿维文旅在对嘉陵第一桑梓旅游区进行整体商业策划时，就对当时作为"一江、两岸、三段、四功能片、十三区"总体布局中十三区之一的周子古镇进行了整体策划与提升设计。

一、总体思路

  以嘉陵江码头文化为依托，"嘉陵江码头古镇"是本项目面向市场的最佳武器：面向重庆，是长江码头文化中的一个分支，血脉相连，是最有独特性的乡村码头和小镇码头；面向成都，是川西坝子看不到的真正的大江和大江上的码头古镇，因此，对应成渝市场，本项目具备极大的独特性吸引力。

  由此，本项目依托以恢复古镇风貌为核心的街面建筑立面整治，重要节点恢复建设（财神楼、武圣宫与武圣山、万寿宫遗址、洞仙观、大榕树等），爱莲池与濂溪祠重新建设，形成嘉陵江码头古镇文化及周子纪念相结合的古镇观光的开发思路。

二、具体策略

在景区产品设计上，必须突出码头文化和码头古镇的风貌：（1）码头区的台阶、石墙、旧民居、古树一定要进行最大程度的保护和景观凸显；（2）临江立面一定要形成古旧、特别的码头古镇意境，新建的财神楼建议作旧，西侧临江楼房建议拆除；（3）古镇街道应该特别凸显阶梯型上升结构，特别是濂溪祠下面的街道，是码头古镇的经典标志。对古镇内其他阶梯型街道应该进行类似的景观调整，以便形成更好的码头古镇特色风貌；（4）古榕树是本码头古镇的特色景观，一定要进行特别凸显；（5）"码头+古镇"相对应设计一批特色古商铺，形成古码头的情境。

周子文化虽然也很重要，但在本项目中为辅助性文化；古镇内的其他古建及民俗文化，也应该有所体现，但不宜喧宾夺主。

三、改造项目及后期效果

在一期工程设计中，根据居民口述及当地的流传，对重要节点财神楼进行了恢复，改造成一个综合性服务经营区。并以当地建筑样式为基础，在本土化原则的基础上，对滨江商业街（见图10-22和图10-23）及嘉陵第一桑梓旅游区的主入口（见图10-24和图10-25）进行了改造设计，使修缮后的民居和商铺美观而不失当地特色。

图10-22　滨江商业街效果图

图10-23　滨江商业街实景照

第十章　绿维文旅经典案例

图 10-24　嘉陵第一桑梓入口大门效果图　　　图 10-25　嘉陵第一桑梓入口大门实景照

始建于唐初的财神楼是周子古镇的标志性建筑，与阆中的保宁醋、隆昌的麻布一样驰名中外。而在千里嘉陵江上，惟有蓬安有座高大巍峨的财神楼，因此蓬安文化旅游名楼财神楼也被人们亲切地誉为"嘉陵江畔第一楼"。财神楼于文革年间被毁坏，2006 年按照本院服务的修建性规划进行了重建。详见图 10-26 和图 10-27。

图 10-26　财神楼立面效果图　　　图 10-27　财神楼实景照

04 案例

生态产业推动生态先行实践区
——贵阳·朱昌生态文明新镇

朱昌镇位于贵阳市西部的水源保护地——百花湖东岸,百花山脉横卧于贵阳市主城区和朱昌之间,区域整体生态环境良好,喀斯特地貌的丘陵遍布区域、森林茂密、湿地环绕、人文底蕴深厚,但地形复杂、生态敏感性高。本规划依托生态文明贵阳国际论坛永久会址的打造,旨在建设"生态文明现行实践区",承载生态文明示范作用。如何基于高生态敏感区的现状,建设具有国内领先水平且可持续发展的生态小镇是项目最大难点。

基于发展基础、规划难点、发展机遇和使命,结合对国际、国内生态城镇的调查研究,绿维文旅提出了五部曲规划模式。详见图10-28。

第一部曲	生态目标之曲	构建生态城镇指标体系,确定生态城镇的指导目标
第二部曲	生态构建之曲	通过生态修复、生态建设,重构朱昌生态新格局,落实生态指标
第三部曲	生态产业之曲	注入生态产业,建设活力朱昌
第四部曲	生态运营之曲	统筹多方利益
第五部曲	生态展示之曲	展示生态特色建设,做生态城市建设的示范和展示平台

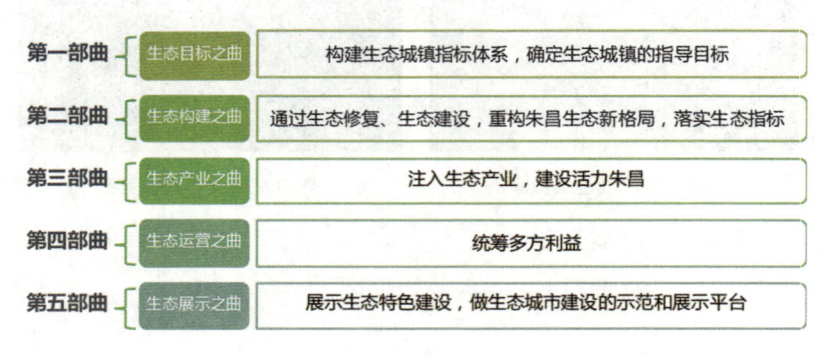

图10-28 五部曲规划模式

一、第一部曲——生态目标之曲：构建生态城镇指标体系，确定生态城镇的指导目标

规划初期，项目组对国内外生态城市建设、规划进行了大量的研究，发现构建一套科学、合理、操作性强、具有权威性的生态城市指标体系是朱昌承载生态城镇建设的使命之一。绿维文旅在对国内外生态城市案例的研究和总结基础上，结合贵阳市生态文明城市指标体系，提出通过生态经济、生态环境、生态规划、生态建筑、基础设施、民生改善及人文生态七大路径进行朱昌生态新镇指标体系的构建。详见表10-1。

表 10-1 朱昌生态新镇生态指标体系

一级指标	生态经济	生态环境	规划	建筑	民生改善	基础设施	人文
二级指标	经济发展水平	城区绿化	场地开发	绿色建筑	人均收入	公共交通	生态文化
		固体废物					
		大气环境					
	经济发展效率	水环境	集约用地	绿色施工	食品安全	慢行交通	绿色社区
		声环境					
		土壤环境		建筑管理	社会保障体系	信息化	知识宣传
	环境保护投入	微气候环境	公共服务设施	建筑特色	精神发展健康	城市化进程	廉洁高效
		水资源					
		能源					

二、第二部曲——生态构建之曲：通过生态修复、生态建设，重构朱昌生态新格局，落实生态指标

从场地自然生态条件入手，通过对森林、农田、水系、湿地、道路、村庄、山体、沟谷等生态斑块分析，高程、坡度、坡向等垂直方向分析和动物迁徙廊道、大气廊道、水廊道等的分析及生态敏感性分析，形成三大基质（湖体—山前平原—山地）、三大廊道（生物廊道、大气廊道、水文廊道）、多斑块的生态安全格局；在此基础上，再进行生态空间管制分析，分离出生态保护区，生态缓冲区及引导建设区，从而得出朱昌新镇的总体生态框架，并估算出生态容量，以此为限值，落实城市规划指标。

在确立场地生态框架的基础上，提出规划区的生态修复区、生态重建区等重点区域，并选择进入基地的关键交通路径，沿路径设置主要公共服务设施，形成一横一纵带的基本结构。以生态环境框架为基础，通过绿廊与水系增加百花湖与周围山体的公共空间联系，强调用地与自然之间的和谐关系。

以公共开放空间系统为骨架，将各发展主题契入用地，形成用地功能分布整体格局，并进一步细化落实公共服务配套和休闲配套设施，形成功能、土地、生态三者有机组合的朱昌生态城镇。规划布局见图10—29。

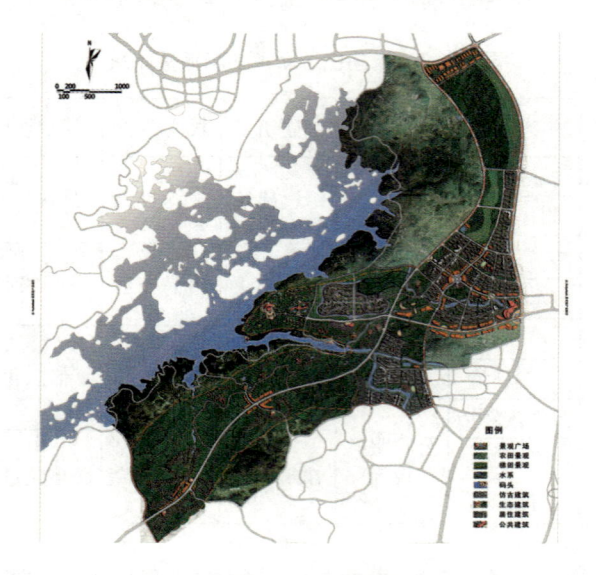

图10-29 规划布局图

三、第三部曲——生态产业之曲：注入生态产业，建设活力朱昌

小城镇发展的动力来源于产业，对于朱昌镇来讲，生态产业将成为其驱动力。本规划按照生态产业标准，进行产业筛选，并延长相关产业链，形成以生态文明论坛永久会址带动的会议会展产业为引擎，以泛旅游产业为核心产业，以生态产业服务业为重点产业、以城市综合服务业为支撑产业、以生态农业为辅助产业的生态产业集群。见图10-30和图10-31。

第十章 绿维文旅经典案例

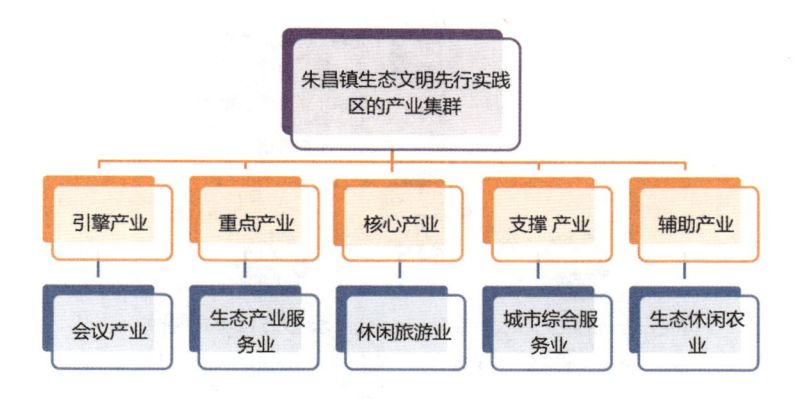

图10-30 产业规划体系

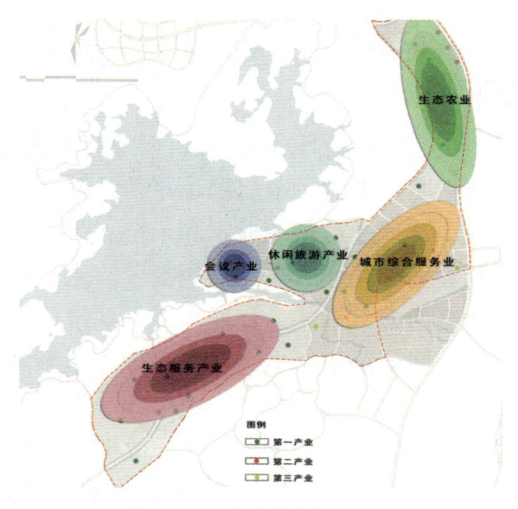

图10-31 产业布局图

四、第四部曲——生态运营之曲：统筹各方利益

在统筹兼顾政府、企业、农民等多方利益的基础上（见图10-32），由企业垫资，完成永久论坛会址建设、拆迁、居民回迁以及其他公共设施建设。在此过程中实现三级联动开发运营模式，撬动朱昌镇的区域运营。朱昌镇建设生态文明城镇的实践，不是一般的科学实验，而是经济社会实践。因此，从规划开始，就必须依照生态可持续、经济可持续、社会和谐、投资运营平衡这样一种全方位实践的要求展开。

283

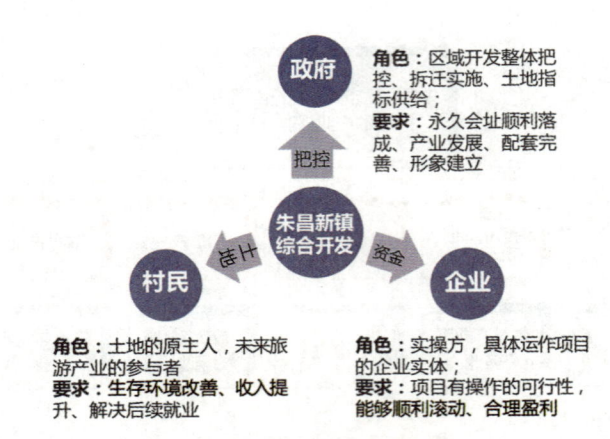

图 10-32　三方联动开发运营

五、第五部曲——生态展示之曲：展示生态特色建设，做生态城市建设的领航平台

作为世界级的生态文明论坛永久会址，除了承载论坛本身的功能之外，更多承担的是生态文明建设的示范、展示平台。包括生态技术的展示；生态城市规划、建设、管理、运营的展示和示范；生态社区、生态文化、生态生活方式的示范等。因此绿维文旅还规划了"水生态展示系统、生态景观展示系统、慢性交通展示系统、节能与绿色建筑展示系统、生态文化展示系统、科技智能化展示系统、生态城市管理展示系统"七个方面的展示系统。

绿维文旅通过对"中国·朱昌——生态文明先行实践区"生态城市规划的探索，形成了一种创新实践，基于产城一体化发展，深度策划了生态产业总部经济、泛旅游产业聚集等模式，形成了依托产业发展城镇的基础，并基于投资商作为投资运营主体，保持投入产出平衡前提下，实现区域开发、城镇开发的生态城市运营商模式。

05 案例

新旅游时代下的古镇新颜
——上海朱家角古镇规划及 5A 级提升

朱家角，一座位于上海青浦的千年古镇，一座文化底蕴深厚、资源优势明显的上海历史文化名镇，2016 年入选第一批中国特色小镇名单。被誉为"上海威尼斯"的朱家角，与其他古镇面临同样的问题，即在若干年的发展之后，遇到了诸多瓶颈。2010 年后，在后世博效应的带动下迎来新的发展契机，当时绿维文旅有幸参与其中，深度探究问题所在，为朱家角升级换颜出谋划策，这也为新时代下传统古镇的提质升级提供了借鉴。

一、发展症结分析

当时的朱家角发展主要面临如下发展症结：

第一，品牌定位不突出。朱家角最大的困惑，是江南水乡古镇的同质化瓶颈——资源本底同质化、旅游产品同质化、旅游模式同质化。

第二，产品业态不合理。观光产品一支独大，产品业态的优化整合措施无法实施，无法构建起全镇整体旅游的合力，就连古镇、老镇和新镇各自的深度提升也受到极大限制。

第三，经营体制不灵活。从投资开发公司到旅游发展公司，都没有实现对古镇旅游经营的绝对掌控，都难以协调与当地居民的关系，各利益相关者缺乏一个强有力的协调者。

二、发展策略

跳出古镇看古镇，从整个镇域的旅游发展战略高度，构建"一心三板块"的发展格局（详见图10—33）。以古镇为中心，以太阳岛、淀山湖、大淀湖为支撑，构建岛屿度假、滨湖度假、农业休闲三大板块，与赵巷、佘山、欢乐谷、虹桥形成互补，对接古镇休闲需求。

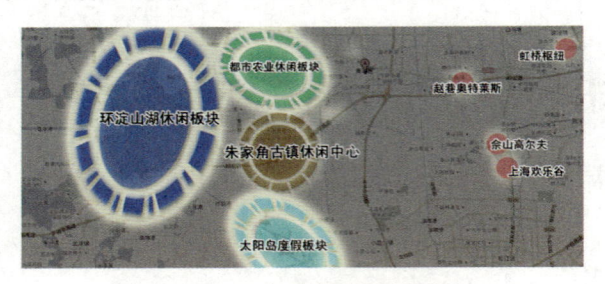

图10-33　朱家角镇域旅游发展战略布局

整个镇区，方圆10平方千米区域，作为发展规划的重点，主要形成"一心三带三区"的规划格局（详见图10-34）。一心，即集中展现朱家角千年古镇风情的古镇休闲核心区；三带即展现东方水乡风韵的水乡风貌体验带，集餐饮、购物、休闲、娱乐于一体的商业休闲发展带，展现朱家角新镇绿色、生态、宜居生活的新镇生态景观带；三区包括以湖泊休闲度假为主的环湖综合度假区，展现现代水乡宜居生活的新江南水乡居住区，以传统居住区为主的老镇风貌协调区。

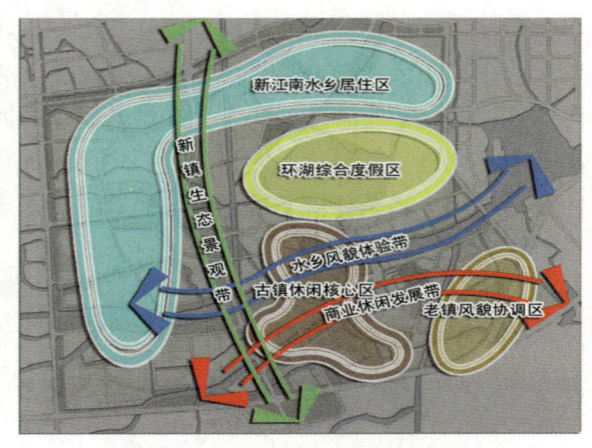

图10-34　朱家角镇区旅游空间布局构想

286

对 0.68 平方千米的"古镇休闲核心区",以创 5A 级景区为宗旨,以"水文化"为灵魂、以"夜文章"为重点、以"国际化"为目标,通过塑造"都市水乡"、打造"不夜江南"、借鉴国际古镇旅游发展经验和依据国际旅游标准,构建"国际古镇"。详见图 10-35。

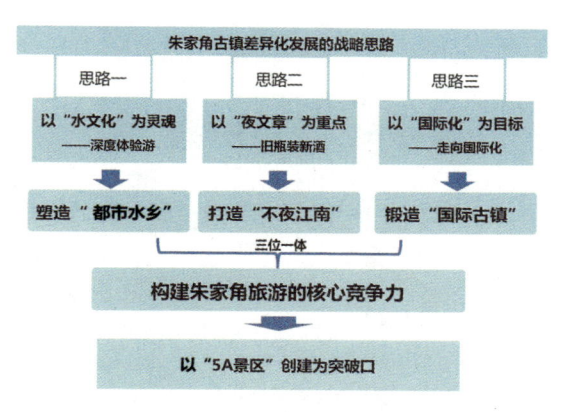

图 10-35　朱家角差异化发展战略思路

即以水为魂,以传承至今的鲜活的千年古镇(包括古镇、老镇和新镇三层水乡体系)为载体,以水乡中国文化、上海都市水乡文化艺术的深度体验游构建白天游览的吸引核。夜间做大休闲的文章,打造不夜江南的典型代表,构建上海国际化大都市唯一的"沪上夜江南"。而在未来的发展中,应充分利用上海这个国际化平台,以国际化人群为重点,在完善国际化旅游设施、提供国际化旅游服务、打造国际化休闲产品的基础上进行国际化营销,使朱家角成为中国最国际化的古镇旅游目的地。

三、古镇提升

本着创 5A 的目标,对古镇街区的十余条主要步行游览街进行业态整合和主题定位,通过融入体验业态,打造夜间休闲,让人真正走进古镇的记忆中,留下来,住下来。

(一)古镇一街一品

以"景点+主力店+辅助店铺"的模式,对每一条商业街都进行业态调整,形成"一街一品味,一路一风情"的差异化发展战略。详见图

10—36~图10—38。

主力店：统领街区，展现主题，以精致代替数量，以个性风格代替低级模仿。

图10-36　朱家角古镇街区业态调整

购物：拒绝平庸的模仿。建议所有经营项目都要以突出朱家角文化为基础；所有销售都以朱家角独有、特有为目的，让每一件商品都只能在朱家角独享。

图 10-37　朱家角景点分布示意图 　　　图 10-38　朱家角主力店分布示意图

(二)旧时业态重现

恢复鼎盛时期朱家角内老式业态,如:酒坊、油坊、米坊、布坊、酱坊。通过"前店后坊"式的布局,加深游客的体验感受。以朱家角现在的涵大隆酱菜园为例,未来从简单的观光门票和酱菜售卖,拓展到"门票 + 售卖 + 体验 + 餐饮 + 分店招商"的经营模式。

(三)丰富夜间休闲

做大做强夜间休闲,对应"不夜江南"的发展策略。目前朱家角最出名的便是课植园内的实景园林版夜表演《牡丹亭》,未来将夜酒吧、夜游、夜宴、夜古街统统纳入夜间休闲中来,成就一个越夜越精彩的文化古镇。

在中国进入休闲时代的大背景下,中国古镇旅游从观光向休闲全面转型升级成为必然。上海朱家角古镇作为江南古镇群中的重要一员,休闲化升级也成为当前最重要的战略任务。朱家角古镇应全力抓住市场机遇,发挥自身比较优势,深化"文创 + 旅游 + 基金"的产业形态,打造面向全国乃至世界的国际化古镇休闲目的地。

案例 06

新建古镇的创新空间规划
——江苏长山古镇

厚重的历史与人文底蕴、优美的自然资源让江南古镇成为古镇旅游的首选，古镇开发也是如火如荼。在江苏省镇江市丹徒区十里长山脚下，米芾书法公园的修建领衔了长山文化产业园区构筑的序曲。长山文化产业园亟须打造一个承载镇江文化的休闲商业载体，由此，毗邻书法公园，长山湖畔诞生了长山古镇这个概念。详见图10-39。

江苏省可开发利用的古镇资源丰富，但是除了周庄、同里、甪直之外，其他古镇的名气和开发程度却都不高。长山古镇的突破点又在哪里呢？绿维文旅认为，长山古镇的打造有别于其他古镇的地方

图 10-39　长山古镇鸟瞰图

在于，它本身就是一张白纸，没有任何束缚，没有遗存古镇的限制，如果借助古镇开发的大势，先行打造，注入合理的理念与优化的规划系统，同样也能成为一个闪耀的亮点。这就取决于规划的功力及产品策划的创新。

一、整体规划思路

通过对地域特色及文化的探究，整个项目以苏州特色的山水园林为依托，以先吴江南文化为基调，以"宜"文化为主线，用书法文化诠释建筑景观节点，用爱情文化构筑项目核心引爆点，以"休闲度假""文化演艺""古镇体验"三大片区，实现动静过渡空间上的延续，实现古今结合文化传承，实现古镇观光、文化体验、休闲度假及生态人居等旅游功能，打造一个宜居、宜旅、宜商、宜休闲度假的，完美体现多元文化包容性的江南风情小镇，最终成为向世界展示丹徒风情、传承宜文化的首位窗口。

二、商住水空间组织形式

长山古镇作为新建的古镇，在空间组织形式上要延续传统古镇的空间组织形式，在生活习惯与游览方式上，要创新符合现代人的休闲空间，增加古镇空间的趣味性，提升商业街区的整体商业价值，真正使水、商街、景观节点融入整体大的古镇空间中，营造"一街一特色""一街一景观""一街一人文"的特色古镇空间。通过对传统江南水乡古镇的研究，我们认为"前街后河、河街环绕"的模式更加适合长山古镇的空间组织形式。

三、古镇肌理及街道尺度

由于江南古镇建筑的尺度所限，以及街巷空间的紧凑化，传统古镇店铺表现为空间相对狭窄，不利于空间的利用。本项目迎合市场和现代商业对于空间的需求，突破传统古镇的空间肌理形态，对古镇空间重新布局与构筑，形成具有现代人文气息的休憩空间。整个古镇以多层中密度，建筑高度不超过3层的建筑为主，采用平行于河街的联立式商铺和垂直于河街的院落式民居形成密实的街坊肌理。街巷空间比较紧凑，表现为狭窄的街廓比例、连续的街巷界面、以人为主的步行空间尺度。详见图10-40。

图 10-40　步行街局部效果图

四、规划布局——古城人文社会与自然环境相结合

古镇步行功能空间设计：长山古镇最长的步行街约 700 多米，针对如此长的商业步行距离，规划中我们参照传统古镇采取了功能节点设计，从而在长距离商业步行空间下保证了游客的体验感。详见图 10-41。

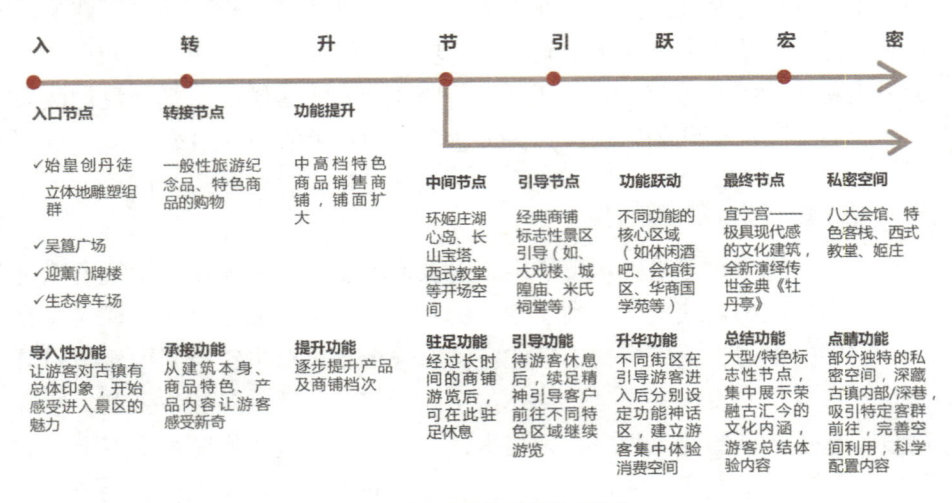

入	转	升	节	引	跃	宏	密
入口节点	转接节点	功能提升	中间节点	引导节点	功能跃动	最终节点	私密空间
✓始皇创丹徒立体地雕塑组群 ✓吴篚广场 ✓迎薰门牌楼 ✓生态停车场	一般性旅游纪念品、特色商品的购物	中高档特色商品销售商铺，铺面扩大	环姬庄湖心岛、长山宝塔、西式教堂等开场空间	经典商铺标志性景区引导（如，大戏楼、城隍庙、米氏祠堂等）	不同功能的核心区域（如休闲酒吧、会馆街区、华商国学苑等）	宜宁宫——极具现代感的文化建筑，全新演绎传世金典《牡丹亭》	八大会馆、特色客栈、西式教堂、姬庄
导入性功能 让游客对古镇有总体印象，开始感受进入景区的魅力	承接功能 从建筑本身、商品特色、产品内容让游客感受新奇	提升功能 逐步提升产品及商铺档次	驻足功能 经过长时间的商铺游览后，可在此驻足休息	引导功能 待游客休息后，续足精神引导客户前往不同特色区域继续游览	升华功能 不同街区在引导游客进入后分别设定功能神话区，建立游客集中体验消费空间	总结功能 大型/特色标志性节点，集中展示荣融古汇今的文化内涵，游客总结体验内容	点睛功能 部分独特的私密空间，深藏古镇内部/深巷，吸引特定客群前往，完善空间利用，科学配置内容

10-41　长山古镇的功能节点设计

古镇"收放"空间设计：借鉴中国园林营建过程中经常采用的一种手法——收与放，尺度较小的地块，通过周围曲折而较窄的街道来做铺垫，

让游客进入此地的时候感觉并不狭小，反而感觉豁然开朗且尺度宜人。部分广场从小巷道进入，到巷头时小广场才呈现在眼前，使得空间较小的广场显得宽阔了许多。

平面立体行、购、景分离结构体系：古镇主要街道在空间平面上，通过台阶、绿化、水道将过路行走群体、购物群体、景观观赏群体完美分离，实现平面空间的立体效果。街道分为三部分，将游客的购物和行走两种行为完全分离，有利于商业的双边购物行为变为单边购物行为。

古镇一般街道小尺度购物空间塑造：普通商业街宜设置较窄的街道空间，在保证人流量、舒适度以及商业效果的情况下，尺度宜控制在3~9米的范围。

古镇单体商业空间遵循传统古镇建筑空间结构和规模：长山古镇遵循传统古镇建筑空间的结构和规模，按照传统格局设立准入制度、设定新引进的商业尺度，较好的体现了传统古镇建筑风貌。

五、供水及其他步行道空间组织

长山古镇的街道不拘于工整而自由分布，主街傍水，小巷临渠，18座桥与河水、绿树、古巷、古屋相依相映，极具江南水乡古树、小桥、流水、人家的美学意韵。在规划设计其他步行空间组织时，街道的尺度宽高比多在0.6~1.2之间，体现了长山古镇街道的特质尺度，当然宜宁广场、安泰广场、吴篦广场的尺度较大，分别为3.47、4.6、3.14。参考标准详见表10-2。

表10-2　街道宽度和两侧建筑物屋檐高度之比

	宽高比（b/h）	空间感受
街道宽度（b）和两侧建筑物屋檐高度（h）之比（b/h）	b/h<1	随着数值的减小会产生接近之感；
	b/h=1	高度与宽度存在着一种匀称之感；
	1<b/h<1.5	给人感觉比较舒服，既没有封闭感，也没有撕裂感；
	1.5<b/h<4	街道略宽，两边的建筑的联系减弱，如果中间有河及和河边的景观，可使两边的建筑重新获得联系，但对于广场来说可产生宜人尺度的商业休闲空间，这样大小的广场没人的时候不会带来空旷的感觉；
	b/h>4	两边的建筑的联系微弱，有空旷感；

六、建筑特色

项目建筑风格融汇南北，优雅别致。修筑各式小桥，把水和建筑连为一体，既体现江南的灵秀、清新，又融合了北方的温婉、大气，将自然和人文完美结合。总体呈现灰瓦叠叠、白墙片片、黑白相间的用色特点以及多角、多弯、多巷的独特建筑布局，显示出无限的江南水乡气息。围合形的院落式结构，形成不同功能的专属空间，通过对封闭院落的局部变形，使得规整的院落结构同样具有很好的流动性。同时，园林化的院落空间，能产生丰富的空间体验和宜人的景观环境。详见图10-42。

图 10-42　姬庄鸟瞰图

07 案例

矿坑里诞生的休闲运动度假小镇
——长春·双山特色旅游度假小镇

项目位于长春市近郊二道区双山村，规划面积19200余亩。对外有G302、G1京哈、G12珲乌等国道交汇，8条高速互通，30分钟抵达长春城市圈，2小时到吉林及东北亚航空枢纽龙嘉国际机场，交通极为便利，保障了项目地的客源基础；域内山环林密，河流环绕，田园唯美，具有英式自然园林的形态，资源组合度较好；有矿坑二十余处，可修复利用。

基于国家对生态文明建设、三农问题解决的大力支持，以及城市快速发展背景下人们对健康生活方式的追求，具有休闲农业旅游开发、水生态治理背景的吉林天顺置业有限公司，在国务院振兴东北政策以及吉林省促进旅游业发展政策的推动下，借势打造东北地区标杆项目，拓展更广阔的健康市场。

一、难点聚焦

项目地原来为采石区，其开发建设面临三大难点：

第一，项目地内正在进行开采和已经开采成的矿坑面积达2500亩，地表植被受到严重破坏，地表现状以石质基岩为主，土层薄，生态恢复治理有一定难度，且坑内积水，开发利用难度较大；

第二，域内以平缓的丘陵起伏居多，大部分区域坡度较为平缓，且域内资源单一，后期基础配套难度较大；

第三，冬季需结合冰雪旅游布局项目，但面临后期运营管理成本大的问题。

二、核心思路

通过对项目地资源、场地及市场的分析，结合国内外矿坑修复利用案例的经验，绿维文旅认为本项目应以矿坑国土修复为基础，以农业、运动、健康养老三大板块构建未来产业发展核心，打造国土修复、休闲农业、康体运动有机联动的特色乡村休闲度假地。

首先，利用矿坑生态修复，打造休闲运动娱乐，把国家生态文明建设战略与休闲运动旅游、大健康趋势有机结合，同时形成健康养老度假庄园的配套产品；

其次，突出打造本底农业特色，将传统粮食性农业转变为新农业——观光农业、艺术农业、有机农业等，为旅游提供附加值。通过产业带动新农村、新农民发展，构建"新三农"主义，从而延伸农业产业链；

最后，融合周边的生态自然系统，营造新的城市近郊型田园生活、运动、康养结合的第二居所。

三、规划策略

（一）产业策略："运动＋农业＋康养＋度假"多产业集聚联动

本项目将以农林产业为载体，以休闲运动产业为龙头、以健康养老产业为内涵支撑、以旅游度假产业为核心目标，一二三产业链延伸、交叉、渗透、相融，构建农业、运动、健康等产业联动闭环发展。详见图10-43。

1. 延伸农业产业链，构建新三农主义

针对产业本身，在项目地现有种植业、养殖业、果林业、加工业等传统生产型农业的基础上，通过作物品种结构的改变以及种植方式的改变，向旅游体验型观光农业与生活休闲型有机农业延伸，逐渐提升产业附加价值。

针对传统农民生活的空间——农村，通过居住环境、管理机制、土地使用权流转三大转变，将原来散落布局、环境较差、分散管理的村居，转变为集中工作、环境优美、统一管理的农庄，短期内为休闲度假游客提供

第十章 绿维文旅经典案例

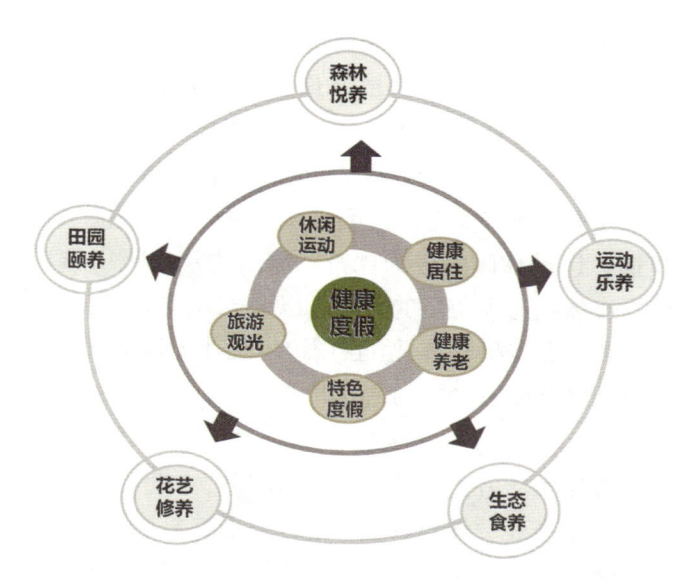

图10-43 多产业联动发展闭环

特色民宿居住，长期将打造田园健康养老目的地。

以上两大转变，也将带动原来以务农为主的农民，由"提供单纯农业产品"向"提供休闲服务产品"转变，通过旅游发展带来农艺师、种植人员、农业技术人员等身份的获取，实现"临近乡土"的就业，真正"离土不离乡"。详见图10-44。

图10-44 双山特色旅游小镇

297

2. 顺应市场趋势，构建休闲运动产业

在五大幸福产业中，体育产业同比增长最为迅速，继2014年国务院在《关于加快发展体育产业促进体育消费的若干意见》中将"全民健身"上升到国家战略之后，2016年国家体育总局编制《体育发展"十三五"规划》，预示着我国体育产业发展已经进入快车道，"旅游+体育"将迎来重大发展机遇，运动休闲将成为体育和旅游的消费吸引核与收益点。基于对项目地周边休闲运动市场的分析，以及国外类似案例的剖析，发现运动场地投资及维护成本相对较低，且周边市民休闲运动意识强烈。因此，在本项目中，我们将休闲运动作为主导产业之一。

3. 产业融合，打造健康生活方式

基于人们对健康生活方式的追求越来越强烈，本项目将依托资源基础，整合旅游产业、养生产业、绿色农业、运动产业，打造涵盖"运动乐养、生态食养、花艺修养、田园颐养、森林悦养"的大健康产业体系。详见图10-45。

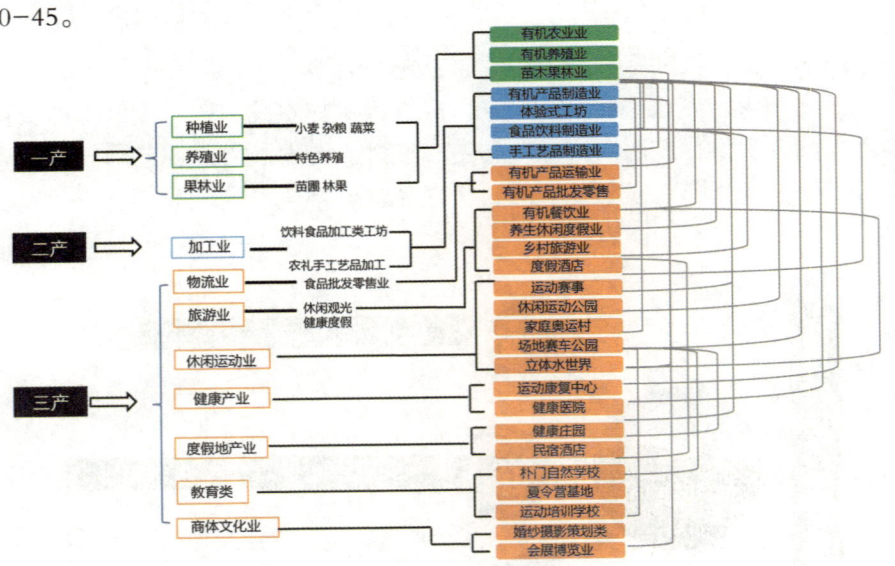

图10-45 三产融合发展图

（二）生态策略："公园+运动场地+度假区"三大修复方向

如何修复矿坑严重退化的生态环境并进一步开发利用，成为本项目的

核心所在。对照项目地具体情况，通过对国内外矿坑修复案例的梳理研究，我们发现：从投资、可持续性、收益三个方面进行开发比较，运动场地投资及维护成本相对较低，可作为住宅的增值配套，持续运营；公共空间投资及后期维护成本较小，但是无收益；植物园投资及后期维护成本均较高，但收益渠道较多；主题乐园投资及维护成本较高，并需要持续投资。据此，确定了以运动场地为主，以公共空间带动周边土地溢价，选择性打造植物园和主题乐园的修复策略：

1. 建设生态公园

通过坡面复绿、水土涵养、水土净化等方式，优化区域生态环境，利用现状采石坑坑底与坑壁，形成水面、瀑布、草坪、沙坑、景观岩壁等，打造高参与度休闲空间。

2. 构建复合型运动场地

通过坡面复绿，结合坡度高差，在做好水土保持的基础上，构建复合型、个性化运动场地，开展极限运动项目。如矿坑探险、难度攀岩、空中滑板、崖壁蹦极、弹跳高跷等。

3. 综合型度假区

根据项目地具体情况，因地制宜，对修复后的资源进行充分利用和提升，布局矿坑探险乐园、运动主题社区、艺术山丘公园、运动假日酒店等项目，配套相应的服务设施，全面提升场地综合效益。

（三）智慧策略："导航+导游+导览"三大智慧体系

伴随着互联网的发展，消费者的信息获取方式、消费习惯、支付环境都发生了巨大的转变，互动、体验、便捷成为人们生活中无处不在的追求。本项目将聚焦以人为中心的"智慧景区"建设，以信息技术为基础，通过将传感设备嵌入景区的物体和各种设施中，并与互联网连接，构建大数据中心，搭建面向主管机构、企业及游客的管理平台。

其中，面向游客，树立先进的管理和科技旅游品牌是关键，在本项目中，绿维文旅通过智慧双山客户端建设，构建了导航——智慧出游、导游——智慧服务、导览——旅游解说三大体系，打造小镇智慧旅行。详见图10-46。

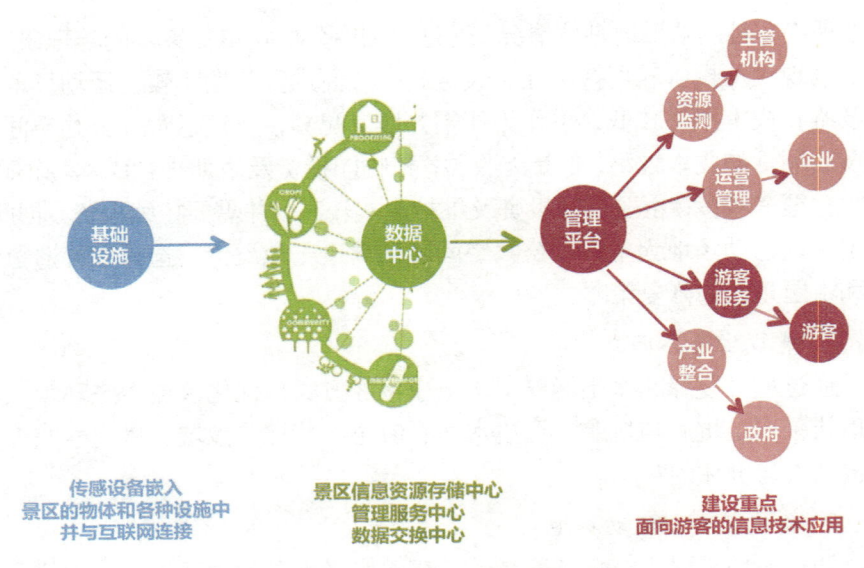

图 10-46 智慧景区建设流程

（四）产品策略：创建垄断性 IP——长春运动

本项目中，绿维文旅以互联网＋思维，创建垄断性IP——长春运动云，以互联网为引擎，将健身、养生、康乐、竞技等活动云集到平台之上，在局域和广域内联动农业、运动、养老三大板块，同时构建项目地的体育休闲运动领域平台。详见图10-47。基于这一定位，通过布局健康养老庄园、健康运动小镇、运动欢

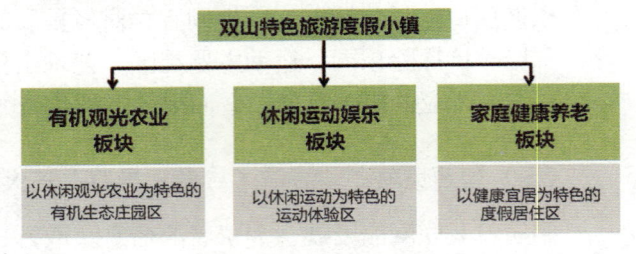

图 10-47 三大产品板块

图 10-48 五大功能分区

乐世界、有机沁心田园、棕地恢复备用地五大功能区详见图10-48，以矿坑生态修复打造特色运动娱乐，以农业打造本地特色，融合周边生态系统营造新的城市近郊，最终形成对产业、旅游、宜居生活的全面提升。

一期启动区作为引擎示范区，包含农业、运动、养老，以及生态修复等功能，主打生态修复展示及休闲运动项目，结合村子改造民宿酒店，运动农庄等产品，以及逐步开始调整农业种植结构向经济型观光休闲农业转变，健康养老只做样板展示。业态比重分别是生态修复＞休闲运动＞观光农业＞健康养老。详见图10-49。

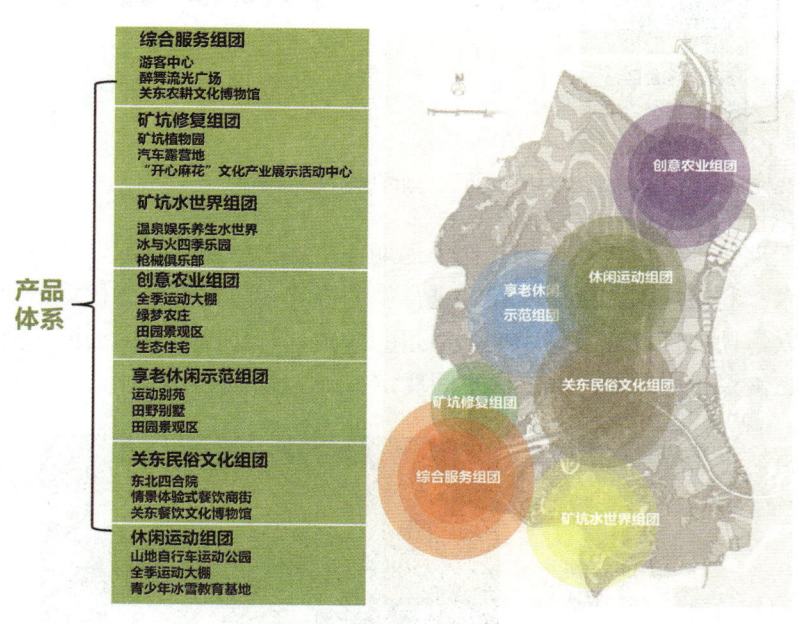

图10-49　一期启动区产品体系

二期建设区是实现资金回收的依托区域，度假、养老是区域建设的关键，主要包括运动小镇组团、家庭奥运村组团、私享度假组团、艺术田园组团等，满足大众群体、家庭亲子群体、高端群体等不同人群的度假需求。以家庭养老方向打造养老度假，休闲运动方面以提供运动场地为主，农业向有机种植、创意农业方向发展，农村民居打造精品住宿、运动社区等综合服务空间。业态开发比重应该是健康养老＞休闲运动＞创意农业＞生态修复。详见图10-50。

旅游小镇开发运营指南
Guidebook of Tourist Town'S Development and Operation

产品体系：

运动小镇组团
动感公寓　运动商街
矿坑酒店　极限运动王国
国际康复运动中心　山吧民宿

家庭奥运村组团
悦动社区
亲子运动基地
电影艺术客栈

私享度假组团
乐退农庄
云簧花弯
多功能运动场

艺术田园组团
南瓜乐园
稻草乐园
乡村集市

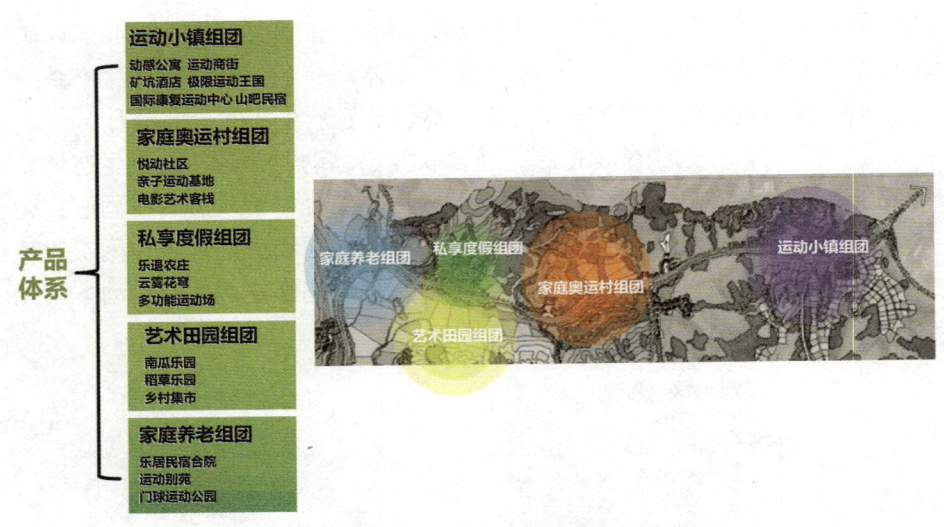

家庭养老组团
乐居民宿合院
运动别苑
门球运动公园

图 10-50　二期启动区产品体系

三期场地为垃圾填埋场，作为远期备用地，借鉴国外成熟案例采用大地艺术，利用堆山和台地对场地进行生态修复和再生，作为棕地恢复备用地，以运动植物培育及艺术地形造景的形式，打造自然艺术公园，进行土地生态恢复，为后期打造度假空间奠定基础。详见图 10-51。

图例：
1　矿坑会所
2　台地自然公园
3　艺术山丘
4　游步道
5　防护林
6　高尔夫球场

图 10-51　三期产品体系

08 案例

用文化为旅游小镇注入灵魂
——北洋风情小镇

北洋风情小镇位于河北石家庄市西部的井陉矿区，距石家庄市区半小时车程，距北京、天津三小时左右的车程，交通区位优势较为明显。此外，项目地还处于环渤海经济圈、京津冀协同发展城市群之中，与中原城市群、长三角经济圈遥相呼应，经济区位优势较为显著。小镇毗邻生态资源较好的杏花沟景区，以正丰煤矿与段家楼为代表的北洋文化是该区域品质较高、特色突出的文化资源。

小镇所属的井陉矿区发展历史悠久，曾是国内知名的煤炭工业基地，但随着煤炭资源的枯竭，矿区亟须立足资源，顺应产业发展大势，发展绿色、环保、高附加值的产业。在京津冀一体化发展的时代背景下，矿区发展转型受到省领导直接关注，面对休闲旅游产业迅速发展的良好趋势，本项目拥有得天独厚的政策机遇、市场机遇，应如何抓住机遇，深挖文化，实现产业的转型发展？

一、难点聚焦

从小镇现状来看，发展高附加值的旅游业、休闲产业等现代服务业具有产业与资源基础，是目前情况下的最优选择。但项目地资源现状一般，应如何进行资源挖掘与开发，以打造核心吸引物，展现"特色"？小镇内街区、水系空间如何布局？建筑风貌如何统一？这些都亟待破局。

二、突破路径及核心思路

（一）文化突破：以北洋文化塑造小镇灵魂

井陉矿区"先有矿，后又区"，因煤而兴、依矿建区，北洋政府的重要人物段祺瑞曾投资入股井陉正丰煤矿，并在矿区修建了著名的段家楼。通过对当地文化体系的梳理，在统筹考虑文化的"地脉传承性、形象代表性、特色差异性、市场引爆性"四大特性的基础上，绿维文旅认为，以矿为载体的北洋文化是项目地的基础文化，也是特色文化，在全国同类型文化中具有较强影响力与知名度，应作为本项目的核心主题文化。详见图10-52。因此，本项目在打造过程中，应将"北洋文化"导入，延续文化价值，为小镇赋魂；以此文化为基础，融合文创产业，根据市场需求，策划主题性强、体验性强的一系列旅游项目，为小镇塑形；以解决小镇缺乏核心吸引力的问题为出发点，同时升级区域价值。

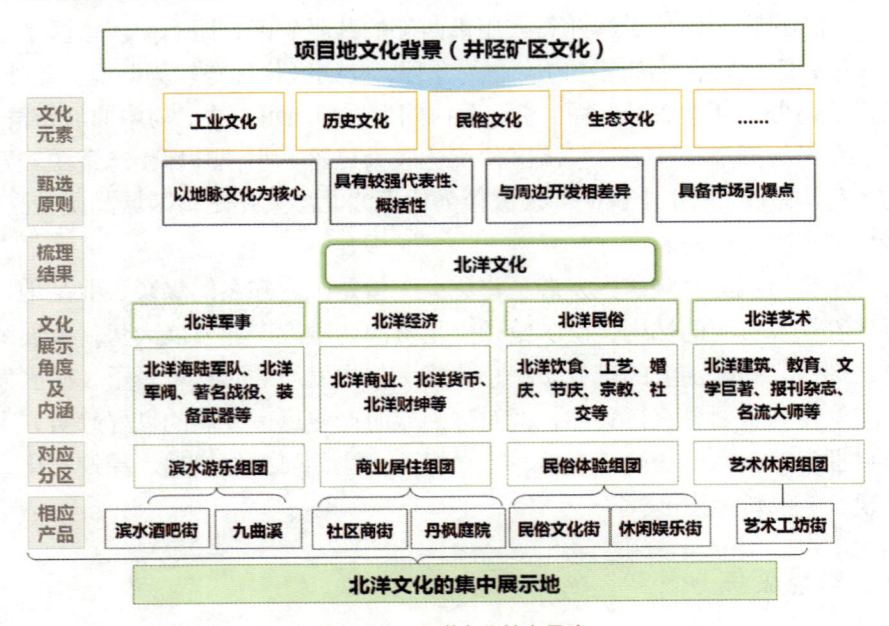

图10-52 北洋文化核心思路

（二）空间突破：四大特色地块联动发展

北洋风情小镇位于井陉矿区北洋文化旅游区范围内，小镇可与周边段家楼、杏花沟等景区统一规划设计，特色差异打造，空间联动发展。四大地块在"北洋文化旅游"的主题下统一开发升级，各个地块产业发展各有侧重，规避不必要的竞争，在功能方面形成互补，同时保持建筑、景观风格的协调与统一，从风貌上保证旅游区的"完整性"，并打造连通四大板块的旅游大环线。详见图10-53。

图10-53 四大特色地块联动发展

三、开发策略

小镇立足项目地的地理区位优势，发挥城市南部未来扩展区域的发展价值，紧抓井陉区现有休闲商业业态的市场空白，结合段家楼及正丰煤矿的北洋文化脉络，打造以北洋时期建筑为特色风貌、以北洋文化展示为文化主线、以休闲商业为主要业态的北洋风情小镇，为游客提供全方位的休闲游憩与娱乐购物体验，同时形成对中国（井陉矿区）·北洋文化旅游区的休闲商业补充。详见图10-54。

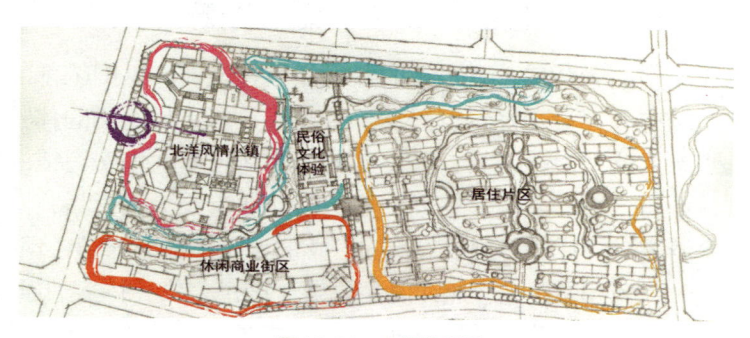

图10-54 功能分区图

（一）全方位注入北洋文化，打造小镇核心吸引力

小镇的灵魂体现在空间布局、建筑风貌、旅游产品业态、生活方式、民俗活动等方方面面，这些都离不开文化的挖掘。绿维文旅对庞杂的北洋文化进行了深入的分析，从中提取出了北洋军事、北洋经济、北洋民俗、北洋艺术四个主题，以及每个主题下所对应的文化元素，在此基础上，通过体验业态、建筑景观打造、活动节庆、展览展示、情景表演等手段，将北洋文化进行了活化，各旅游元素的应用方向如表10-3。

表10-3　北洋文化各旅游元素应用方向

文化层面	文化要素	应用方向
北洋民俗	饮食	餐饮业态、美食博览、美食节庆活动
	交通	多种交通方式体验
	休闲	怀旧舞厅、胶片电影院
	服装	服装生产、租售、服务人员统一着装
	社交	举办西式舞会、小型节事活动
	婚礼	婚庆服务、婚服制售
	节庆	节庆活动
	宗教	教堂、佛寺
北洋经济	民族工业	民族工业博物馆、传统工艺品
	货币	流通纪念币、博览展示
	洋行	特色纪念品商店
	财绅	博览展示、情景表演
北洋文化	北洋建筑	整体建筑风貌的打造、北洋建筑博览、住宿接待设施打造
	教育	博览展示、小型体验
	报刊	出版业文化交流、报刊类纪念品、艺术展示
	文化运动	博览展示、文化演艺
	名流大师	文化研究活动、文化论坛、博览展示
北洋军事	北洋海陆军队（北洋水师）	历史文化博览展呈、雕塑景观等
	装备武器	武器博物馆、纪念品
	北洋军阀	影视再现、话剧表演
	著名战役	军事战争博物馆、滨湖水战体验

在北洋文化的大背景下，小镇的开发注重打造北洋氛围浓郁的景观建筑与公共广场空间；设计好看、好玩、好赚钱、有文化内涵的体验性创新产品；策划融入北洋文化元素，并将其转化为适合当代消费习惯的娱乐活动等。具体而言，在产品设计方面，小镇以北洋文化为大背景，同时结合当下市场旅游需求，打造可观、可玩、可感的旅游产品，如结合现代科技，打造北洋大时代博物馆；梳理北洋时期以及矿区民俗文化内容，通过展览、销售、现场制作、民俗表演等方式和手段，打造北洋民俗与艺术工坊类产

第十章 绿维文旅经典案例

品；以北洋水师为历史渊源，策划北洋文化主题滨水娱乐体验项目等。在业态方面，全业态打造基础上，注重夜间业态的植入与设计，主要通过北洋时期上层社会名流生活方式的再现和现代夜间休闲消费等多种手段的联合打造，形成时尚与历史交流、东方和西方融合的风情酒吧街。总之，通过北洋文化在旅游活动各层面的全方位融入，塑造小镇的品格与魅力，彰显产品品质，形成小镇核心的吸引力。详见图10-55。

北洋风情小镇

华溪芳庭 （入口门户景观区）	千杯街 （滨水酒吧街）	九曲溪	十方街 （民俗文化街）	众乐街 （休闲娱乐街）	百情街 （艺术工坊街）	社区商街	枫丹庭院
景观大门	北洋从军行 （亲子活动）	静月夜泊 （飞虹桥）	北洋老洋行	太太沙龙 （休闲厅）	北洋艺廊 （剧院）	金晖广场	枫丹庭院
北洋大时代博物馆	北洋水师 （滨水游乐）	台漫斜晖 （尔雅台）	北洋剪影 （摄像馆）	民主广场 （文化展示）	北洋名士 （图书馆）	映月广场	玉珠叠案
北洋广场			闻道广场 （民俗表扬）	忠义流芳 （鸣钟楼）	清心广场		
			天合广场 （休闲游乐）		流韵广场		
			曲水流觞 （冷泉亭）		北洋文萃 （文瀚林）		
			关帝庙		清泉石润 （清莲泉）		
					北洋大酒店		

图10-55 北洋风情小镇旅游产品架构

在建筑方面，小镇整体设计遵循中国传统建筑的严谨对称，同时加入西方建筑元素，体现民初北洋中西合璧、兼容并蓄的风格特色。详见图10-56和图10-57。

图10-56 街区（古典主义）效果图

图10-57　街区（折衷主义）效果图

（二）组团式业态布局，打造休闲聚集中心

对应北洋文化的军事、经济、民俗、艺术，我们将小镇划分为滨水游乐组团、商业居住组团、民俗体验组团、艺术休闲组团，并通过街区与广场的空间结构组合，景观景点的点缀打造，划分、连接各组团，形成休闲聚集的空间条件。详见图10-58。

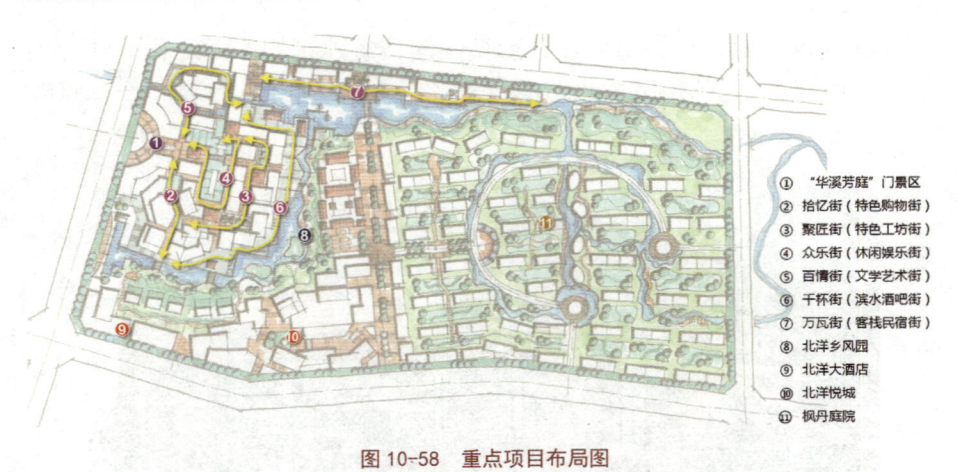

① "华溪芳庭"门景区
② 拾忆街（特色购物街）
③ 聚匠街（特色工坊街）
④ 众乐街（休闲娱乐街）
⑤ 百情街（文学艺术街）
⑥ 千杯街（滨水酒吧街）
⑦ 万瓦街（客栈民宿街）
⑧ 北洋乡风园
⑨ 北洋大酒店
⑩ 北洋悦城
⑪ 枫丹庭院

图10-58　重点项目布局图

其中，千杯街（滨水酒吧街）通过亲子活动、滨水游乐等项目形成休闲游乐聚集，通过酒吧等特色餐饮业态形成夜间休闲消费聚集；十方街（民俗文化街）通过北洋民俗文化的创意性应用，形成创意民俗产品的聚集，

第十章 绿维文旅经典案例

从而实现民俗消费的聚集；众乐街（休闲娱乐街）通过太太沙龙、民主广场等休闲空间的打造，北洋特色剧场、歌舞厅等娱乐项目的导入，形成休闲娱乐的人气聚集、消费聚集；百情街（艺术工坊街）通过底层商铺、上层民宿的设计，打造集休闲、购物、体验于一体具有浓郁文艺气息的艺术街道，形成餐饮与体验互动的结构，实现创意民宿聚集为核心的复合消费聚集；社区商街则通过沿街设置低层社区商街，填补社区商业空白，为周边城市居民及周边社区、乡镇人口提供日常生活服务，形成本地居民的人口聚集、休闲消费聚集。小镇通过以上点状聚集形成整个区域的块状休闲聚集，最终形成以旅游产业为带动的小镇综合发展。

综合来看，本项目以可持续开发为出发点，以旅游导向的休闲小镇建设为手段，通过对北洋文化的创意开发，打造引爆性休闲体验项目，实现聚集人气，带动区域经济社会发展，建设新型城镇化示范社区，提升居民生活品质；另一方面，创造更多就业机会，从而打造出与杏花沟湿地、段家楼旅游区高度互动与融合发展的旅游新区。

09 案例

以世界风尚休闲，助力野三坡旅游升级
——河北涞水世界风尚小镇

世界风尚小镇位于河北省保定市涞水县野三坡风景名胜区内，地处太行山与燕山两大山脉交汇处，距首都北京 100 千米，总占地面积 1200 亩。野三坡风景区是发展较为成熟的景区，目前已经形成了以百里峡景区为核心，以鱼谷洞泉景区、拒马河景区、百草畔景区、龙门天关景区为支撑，以京津冀为主力客群的有一定知名度的旅游目的地。不过从野三坡的旅游大格局看，其旅游产品停留在观光阶段，缺少休闲、度假的支撑结构，游程上以 1~2 天为主，游客只游不留现象严重，野三坡旅游整体上面临由观光向休闲度假转型、由全国性品牌向世界性品牌的升级。

图 10-59　世界风尚小镇鸟瞰图

第十章 绿维文旅经典案例

以此为契机，本项目联合拥有广泛联合国友谊资源的"共好汇"，希望通过导入"共好汇"的国际化资源，并与本地资源相结合，带动野三坡旅游的升级，形成具备国际引领性的发展模式，最终打造一个融商务、文化、旅游为一体的，实现产业化结构发展的世界风情小镇，将野三坡旅游推向国际化视野。

一、项目难点

本项目拥有联合国诸多资源的强大支撑，拥有已经在华北区域具有一定知名度的野三坡做背书，且面对京津冀庞大的旅游消费市场，开发条件极其优越。其面对的主要难题是：全球诸多资源，如何选择，如何落地产品，才能与野三坡的发展定位融合？另外，想要实现国际性引领，如何塑造真正的核心竞争力？

二、核心思路——升级扣题、凝练整合、创意创新

甲方的核心诉求在于将乌克兰民间艺术博物馆及众多的联合国资源落到实处。绿维文旅在对周边自然环境、市场环境、产业环境等进行充分调研的基础上，认为：一方面，本项目位于野三坡旅游区内，旅游产业主导地位明显，该项目开发不能脱离旅游，也不能脱离野三坡"野"的文化内涵，要通过对"野"文化的深入挖掘，融入野三坡景区。另一方面，该项目借助"共好汇"的联合国资源渠道，要充分梳理全球具有代表性国家艺术、文化，作为项目旅游开发的多元化承载。详见图10-60。

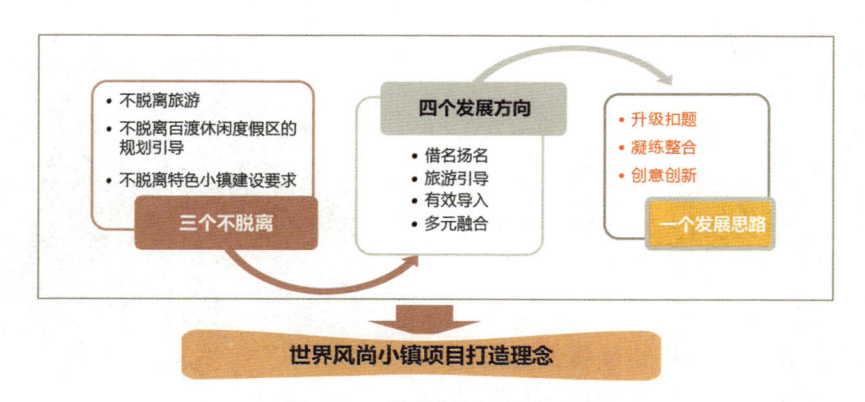

图10-60 世界风尚小镇打造理念

作为特色小镇，单一的业态无法满足现代旅游休闲度假的发展要求，更无法为野三坡地区带来旅游升级。所以，本项目开发中，应以旅游为引导，构建"人流"的吸引力结构，人气带动商气，商气带动地价；同时，以联合国文化展览、联合国友谊传承为核心，适度导入会议、会展、美食、购物等内容，丰富项目业态，最终把该项目打造成融合世界多彩文化交流、异域特色美食、特色商品购物、商务会议等功能于一体的综合型"世界风尚小镇"，为野三坡增添国际化元素，提升服务配套水平，带动整个野三坡地区综合发展。详见图10-61。

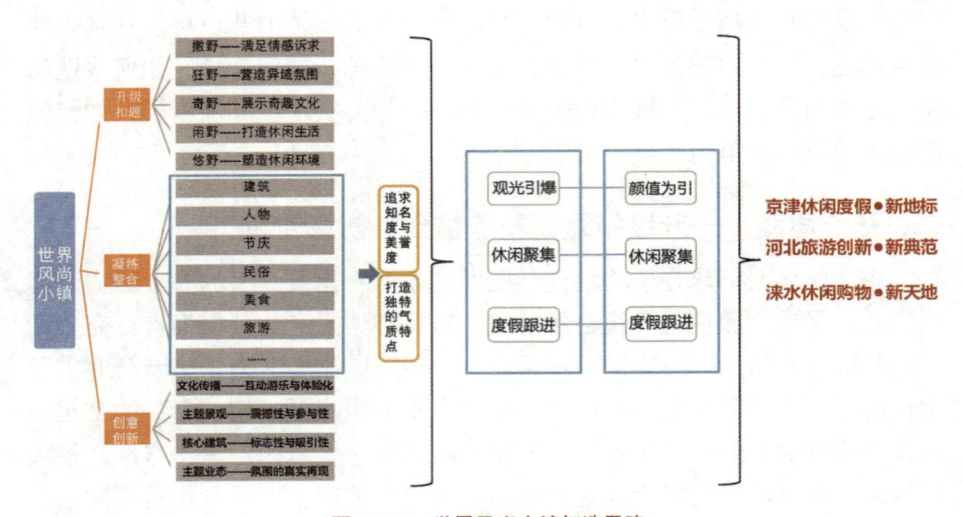

图10-61 世界风尚小镇打造思路

三、开发策略

本项目将立足于现状，站在国际发展高度，通过世界风情文化体验、特色休闲业态、异域建筑景观、夜间灯光系统四大手段构筑旅游吸引核，形成旅游小镇发展的基础；同时，挖掘会议资源，以会议为引擎，带动小镇休闲产业的聚集，最终通过以"野"为核心的游憩结构形成

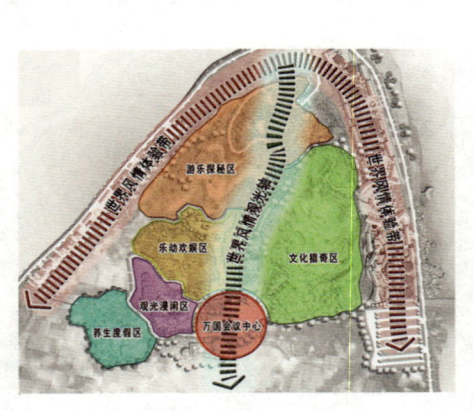

图10-62 世界风尚小镇功能分区

第十章 绿维文旅经典案例

泛旅游产业集群，带动整个区域的发展。其功能分区详见图10-62。

1. 四大手段，打造项目核心吸引力结构

在本项目中，绿维文旅通过"特色建筑风貌＋世界风情的极致文化体验＋特色业态＋夜间灯光系统"四位一体，用建筑风貌体现项目异域特色，用休闲项目增加异域体验感受，用业态盘活项目区域经济发展，用灯光系统提升夜间活力，延长消费者逗留时间，其中重点打造了一条万国风尚街、一大标志性建筑景观万国会展中心、一大特色休闲娱乐综合体亚洲之芯等。详见图10-63。

特色建筑风貌	世界风情的极致文化休闲体验	特色业态	夜间旅游系统
最能代表各大洲的特色景观和建筑风格作为项目地的基础载体。	特色节庆和风情演艺成为聚集人气的主要方式。	休闲娱乐活动及主要街区的商业业态成为休闲度假的重要内容。	旅游演艺、商街夜市、民俗活动、夜间造景成为夜间主要吸引力。

融合联合国多彩文化交流、异域特色美食、特色商品购物、商务会议等功能于一体多业态综合的"世界风尚小镇"，为野三坡增添国际化元素，提升服务配套水平，带动整个野三坡地区区域综合发展，真正将野三坡推向国际视野。

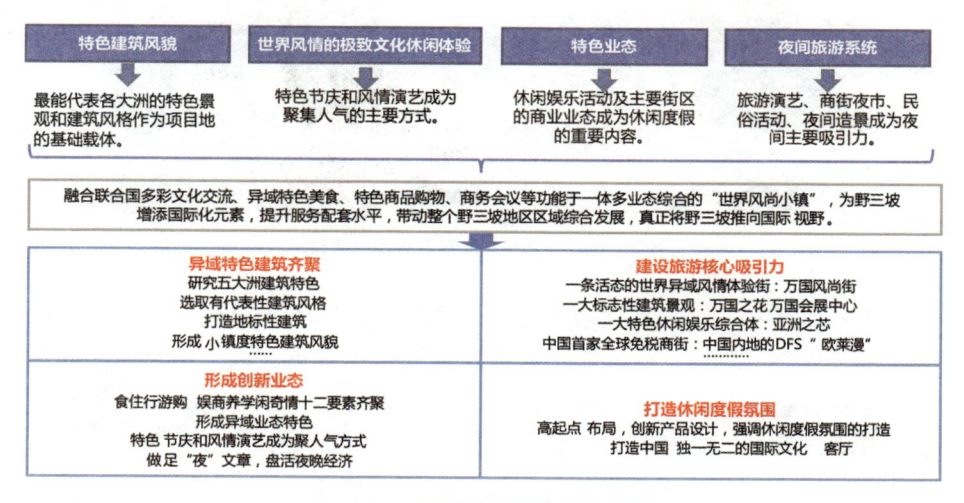

异域特色建筑齐聚	建设旅游核心吸引力
研究五大洲建筑特色 选取有代表性建筑风格 打造地标性建筑 形成 小镇度假特色建筑风貌	一条活态的世界异域风情体验街：万国风尚街 一大标志性建筑景观：万国之花万国会展中心 一大特色休闲娱乐综合体：亚洲之芯 中国首家全球免税商街：中国内地的DFS"欧莱漫"
形成创新业态	打造休闲度假氛围
食住行游购 娱商养学闲奇情十二要素齐聚 形成异域业态特色 特色 节庆和风情演艺成为聚人气方式 做足"夜"文章，盘活夜晚经济	高起点 布局，创新产品设计，强调休闲度假氛围的打造 打造中国 独一无二的国际文化 客厅

图10-63 世界风尚小镇开发四大手段

2. 以会议为引擎，带动全产业聚集

本项目以万国会议中心为核心，建立观光区、度假区、娱乐区、猎奇区、探秘区等，形成了以会议为带动的休闲产业全链条的布局结构。其中，万国会议中心将形成整个项目的地标性建筑景观以及国际知名会议会展和重要节庆活动的承载地。活动主题包括：第一，以"共好汇"优势资源和技术为基础，承办国际知名大型会议会展和重要节庆活动；第二，利用野三坡的资源基础，定期举办国际地质研究学术交流会，建设成为国际地质研究学术会议的永久举办地，扩大野三坡的国际知名度；第三，搭建中外青少年游学交流的平台，引领青少年到海外多个国家游学，打造国内知名的青少年派遣游学的培训交流平台。

3. 以"野"为核心，引领游憩结构

本项目紧扣野三坡的"野"主题氛围，以"万国来野"为核心，打造五大游憩体验。详见图10-64。

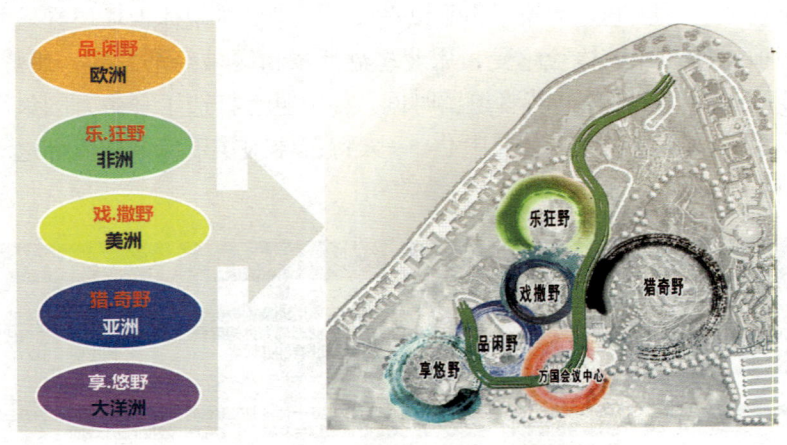

图10-64 世界风尚小镇五大游憩体验

猎·奇野——"于文化中，漫游于奇野文明"的"文化猎奇区"，以亚洲各国美食、歌舞、商品等多种业态的复合为重点，以"特色休闲娱乐综合体——亚洲之芯、亚洲食尚街、泰国滨水SPA、印度商街、浪漫野花坡"为核心亮点，展现亚洲风情。

乐·狂野——游乐探秘区以"与大自然一起狂野"为氛围营造，紧扣闲适、自然、野趣和神秘的主题，通过具有非洲风情的"动物园+住宿"创意动物王国度假酒店，将住宿本身也打造成为一种旅游休闲体验。

品·闲野——"于古典中，品闲野时光"的观光漫闲区，打造了中国首家全球免税商街——欧莱漫、一大儿童主题乐园——《丹麦故事汇》，以及一大特色节庆——威尼斯面具狂欢节，全方位展示欧洲风情。详见图10-65和图10-66。

戏·撒野——乐动娱乐区，通过探特色建筑之美的"美野街"，以及与好莱坞明星对戏、加拿大虚拟滑雪场、玛雅文明的创意化体验三大科技互动文化体验，打造独具美洲风情的游乐体验。

享·游野——养生度假区以全景化（野奢极致化、环境自然化、建筑景观化）度假氛围、全态势式（风情休闲化、度假主题化、品牌化）度假

第十章 绿维文旅经典案例

图 10-65 泰国滨水 SPA 效果图

图 10-66 世界风尚休闲街效果图

吸引、高品质及大品牌为引领，通过度假模式与度假环境的创意打造，引领野三坡旅游升级的风向标和新风尚。

案例 10

感悟"一五"年华,重温燃烧岁月
——井陉文化休闲小镇

　　井陉文化休闲小镇位于石家庄井陉县微水镇南部,所在区域是井陉县未来发展新区,将承接部分城市服务功能。项目地交通便利,石家庄南绕城高速开通后,项目地距离石家庄仅半小时车程,且向南、向北5千米范围内,有京昆、平赞两个高速出口。从旅游区位上来看,项目地是井陉县入口门户,是进入井陉县城的必经之地。位于冶河生态景观带与井陉人文旅游发展带的交接点,井陉县旅游五大发展板块的中心位置。从资源条件来看,除具备山地、水、林生态环境外,还有一五时期国内最大的军服(外军)、行业服制造商和供应商——3502厂区,工业遗存资源保存完好,厂区保留的苏联援建建筑在国内具有较强竞争力,文化氛围浓郁,为项目地旅游开发提供了良好的基础。详见图10-67。

　　近年来,国家出台一系列的政策来支持观光与休闲、度假旅游的全面发展。随着京津冀一体化协同发展战略的实施,石家庄着力打造京津冀旅游的重要增长极,周边旅游呈现出良好的发展态势。因此,对于本项目而言,如何借助政策利好,抓住发展机遇,利用良好的资源条件,打造文化休闲度假区,填补区域主题体验游的市场空白,带动周边产业经济发展是其产生缘由及根本出发点。

第十章　绿维文旅经典案例

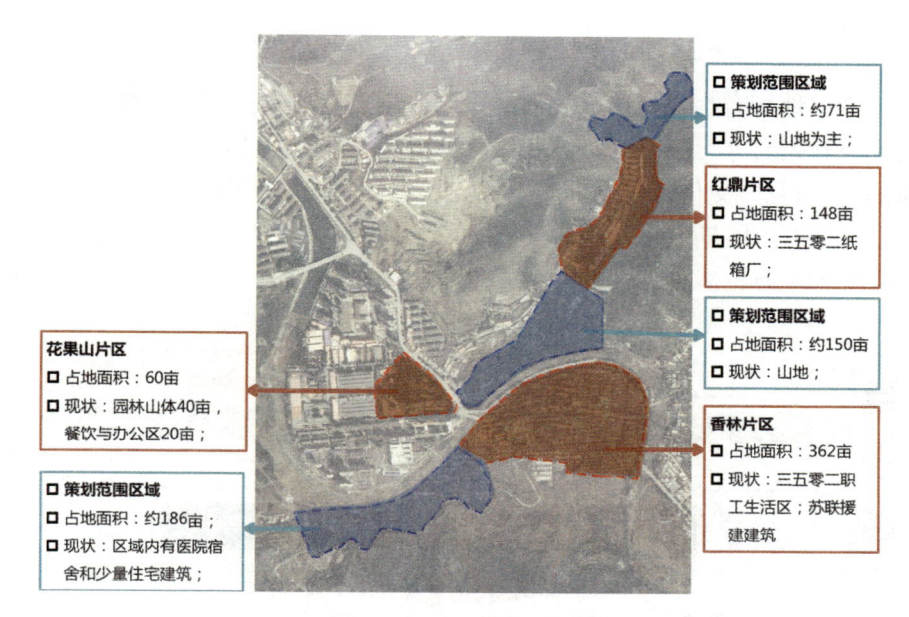

花果山片区
- 占地面积：60亩
- 现状：园林山体40亩，餐饮与办公区20亩；

策划范围区域
- 占地面积：约186亩；
- 现状：区域内有医院宿舍和少量住宅建筑；

策划范围区域
- 占地面积：约71亩
- 现状：山地为主；

红鼎片区
- 占地面积：148亩
- 现状：三五零二纸箱厂；

策划范围区域
- 占地面积：约150亩
- 现状：山地；

香林片区
- 占地面积：362亩
- 现状：三五零二职工生活区；苏联援建建筑

图10-67　项目地基本概况

一、项目难点解读

项目地处于尚未开发的阶段，产业基础薄弱，如何挖掘和包装井陉县相对较少的文化资源，找到核心文化引擎，打造特色文化品牌？如何构建集生态、文化、旅游、休闲度假为一体的综合消费平台，吸引京津冀地区不同类型的客源，带动井陉县区域经济的综合发展？如何配套完善的基础设施和服务设施支撑特色小镇的建设？这些都是该项目需要解决的问题。

二、项目开发方向及核心思路

从项目地面对的外部条件及自身所具备的价值来看，其开发应是一个以生态优化为前提，以本地文化为基础，以旅游开发为引擎，以休闲度假为灵魂，以综合消费平台为目标的旅游综合开发性项目。它的开发将形成井陉县入口服务门户和旅游集散中心，与井陉县内其他旅游项目对接串联；发挥综合展示与联动发展效益，全面提升井陉县旅游影响力，同时构建井陉县旅游引导新型城镇化发展典范；带动区域经济社会的综合发展。其关键问题在于寻找核心特色主题、确定项目开发模式、落地文化业态。

（一）以"一五"文化为核心亮点，构建特色主题

项目地拥有生态文化、民俗文化、古建文化等多种文化资源，但从市场独特性及传承延续性方面来看，3502厂区、苏联建筑等核心资源所代表的"一五"文化，具有较高的综合价值。因此，绿维文旅认为本项目应以"一五"时期文化为核心亮点，以丰富的文化为串联，打造井陉多层次文化的全方位体验。详见图10-68。

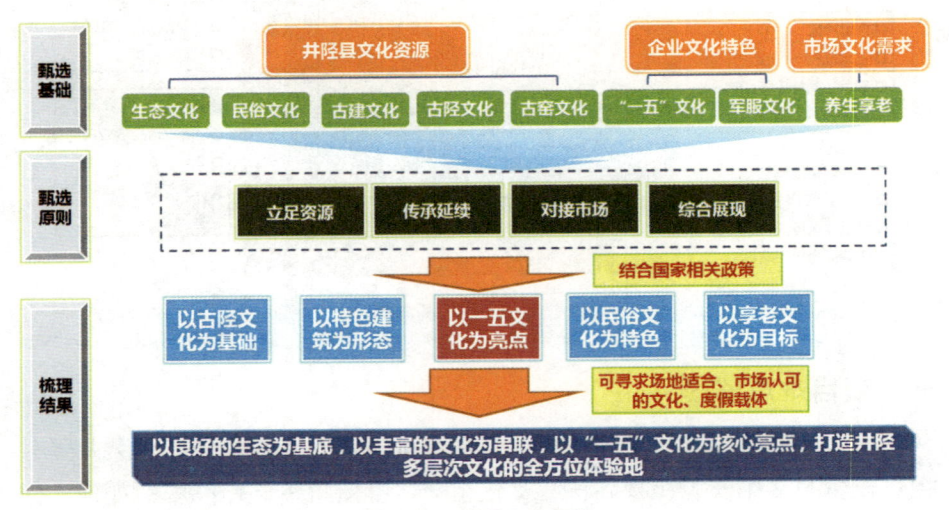

图10-68　项目文化主题

（二）以"旅游吸引核+休闲聚集中心+度假居住中心+城镇化配套"为架构，构建旅游导向的新型休闲小城镇开发模式

项目地是井陉县城市发展的重要构成，是井陉县未来发展新区，具备城市与旅游发展的双重价值。因此，绿维文旅确定了以旅游吸引核为发展基础，通过休闲聚集中心聚集人气、商气，以度假居住中心留住客群并作为盈利中心，同时完善城镇化配套设施的开发模式，通过以旅游为导向的新型休闲小城镇的打造，整合旅游、文化、商业，构建合理的商业模式和盈利模式，实现项目地开发效益的最大化。详见图10-69。

第十章 绿维文旅经典案例

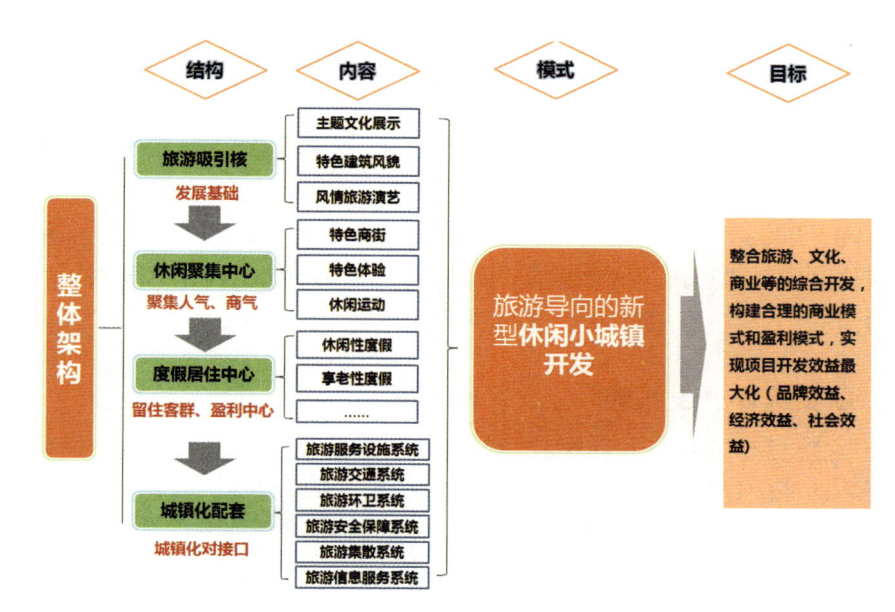

图 10-69 项目开发整体架构

（三）对接文化，形成"文、史、商、闲、乐、养"六大体验

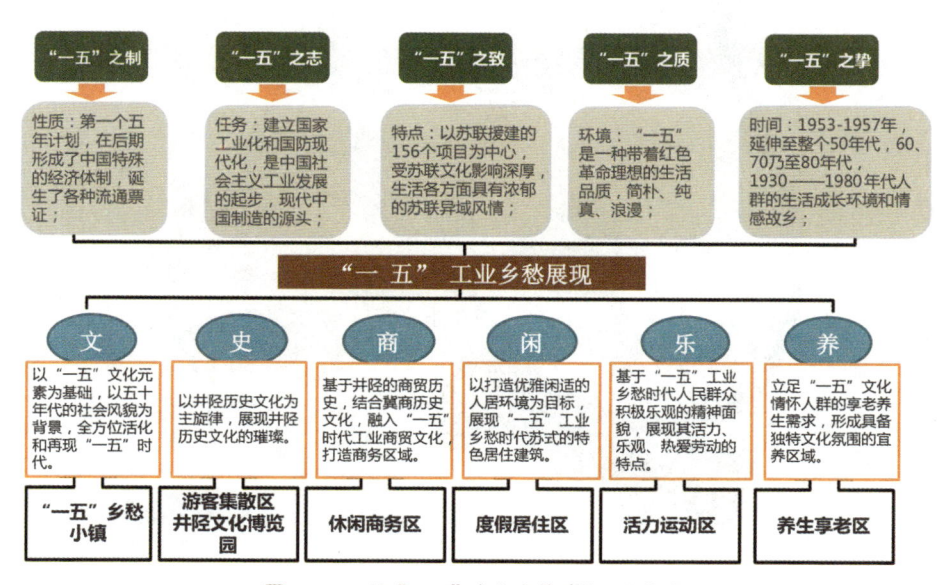

图 10-70 以"一五"文化为基础的项目构思

319

通过对"一五"文化的深度挖掘，项目组发现这一文化具备五大特质——代表了一种计划经济体制、是中国制造的源头、具有浓厚的苏联异域风情、具有纯真浪漫的革命生活品质、是30~80年代人群的情感故乡，据此，我们将这一文化的核心凝练为"一五"工业乡愁，并通过文、史、商、闲、乐、养六大主题的打造，以"一五"乡愁小镇为核心，联动项目地整体区块，辐射周边区域发展，融合文化观光、休闲商务、度假居住、活力运动、养生享老等功能，实现综合性开发。详见图10-70。

三、项目具体开发策略

在项目亟须解决的问题和初步的发展思路上，制定了打造生活体验为核心、休闲聚集中心为带动、度假式居住中心为支撑、最终完善城镇化配套设施的四步走开发策略。其功能分区见图10-71。

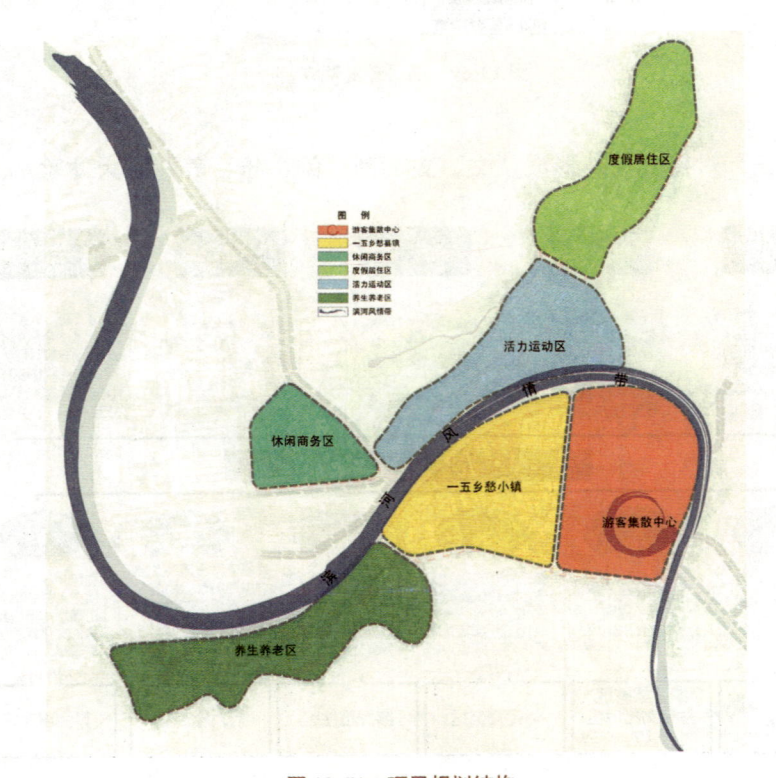

图10-71 项目规划结构

第十章　绿维文旅经典案例

（一）以"一五"生活体验为核心，构建旅游吸引核体系

紧抓"一五"文化脉络，以"一五"生活体验园为核心项目，充分挖掘具有年代感的衣食住行各方面的元素，通过游乐演绎手法，为游客呈现一个具有"一五"时代特色的视觉、听觉、味觉盛宴。同时提取"一五"主题的特色元素（如红五星、红色标语、工业建设、苏联风格建筑等）延伸至"一五"乡愁小镇，通过"一五"文化的包装，现代消费业态的引入，面向各层次消费群体，打造特色鲜明的文化体验产品。详见图10-72。

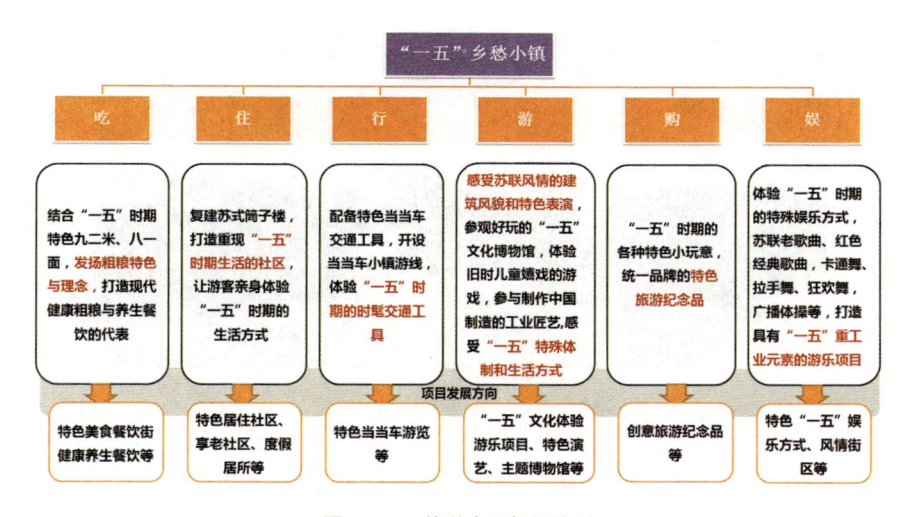

图 10-72　旅游产品规划体系

其中，以"一五"主题博物馆（文化展示与传播中心）与 "一五"生活体验园（文化活化体验中心）组合构成整个项目的核心吸引力。主题博物馆分为"一五"博物馆和军服博物馆。"一五"生活体验园是"一五"乡愁的集中体现区，主要由一个红场、一个生活街区、一个童趣园、一个体验式工厂构成，其中"一五"红场通过具有苏联特色的水秀表演形成活动演艺中心和夜间聚集中心；生活街主要展示"一五"时期的衣食住行生活状态；童趣园主要通过"弹球儿"等传统游戏让游客感受"一五"时期的儿童时光；156体验工厂是结合儿童职业教育体验教育，打造的亲子旅游体验项目。详见图 10-73 和图 10-74。

图10-73　主题博物馆

图10-74　"一五"生活体验园

（二）打造休闲式聚集中心，促进产业融合发展

在"一五"文化核心特色主题下，形成面向专项客群的特色休闲娱乐配套项目，通过特色商街、特色体验和休闲运动聚集商气和人气，包含特色休闲配套项目和大众休闲配套项目两部分。

特色休闲配套项目囊括了以苏联建筑为特色，满足游客日常休闲消费需求的苏联风情休闲街；以中国制造空间为核心，以创造、创新为特色，以体验创客为主题的年代匠艺街，结合现代绿色健康饮食的需求，融入20世纪50年代特色的粗粮粗面餐饮街。详见图10-75和图10-76。

大众休闲配套项目通过井陉文化博览园全方位展示井陉民间文化，利用苏联建筑风格的3502景观塔，打造区域地标，以综合性冀商会馆和名流俱乐部吸引中高端客群，建造清逸公园以供人们休闲小憩。同时，利用

第十章 绿维文旅经典案例

图 10-75 苏联风情休闲街

图 10-76 粗粮饮食街

项目地地势较高的地形特征，面向户外运动爱好者和素拓训练市场群体，建设休闲营地和树屋度假村。

项目地休闲聚集中心的开发，是以旅游产业的联动发展为基础，实现文化产业、休闲农业、运动产业、休闲商业等相关产业整合集群，达到经济效益和社会效益的综合提升。

（三）打造度假式居住中心，带动区域经济发展

度假居住是旅游小镇发展中的重要功能，本项目依托项目地周边的医疗资源及金良河生态资源，针对周边养生、享老度假市场需求，开发了享老性度假居住体系；利用红鼎区域的山地优势，建立了整个区域旅游发展的居住配套，同时构建游客度假社交圈，满足游客度假第二居所需求和社交需求。详见图 10-77。

资源依托	居住为主	医护美食	运动依托	文化吸引
—五生活体验园、清新公园、金良河及周边山区自然生态条件	夕阳红度假村、智慧享老社区、金湾华庭	中医疗养中心、县医院、美食养生享老	休闲乐活中心、太行休闲营地。	—五乡愁小镇、井陉民俗博览园

图 10-77　综合型享老发展模式

（四）完善城镇化配套设施，夯实产业发展基础

　　文化休闲小镇是一种产城一体化的开发模式，项目地功能的综合化必然需要以相应的城镇化配套设施为基础，构建旅游服务设施系统、旅游交通系统、旅游环卫系统、旅游安全保障系统、旅游集散系统、旅游信息服务系统，实现两者的有效对接。作为井陉县入口服务门户和旅游集散中心，项目地需要建立切实可行的安全保障体系，完善旅游安全预警系统、旅游安全控制系统、旅游安全救援系统和旅游保险体系，打造智慧景区，建立移动旅游信息服务平台，从而提升项目地的整体形象。

11 案例

以旅游为主导，构建辽金文化与现代体育融合发展的新型城镇
——康平·辽金文体特色小镇

本项目位于辽宁省沈阳市康平县，占地4300亩，南接卧龙湖生态旅游区、东依康平工业区，区位优势明显。项目坐拥蒙东经济圈、东北经济圈、环渤海经济圈三大市场，休闲旅游需求较旺盛，保障了项目优越的经济基础和客源基础，是沈阳经济区北部腹地的重要支撑点之一。项目地自然资源良好，人文资源丰富，其中马莲河是高新区贯穿南北的一级生态廊道，而康平属新乐、红山文化系统，7000年前已有人类繁衍生息，境内遗有祺州古城、辽代古塔等多品类的具有满蒙风情的文化资源。但现有的人文资源开发利用率不高，传统观光型景区也难以满足多元化的市场需求。康平县亟须通过环卧龙湖旅游节点的打造，成为沈阳各区县旅游发展中的后起之秀，并通过旅游产业带动县经济发展。

一、项目难点聚焦

虽然本项目有着比较明朗的发展前景，但同时面临着三个亟待解决的问题：（1）如何解决工业区与县城相脱节问题，发展或新型城镇化试点？（2）如何解决工业区配套与旅游服务相融合的问题？（3）如何发挥卧龙湖旅游引擎作用，带动区域旅游新发展？

二、核心思路

本项目位于康平县城、卧龙湖生态旅游区、经开区组成的三角中心地带，通过对项目地资源和场地情况的分析，以及成功案例的借鉴，绿维文旅认为本项目应以产城融合为基础，以旅游产业为特色，进行以旅游为带动的区域综合开发，实现与周边空间价值的联动发展。

具体分析来看，本项目将以卧龙湖为生态核，发展休闲运动、生态康养、房车露营等旅游业态，形成卧龙湖生态旅游区的旅游服务中心；与康平县城做好有效对接，以县城为一级旅游集散中心，承接县城及周边区域旅游需求，同时通过旅游业发展带动现代服务业的进一步完善，吸纳县城就业人口，推动新型城镇化建设；服务经开区、完善工业区配套，同时依托经开区产业，大力发展商务休闲。

由此，绿维文旅认为本项目开发，应以辽金文化为主导，通过文化重塑，联动境内旅游资源，打造集体育运动、休闲度假、文化体验、养生养老等产业功能于一体的城市文化综合体，打造辽金文体特色小镇，从而实现卧龙湖与经开区、经开区与县城、县城与卧龙湖之间的联动发展，实现城乡统筹、一体化的城镇化开发。详见图10-78。其功能分区详见图10-79。

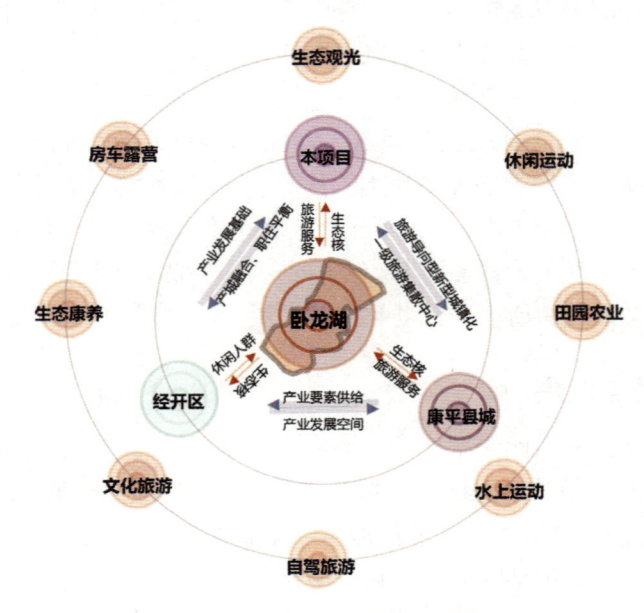

图10-78　一体化的城镇化开发逻辑

第十章　绿维文旅经典案例

图 10-79　功能分区

三、规划策略

（一）第一步：产业社区，实现朝阳工业园区工人的职住平衡

构建完善的产业社区配套体系，包含普通商品房、自住型商品房、公租房，借鉴现行保障房制度，将自住型商品房、公租房改建为人才公寓，纳入到保障房体系，替换保障房指标进行运作，政府在整个过程中发挥监督作用。详见图 10-80。

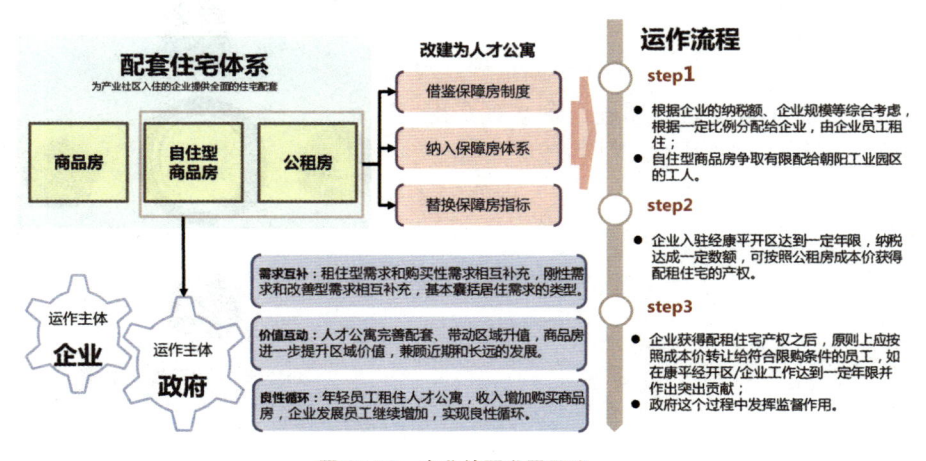

图 10-80　产业社区发展思路

产业社区实现了租住型需求和购买性需求的相互补充、刚性需求和改善型需求相互补充，基本囊括了各类型的居住需求。人才公寓作为配套项目，带动区域商品房升值，兼顾区域近期和长远发展；年轻员工工作初期租住人才公寓，收入增加后可购买商品房，随着企业进一步发展，员工继续增加，实现良性循环。

产业社区以快速发展为核心动力，以慢调生活为核心价值，社区功能与产业功能高度融合，高价值的生活方式和发展方式紧密结合，既可以享受城市生活的乐趣，又充满可持续发展的希望，在个人、企业、政府的积极主动配合下，实现真正意义上的产城融合、职住平衡。详见图10-81。

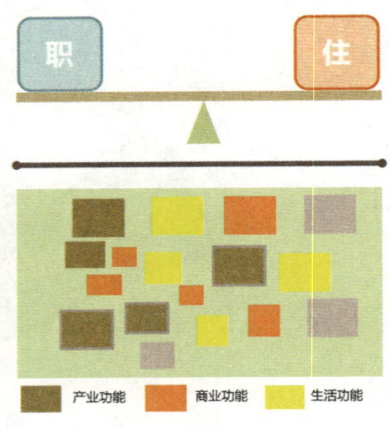

图10-81 职住平衡图

（二）第二步：四态合一，旅游导向打造辽金文体特色小镇

本项目旨在打造生态、文态、形态、人态"四态"合一的体系。生态方面，依托康平县卧龙湖水资源、湿地等优美的生态环境，打造高压湿地走廊、绿色生态办公区、生态养生等生态项目；文化方面，以"契丹之源——辽金战舞——八部练兵场——部落招亲——盛世辽金"为主线，开展辽金水镇"文化展演"，活化辽金文化，让小镇重现辽金文化；小镇形态方面，通过辽金水镇水街、水岛、水巷、水屋"四景"，寻找辽金故里，使小镇成为辽金文化活的载体，打造行走的历史；产业方面，融合文化演艺、赛事运动、产品研发、生态绿地等多种业态，打造多产业集聚区，产业、旅游双核驱动，满足生产、生活、旅游、康体等相关需求。详见图10-82。

图10-82 四态合一体系

第十章 绿维文旅经典案例

综上，本项目将在传承历史生活环境、再现辽金民风民俗的基础上，打造民俗百态，构建居游共享的文旅空间。详见图10-83。

图10-83 居游共享的文旅空间体系

（三）第三步：产业升级，构建宜居宜业宜游宜享的新型城镇化

在产业构建上，本项目将把握"创业创新"带来的智慧产业机遇，依托整体项目辐射价值的产业机遇，以及本体条件可发展的产业内容，通过"自上而下扩溢、整体项目特色辐射、自下而上生长"三种方式，构建八大产业体系：旅游度假产业、文化创意产业、总部经济、智慧制造业、清洁能源、生物智能、现代生产服务业、城市生活服务业。详见图10-84。

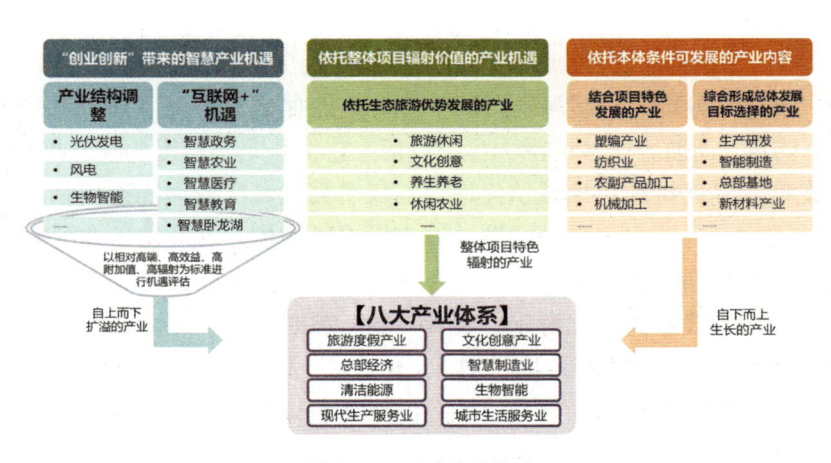

图10-84 八大产业体系

产业体系构建过程中，最重要的两点，一是通过产业氛围的营造、办公条件的改善、园区政策的支持、人才吸引力度的增强吸引产业落地，二是通过产业社区模式，带动人才落户。因此，在本项目的开发中，绿维文旅构建了产业吸引核、人才吸引核、旅游吸引核三大核心体系，以此带动宜业宜居宜游宜享的新型城镇化发展路径。其中人才吸引核即囊括了慢生活、休闲商业、社交空间、生活服务业的产业社区构建；旅游吸引核即由主题休闲、文化体验、康养度假、休闲运动构成的泛旅游业态体系组成；产业吸引核即产业升级与结构调整下形成的智慧产业聚集。详见图10-85。

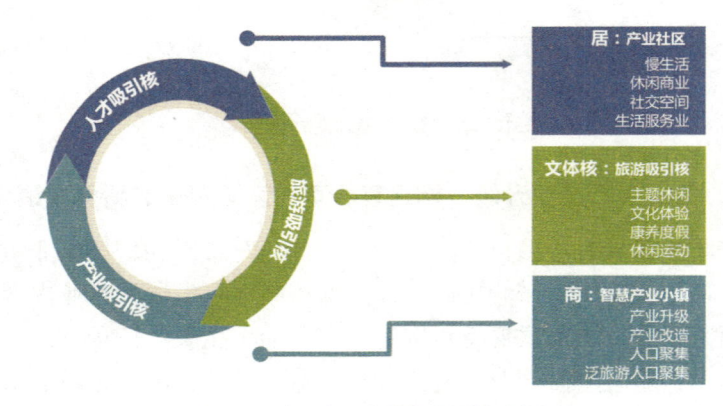

图10-85 宜业宜居宜游宜享的新型城镇化

（四）第四步，围绕"双轴"，布局小镇文体特色

"双轴"分别为马莲河生态轴、城市发展轴。马莲河生态轴是集生态、亲水、防洪、通航为一体的活力生态绿廊，它将卧龙湖与工业区连接起来；城市发展轴是连接项目地城镇化建设与康平县城城市发展的连接轴。"两心"分别位于马莲河生态轴两端，城市发展轴两侧。在北部工业配套区布局辽金风情旅游小镇，以辽金风情为主导，融合康平非遗手工艺、养生休闲业态，规划建设集文化游乐、美食体验、旅游商业、旅游服务配套等功能于一体的风情商街，打造项目地"文化之心"；在南部卧龙湖畔布局"八部运动"基地，以马术为核心，融合民族特色体育活动和现代体育的多元化运动体验，打造项目地"体育之心"。基于此，形成以辽金文化贯穿的

第十章　绿维文旅经典案例

文化旅游和体育旅游双核发展，实现项目地辽金文体特色小镇的总体打造。详见图10-86。

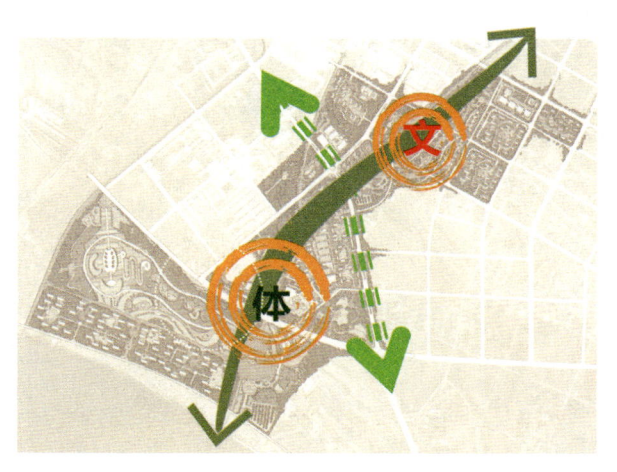

图10-86　文体双轴结构

综上，通过旅游引导的新型城镇化模式，康平县面临的三大发展难题将从根本上得到解决，区域资源得到充分挖掘。未来，康平县旅游产品更加丰富，产业布局更加合理，产业集聚程度大大提升，旅游产业与其他产业联动发展，带来可观经济收益的同时，将加速推进当地新型城镇化发展进程。

附录
各地旅游小镇建设规划

附录

一、天津市将建30个花园小镇

2016年10月，天津市发布《天津市特色小镇规划建设指导意见》，力争到2020年，创建10个实力小镇，20个市级特色小镇，上述30个小镇达到花园小镇建设标准。2017年1月，天津市公布了第一批市级特色小镇创建和培育名单，包括市级特色小镇创建名单14个和市级特色小镇培育名单17个。这14个创建名单中有9个是文化旅游类小镇。

14个市级特色小镇包括西青区中北运河商务小镇、滨海新区茶淀葡香小镇、津南区葛沽民俗文化小镇、西青区杨柳青文化旅游小镇、武清区东浦洼欧式风情小镇、静海区团泊休闲特色小镇、宁河区潘庄齐心亲子蘑法小镇、宝坻区京津新城温泉小镇、蓟州区下营山野运动休闲旅游小镇、东丽区华明智能创造小镇、津南区八里台智慧实力小镇、武清区崔黄口电商小镇、滨海新区中塘汽车橡塑小镇、北辰经济开发区长荣印特智汇小镇。

1. 天津武清区东浦洼欧式风情小镇（佛罗伦萨小镇）

（1）概况分析。

天津武清区东浦洼欧式风情小镇又名佛罗伦萨小镇，位于京津交界的天津市武清区，小镇按照意大利建筑风格打造，重现了16世纪文艺复兴时代的意大利小镇风貌。小镇由意大利RDM集团与美国威特集团共同投资，定位为奥特莱斯购物旅游小镇，"商业+旅游"的运作模式为小镇带来了良好的经济效益。数据显示，2016年，天津佛罗伦萨小镇年销售突破36亿元人民币，年接待消费者超过600万人次，会员数量突破27万人。

（2）资源优势。

意大利风情的经典建筑、石桥、喷泉、广场和门廊构成了小镇观光吸引力，小镇聚集的近200家意大利顶级奢侈品牌和国内外时装品牌，构成了小镇的购物吸引力。

开业店铺涵盖国际名品、摩登女装、绅士男装、运动户外、休闲时尚、寝具内衣、儿童玩具、皮鞋箱包配饰、美妆、餐饮美食10大品类，商业业态组合丰富。其中，已进驻天津佛罗伦萨小镇的国际品牌中，39个为首创Outlets目标国际品牌，包括Gucci、Fendi、Prada等一线品牌，且半数以上为小镇独有品牌，还有Giorgio Armani、Salvatore Ferragamo、Burberry、Tod's、Versace、Zegna以及Lancel等世界级名牌；时尚生活品牌 Diesel、Coach、Guess、Ck Jeans、Folli Follie、Samsonite 和 Bmw Lifestyle 等，满足了各种消费者的多层次购物需求。众多的品牌形成了天津佛罗伦萨小镇独特的商业业态结构。其中，主力店铺，如 Nike、Prada、Coach、Li-Ning 等，营业面积均超过 500 平方米，为消费者带来无与伦比的购物体验。

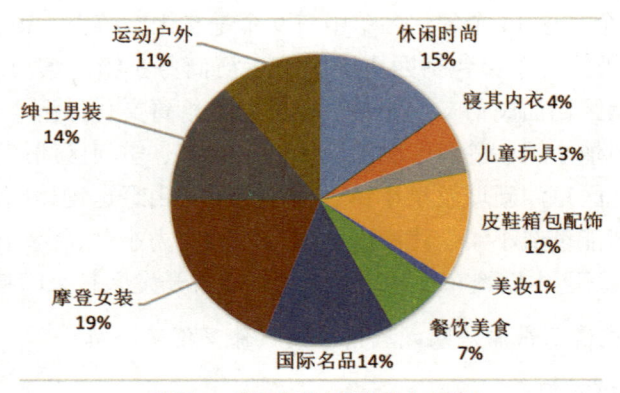

附图1　佛罗伦萨小镇商业业态配比

（3）开发策略。

第一，定位精准，变区位劣势为优势。

小镇位于武清区前进道北侧，距离北京 90 千米，离天津 40 千米，建设之初因为选址位于远郊区备受质疑。小镇建立之初就定位于京津冀的中高端消费人群，以新兴商业模式和独特的人文环境作为主要吸引，通过设立"北京—天津"免费购物班车，与旅游区、贸易伙伴和地方当局联动推广旅游业，进行有特色的促销活动等，实现人流的导入，逐渐形成多级客群阶梯，使其最终成为辐射京津冀三地客源的知名购物旅游休闲地。

第二，建筑风格统一，形成风貌吸引力。

佛罗伦萨小镇以意大利建筑风格为特色，设计团队和建筑专家们在重现 16 世纪意大利小镇生活场景过程中，首先，注重整体环境的营造，从环境设计、店面、门面到公共娱乐区域都保持意大利传统小镇的设计；其次，注重细节的打造，不管是外观还是步行小径，甚至廊柱和门廊的每一处建筑和装修细节都独具匠心。

第三，布局以人为本，方便游客游览。

小镇布局为"田"字形,设有奢侈品、国际名品、运动和户外以及休闲四大特色购物主题体验区。小镇布局过程中充分考虑游线的流动性、进深的合理性和无死角的布局理念,以连廊贯通各个建筑群,以广场和小桥形成枢纽,形成了开放型的内部路网,内部道路既宽度适宜,又联通便利。同时,设置多样化的导视导览系统,方便游人游览与购物。

第四,商业业态丰富,多业态联动发展。

小镇目前拥有近200余家意大利顶级奢侈品牌和国际国内优质时装品牌,提供给消费者多层次的品牌选择。开业后期,不断引入新的业态形式,整体业态布局较为灵活,形成包含零售、旅游景点、餐饮、娱乐、休闲运动等多业态的"商业旅游综合体"。

(4)运营管理。

第一,招商政策灵活,实现多品牌优势。

RMD拥有CK、Guess、Jean Paul Gautier等世界级顶级品牌的代理权,强大的品牌资源使RDM能直接与顶级品牌的总部合作,除此之外,招商初期,采用了代销、扣率、减免租金、甚至买断等各种灵活的招商政策,使不同档次、不同级别的品牌迅速聚集,国际品牌数量和部分品牌的独有性保证了其品牌组合优势。

第二,管理分工明确,注重会员制。

武清区东浦洼欧式风情小镇在管理上分工明确,商店外部有开发商管理,店内则有经营者自行管理,物业方面进行统一管理。小镇建立会员俱乐部,给予客户特权,加强与客户的交流,培养忠实顾客群体。

据测算,Outlets每1万平方米可提供200~250个就业岗位,能有力促进所在地的经济发展,进而吸引新的投资,是城镇化发展的催化剂和经济腾飞的孵化器。天津佛罗伦萨小镇"商业+旅游"的发展模式也为商业旅游小镇提供了发展的范例。

2. 杨柳青文化旅游小镇

杨柳青文化旅游小镇位于天津市西青区杨柳青镇。"先有杨柳青,后有天津卫"流传至今,足以说明杨柳青悠久的历史。杨柳青镇是天津市知名的旅游景点。

(1)资源优势。

历史悠久，文化底蕴深厚，形成了当地特色的年画文化、运河文化、大院文化、城乡文化和民俗文化等文化体系。杨柳青明清时，已是中国北方民间艺术集散地，孕育出了中国四大木版年画之首的杨柳青年画、享誉津京的杨柳青风筝和剪纸等民间艺术奇葩。其中，杨柳青木版年画是国家级非物质文化遗产，也是小镇的金字招牌。每年农历正月十五"元宵节"，杨柳青会举办极富当地特色的灯展，构成了当地民俗文化的主要内容。

古建众多，小镇风貌优良。小镇旧有戏楼、牌坊、文昌阁，称为杨柳青三宗宝，现仅文昌阁尚存；另外现存清代普亮宝塔、报恩寺、白檀寺等遗址。天津"八大家"之一的石家大院就坐落在此，成了当地知名的旅游景点。众多的古建筑构成了小镇风貌的基础，仿古建筑以此为模板，最终形成了当地独特的风貌。

区位条件良好，与周边景点互动。小镇周边有国家4A级景区天津热带植物观光园、国家AA级景区平津战役天津前线指挥部旧址陈列馆等景点，可以组成旅游线路，联动营销。

（2）开发策略。

小镇虽然历史悠久，但是知名度相较其他古镇还有一定的差距，目前，小镇在开发建设中发挥文化优势，围绕文化产业实现旅游产业的升级，推出"文化+生态+旅游"发展战略，提升小镇整体的发展水平，打造全镇域5A级旅游特色小镇。

第一，"文化+生态+旅游"发展战略，找回古镇韵味。充分挖掘出千年古镇的文化底蕴，弘扬和发展年画文化、运河文化、大院文化，将特色文化与千年古镇的城市化建设有机融合，促进经济、社会、文化、旅游协调发展。

第二，保护历史资源，注重古迹修复。杨柳青重视对历史遗存、名胜古迹的保护、修复，把传承历史文化、体现古镇风格的有价值古建筑都完整保存。旧城改造中，将政府办公区、住宅区、商业区、教育区、工业区以浅灰色为整体色调，让老民居与现代建筑融为一体，体现出建筑文化的一脉相承。

第三，提升城镇环境，完善基础设施建设。杨柳青镇启动社区提升改造工程，其中包括全镇社区道路提升改造方案，对全镇15个小区道路进行修整，其中对8个小区道路全面重修，面积达25万余平方米，对7个小区道路进行局部修补。此外，还不断提升社区的环境，更加凸显古镇的文化特色。

第四，不断优化产业结构，完成产业升级。杨柳青镇在发展中不断调结构、促转型，通过推进经济和产业结构不断优化升级。面对特色小镇发展契机，小镇坚持由传统制造业向现代服务业转变，以"壮大集体经济、发展成果惠及百姓、真正提高和改善人民群众生产生活质量"为发展目的，将杨柳青镇打造为文化旅游特色小镇。杨柳青镇通过政府引导、扶持、服务，形成了以产业化农业、高效生态农业和休闲旅游观光农业为主体的格局。

二、浙江省打造百个旅游风情小镇

2015年浙江十大旅游风情小镇为："民宿小镇"余杭鸬鸟镇、"古塞风情小镇"江山廿八都镇、"生活小镇"西塘古镇、"中西合璧小镇"南浔古镇、"中国青瓷小镇"龙泉上垟镇、"影视小镇"永康西溪镇、"文化创意小镇"富阳黄公望风情小镇、"禅茶文化小镇"余杭径山镇、"关隘小镇"开化杨林镇、"休闲养生健康小镇"桐庐画中芦茨。此外，定位为"风景度假小镇"的大年初一风景小镇，以旅游商业综合体的模式成为安吉旅游发展转型升级的新样本，探索了乡村旅游向精品化发展的新模式，被组委会授予"旅游创新"的单项奖。

2016年12月，浙江省政府办公厅正式发布《浙江省旅游风情小镇创建工作实施办法》，计划5年左右在全省验收命名约100个民俗民风淳厚、生态环境优美、旅游业态丰富的省级旅游风情小镇，将省级旅游风情小镇作为乡村旅游"十三五"时期优先发展的重点区域，建成3A级以上旅游景区，成为旅游产品多样、旅游效益突出、产业融合共赢的新样板。

三、湖南省风情文化旅游小镇

湖南省旅游局和湖南省文化产业改革发展办公室共同开展"湖湘风情文化旅游小镇"的创建工作，2015年，公布了第一批湖湘风情文化旅游小镇名单，2016年，公布了第二批湖湘风情文化旅游小镇名单。详见附表1和附表2。

附表1 第一批湖湘风情文化旅游小镇名单

序号	入选小镇	主题定位	宣传口号
1	益阳市安化县东坪镇黄沙坪	黑茶小镇	茶马古道起点，东方黑茶之乡 品黑茶韵，逛黄沙坪
2	长沙市开福区沙坪镇	湘绣小镇	中国湘绣之乡，历代绣品之王 体验湘绣韵，品味湘女情
3	湘西土家族苗族自治州龙山县里耶镇	秦简小镇	土家世居地，秦书竹简处
4	株洲市醴陵市陶瓷艺术城	陶瓷小镇	世界陶瓷好莱坞，荆楚古邑别样情 陶瓷体验游，请到碗里来
5	湘西土家族苗族自治州花垣县边城镇	边城小镇	翠翠秋水望穿，书里边城溜湾 拉拉渡口摆舟，梦里茶峒访幽
6	娄底市新化县水车镇	梯田小镇	观梅山农耕文明，品紫鹊梯田神韵； 赴梯田王国，赏灵秀紫鹊
7	怀化市通道县皇都侗文化村	侗歌小镇	百里侗乡经典，侗族歌舞名片 畅游百里侗乡，享受侗歌欢狂
8	邵阳市隆回县虎形山瑶族乡	花瑶小镇	赏"小西藏"美景，品真"花瑶"风情 赏高原风光，品花瑶风情
9	永州市江永县上江圩镇	女书小镇	千古女书，南楚奇字； 山水怡情，古韵悠心
10	衡阳市衡山县萱洲镇	萱草小镇	青青萱草，在河之洲， 悠悠花海，人人好述。 何以忘忧，唯有萱洲
11	郴州市汝城县热水镇	温泉小镇	华南第一温泉，湘南顶级热水 温泉养生，热水怡情 一样的温泉，不一样的热水
12	张家界市武陵源区天子山镇	土家小镇	谁人识得天子山，归来不看天下山

附表2 第二批湖湘风情文化旅游小镇名单

序号	入选小镇	主题	形象口号
1	望城区湘江沿岸古镇群：靖港、书堂山、铜官、乔口、新康等	湘江古镇群	靖港寻古、乔口吃鱼、铜官玩陶、新康看戏、书堂润墨
2	长沙县开慧镇	浪漫小镇	小镇大爱，浪漫板仓
3	宁乡县黄材镇	青铜小镇	四羊方尊故里，青铜文化之乡
4	浏阳市文家市镇	会师小镇	红色源头，会师圣地
5	常宁市庙前镇	庙前小镇	中田古村守大印，庙前小镇护财神
6	永顺县芙蓉镇	土王小镇或挂瀑小镇	瀑布挂芙蓉，铜柱耀神州

(续表)

序号	入选小镇	主题	形象口号
7	溆浦县思蒙镇	思蒙小镇	十里碧水丹山，千古楚辞绝唱
8	资兴市黄草镇	湖心小镇	湘南水中镇，东江湖中花
9	汝城县三江口镇	白茶小镇	白毛茶韵，畲瑶风情
10	新宁县崀山镇	丹霞小镇	中国丹霞，绝色崀山
11	绥宁县寨市镇	苗侗小镇	神奇黄桑，美丽苗姑
12	汨罗市长乐镇	故事小镇	故事传千年，长乐驻万家
13	涟源市湄江镇	岩溶小镇	九曲湄江一画廊，峡谷飞瀑有洞天
14	石门县壶瓶山镇	湘脊小镇	登湖南屋脊，赏壶瓶山水
15	永定区王家坪镇	土寨小镇	赏张家界风光，品王家坪民俗
16	江华县涔天河镇	瑶池小镇	涔天瑶池，世外桃源

另外，湖南十三五旅游规划提出建设100个旅游小镇。详见附表3。

附表3 湖南十三五100个旅游小镇名单

旅游资源重点县、特色旅游小镇名录		
市州	旅游资源重点县	特色旅游小镇
长沙市	望城区、宁乡市、浏阳市、长沙县	开福区沙坪街道、宁乡县灰汤镇、望城区靖港镇、宁乡县花明楼镇、望城区铜官街道、长沙县榔梨街道、长沙县开慧镇、望城区乔口镇、浏阳市中和镇
株洲市	炎陵县、茶陵县、醴陵市	炎陵县鹿原镇、茶陵县云阳街道、茶陵县秩堂镇、醴陵市官庄镇、醴陵市陶瓷艺术城、攸县酒埠江镇、株洲市芦淞区大京风景区
湘潭市	韶山市、湘乡市、湘潭县、岳塘区（昭山）	韶山市韶山乡、湘潭县乌石镇、湘乡市棋梓镇、湘潭县白石镇、湘乡市壶天镇、岳塘区荷塘街道
衡阳市	南岳区、耒阳市、衡山县、珠晖区	衡山县萱洲镇、衡东县荣桓镇、衡东县白莲镇、衡南县宝盖镇、珠晖区茶山坳镇、常宁市庙前镇、南岳区南岳镇
岳阳市	岳阳楼区、君山区、汨罗市、平江县、湘阴县	临湘市忠防镇、君山区许市镇、汨罗市屈子祠镇、汨罗新市镇、岳阳县张谷英镇、湘阴县樟树镇、平江县长寿镇、临湘市羊楼司镇、湘阴鹤龙湖镇
常德市	汉寿县、石门县、鼎城区、桃源县、澧县	鼎城区花岩溪镇、桃源县茶庵铺镇、桃源县桃花源镇、津市新洲镇、石门县壶瓶山镇、石门县罗坪乡、汉寿县岩汪湖镇、澧县复兴镇
益阳市	安化县、赫山区、桃江县、沅江市	安化县东坪镇、安化县江南镇、赫山区沧水铺镇、桃江县桃花江镇、资阳区长春镇、安化县柘溪镇

341

（续表）

市州	旅游资源重点县	特色旅游小镇
	旅游资源重点县、特色旅游小镇名录	
娄底市	新化县、双峰县、涟源市	新化县水车镇、双峰县荷叶镇、涟源市杨市镇、双峰县甘棠镇、涟源市茅塘镇、涟源市湄江镇、冷水江铎山镇
邵阳市	新宁县、隆回县、绥宁县、城步县、武冈市	隆回县虎形山瑶族乡、绥宁县寨市乡、新宁县金石镇、新宁县崀山镇、城步县长安营镇、洞口县高沙镇、城步县丹口镇、洞口县文昌街道
张家界市	武陵源、慈利县、永定区、桑植县	武陵源区军地坪街道、桑植县利福塔镇、永定区大庸桥街道、永定区罗水乡、永定区王家坪镇、桑植县洪家关乡
湘西自治州	凤凰县、吉首市、泸溪县、花垣县、保靖县、古丈县、永顺县、龙山县	龙山县里耶镇、永顺县芙蓉镇、花垣县边城镇、凤凰县山江镇、吉首市矮寨镇、古丈县默戎镇
郴州市	资兴市、宜章县、汝城县、苏仙区、桂东县、永兴县	汝城县热水镇、汝城县三江口瑶族镇、宜章县莽山瑶族乡、资兴市黄草镇、永兴县高亭司镇、北湖区华塘镇、苏仙区飞天山镇
永州市	零陵区、宁远县、双牌县、江永县、江华县、道县	江永县上江圩镇、江华县沱江镇、宁远县九嶷瑶族乡、双牌县茶林镇、道县清塘镇、祁阳县白水镇
怀化市	芷江县、通道县、洪江市、沅陵县、洪江区、靖州县、溆浦县、会同县、中方县	通道县坪坦乡、沅陵县沅陵镇、洪江市黔城镇、芷江县芷江镇、芷江县三道坑镇、沅陵县五强溪镇、会同县高椅乡、溆浦县思蒙乡
合计	70个	100个

四、江西省省级休闲旅游小镇和旅游风情小镇

2015年江西省十大休闲旅游小镇名单：

南昌市湾里区太平镇；

宜春市靖安县宝峰镇；

九江市庐山区海会镇；

新余市仙女湖区欧里镇；

吉安市万安县高陂镇；

抚州市南丰县琴城镇；

萍乡市莲花县琴亭镇；

赣州市宁都县小布镇；

上饶市广丰县铜钹山镇；
鹰潭市贵溪市塘湾镇。
2016年江西省旅游风情小镇公示名单：
上饶婺源县篁岭；
宜春明月山温汤镇；
景德镇浮梁瑶里镇；
鹰潭贵溪樟坪畲族乡；
南昌安义县石鼻镇；
抚州黎川日峰镇；
吉安井冈山茨坪镇；
上饶玉山七里街；
赣州龙南虔心小镇；
九江武宁上汤镇。

五、安徽省20个省级旅游小镇

安徽省旅游局公布首批省级旅游小镇创建示范单位，共20个小镇入围。安徽省到"十三五"末将创建100个功能齐备、设施完善、环境优美、特色鲜明、宜游宜居、社会和谐的省级旅游小镇。

合肥市肥西县三河旅游小镇，特色为：皖中古韵，梦里水乡；
宿州市灵璧县虞姬旅游小镇，特色为：楚汉相争，霸王别姬；
蚌埠市五河县沱湖旅游小镇，特色为："撒一网晨曲，载一湖星光"；
滁州市凤阳县小岗旅游小镇，特色为：中国农村改革第一村；
六安市金寨县梅山旅游小镇，特色为：红色故土，英雄故里；
六安市裕安区独山旅游小镇，特色为：一镇十六将，独秀大别山，中国第一将军镇；
六安市霍山县佛子岭旅游小镇，特色为：山明水秀，大坝风光；
马鞍山市花山区濮塘旅游小镇，特色为：乔木葱茏，竹林似海；
芜湖市鸠兹旅游小镇，特色为：品民俗文化，赏古镇徽风；
宣城市旌德县旌阳旅游小镇，特色为：穿山纳水，古桥遗韵；
宣城市广德县海棠旅游小镇，特色为：吃木瓜果脯，逛森林人家；
铜陵市大通旅游小镇，特色为：千年古镇里的老情怀；

池州市青阳县茶溪旅游小镇，特色为：一山、一佛、一小镇；

安庆市潜山县天柱山野人寨旅游小镇，特色为：翠岭连绵，溪谷环绕；

安庆市岳西县黄尾旅游小镇，特色为：林深树密，云峰峡谷，山场广阔，风情小镇；

安庆市太湖县禅源太湖旅游小镇，特色为：一湖一园一文化；

黄山市徽州区呈坎旅游小镇，特色为：藏风聚气，纳四水于村中聚水聚财，宛如迷宫；

黄山市黄山区汤口旅游小镇，特色为：农家徽院，与黄山风景区山水相连；

黄山市黟县西递旅游小镇，特色为：桃花源里人家；

黄山市屯溪区黎阳旅游小镇，特色为：老宅与洋房结合，古典与现代交融，中西文化交流碰撞。

六、河北省35个旅游特色小镇

河北省旅游投融资大会期间，有35个旅游特色小镇对外招商。35个旅游特色小镇名单：

邢台市内丘县大鹅石健康谷特色小镇；

唐山市迁西县花乡果巷特色小镇；

承德御道口冰雪小镇；

承德市皇家猎苑（小镇）国际旅游度假区；

沧州市俄罗斯风情裘皮小镇；

沧州市红色民族特色小镇；

保定市三義村文化旅游小镇；

唐山市曹妃甸匠谷小镇；

唐山市灵山佛禅小镇；

唐山市京东红酒养生小镇；

唐山市东方田园小镇；

唐山市乐亭县滦河口休闲渔业风情小镇；

唐山市滦州古城小镇建设；

唐山市曹妃甸区房车露营小镇；

邢台市中国牡丹小镇建设；

邢台市柏粮小镇；
衡水市枣强县玫瑰温泉小镇；
衡水市冀州区北岳庄酷跑小镇；
衡水市北岳庄水乡小镇；
衡水市闾里汉民俗文化小镇；
秦皇岛市昌黎县葡萄小镇；
秦皇岛市昌黎县干红小镇；
秦皇岛市昌黎县诗词花卉小镇；
秦皇岛市七里海渔田假日旅游休闲小镇；
石家庄市土门关驿道小镇；
秦皇岛市圆明山康养小镇；
保定市涞水县世界风尚小镇；
唐山市迁西县栗香湖露营小镇；
保定市安国中药都药博园（药苑小镇）；
保定市曲阳县羊平雕刻小镇；
保定市太行农旅电商小镇；
保定市白洋淀温泉小镇；
保定市雄州宋辽边关历史文化风情小镇；
定州市黄家营葡萄小镇；
张家口尚义县汽车小镇。

七、江苏省将创建 13 家旅游风情小镇

2017 年 3 月 23 日，江苏省政府办公厅印发《江苏省旅游风情小镇创建实施方案》，明确到 2020 年，培育建设 50~100 个旅游风情小镇。2017 年 4 月 23 日，江苏省公布了首批 13 家旅游风情小镇创建单位：无锡灵山禅意小镇、盐城荷兰花海风情小镇、南京汤山温泉风情小镇、泰州溱潼会船风情小镇、苏州永联江南田园风情小镇、苏州震泽丝绸风情小镇、无锡湖䓫旅风情小镇、连云港连岛海滨风情小镇、南京桠溪慢城风情小镇、无锡阳山桃源风情小镇、常州南山竹海风情小镇、苏州旺山文旅风情小镇、宿迁三台山衲田花海风情小镇。

八、海南特色旅游风情小镇

《海南省全域旅游建设发展规划（2016-2020）》提出，要以城镇综合服务能力构建为驱动，按照打造"美丽海南百千工程"的目标，重点推进56个特色旅游风情小镇建设。详见附表4。

附表4　海南特色旅游风情小镇

市县	小镇名称	小镇类型
海口市（6个）	演丰红树林国家湿地公园风情小镇	互联网和旅游小镇
	红旗花卉风情小镇	旅游小镇
	甲子猫眼互联网小镇	互联网小镇和旅游小镇
	旧州古韵风情小镇	热带特色农业旅游小镇
	新坡民俗文化旅游小镇	热带特色农业旅游小镇
	石山互联网农业、火山风情旅游小镇	互联网农业和旅游小镇
三亚市（5个）	亚龙湾玫瑰风情小镇	旅游小镇
	天涯小鱼温泉小镇	旅游小镇
	龙海创客小镇	旅游小镇
	林旺旅游服务小镇	旅游小镇
	龙江手工创艺小镇	旅游小镇
儋州市（4个）	八一军垦风情小镇	旅游、加工小镇
	中和东坡文化风情小镇	旅游小镇
	光村雪茄风情小镇	旅游小镇
	兰洋温泉养生休闲小镇	旅游小镇
琼海市（4个）	万泉水乡风情小镇	旅游小镇
	中原南洋风情小镇	旅游小镇
	潭门南海风情小镇	渔业和旅游小镇
	博鳌小镇	旅游小镇
文昌市（4个）	东郊椰林小镇	旅游小镇
	航天龙楼小镇	旅游小镇
	会文佛珠小镇	旅游小镇
	铺前民国骑楼旅游小镇	旅游小镇
万宁市（4个）	兴隆东南亚风情小镇	旅游文化风情小镇
	龙滚侨乡小镇	互联网和旅游小镇
	和乐龙舟渔家小镇	渔业和旅游小镇
	日月湾冲浪小镇	滨海旅游小镇
五指山市（2个）	水满雨林茶园风情小镇	旅游小镇
	毛阳红色田园风光小镇	农业和旅游小镇
东方市（3个）	大田乡村休闲游小镇	旅游小镇
	板桥国际文化小镇	旅游小镇
	新龙福缘文化小镇	旅游小镇

（续表）

市县	小镇名称	小镇类型
定安县（4个）	龙门富硒冷泉小镇	旅游小镇
	龙湖道家文化小镇	旅游小镇
	翰林富硒香米·红色旅游小镇	旅游小镇
	仙沟美食·物流小镇	旅游小镇
屯昌县（2个）	乌坡南药养生风情小镇	农业和旅游小镇
	新兴旅游和健康养生小镇	旅游小镇
澄迈县（2个）	澄迈福山咖啡文化风情镇	旅游小镇
	大风归侨文化小镇	旅游小镇
临高县（1个）	多文桑蚕小镇	旅游小镇
昌江黎族自治县（2个）	昌化古城文化小镇	旅游小镇
	七叉木棉雨林小镇	旅游小镇
乐东黎族自治县（2个）	尖峰热带雨林小镇	旅游小镇
	九所养生度假小镇	旅游小镇
陵水黎族自治县（1个）	光坡休闲农业风情小镇	旅游小镇
白沙黎族自治县（3个）	七坊养生度假温泉小镇	旅游小镇
	金波山水度假休闲小镇	旅游小镇
	白沙原生态茶园小镇	旅游小镇
琼中黎族苗族自治县（2个）	长征乡村旅游小镇	旅游小镇
	上安温泉旅游小镇	旅游小镇
保亭黎族苗族自治县（1个）	新政旅游风情小镇	旅游小镇
农垦（4个）	南田温泉度假小镇	旅游小镇
	南平温泉养生小镇	旅游小镇
	五指山黎苗文化小镇	旅游小镇
	南岛山地度假小镇	旅游小镇